人口老龄化
对进出口贸易结构的影响研究

Study on the Impact of Population Aging on the Structure of Import and Export Trade

秦敏花◎著

中国经济出版社
CHINA ECONOMIC PUBLISHING HOUSE
·北 京·

图书在版编目（CIP）数据

人口老龄化对进出口贸易结构的影响研究 / 秦敏花著. --北京：中国经济出版社，2023. 2

ISBN 978-7-5136-7217-7

Ⅰ. ①人… Ⅱ. ①秦… Ⅲ. ①人口老龄化-影响-进出口贸易-贸易结构-中国 Ⅳ. ①F752. 6

中国版本图书馆 CIP 数据核字（2023）第 023195 号

责任编辑　牛慧珍
责任印制　马小宾
封面设计　任燕飞

出版发行　中国经济出版社
印 刷 者　北京富泰印刷有限责任公司
经 销 者　各地新华书店
开　　本　710mm×1000mm　1/16
印　　张　15. 75
字　　数　210 千字
版　　次　2023 年 2 月第 1 版
印　　次　2023 年 2 月第 1 次
定　　价　88. 00 元
广告经营许可证　京西工商广字第 8179 号

中国经济出版社　**网址** www. economyph. com　**社址** 北京市东城区安定门外大街 58 号　**邮编** 100011
本版图书如存在印装质量问题，请与本社销售中心联系调换（联系电话：010-57512564）

前言

20世纪60年代以来，人口老龄化成为全球大部分国家面临的共同挑战，越发受到社会各界的广泛关注。2017年，世界范围内65岁及以上的老年人口占全球人口总数的比重达8.69%，其中中国为10.64%，显著高于世界平均水平。联合国人口司发布的《世界人口展望（2019）》预测，未来若干年，中国及世界其他国家的人口老龄化程度会迅速加剧，这意味着人口老龄化已成为全球性的社会问题。

从根本上看，人口老龄化的原因在于两个方面：一是经济的快速发展使得出生率下降；二是医疗卫生事业的进步使得死亡率大幅下降从而预期寿命延长。而在中国，严格的计划生育政策人为地加速了这一过程。随着人口老龄化程度的加深，经济发展方式、产业结构、进出口贸易结构等均会受到不同程度的影响。改革开放以来，我国确立的出口导向战略取得了巨大成功，但这种成功是建立在中国巨大的人口红利基础上的，也就是使用廉价劳动力大量生产并出口劳动密集型产品。然而，随着中国人口老龄化的程度不断加深，以往的贸易模式已难以适应新形势的要求，转变贸易发展模式势在必行，其中调整进出口贸易结构是最为紧迫的问题。基于此，研究人口老龄化对进出口贸易结构的影响具有重要的理论和实践意义。

首先，本书通过构建一个包含两个国家、两种商品、两种生产要素和三个生命周期（年轻期、老年期和超老年期）的跨期世代交叠模型（Overlapping Generation Model，以下简称“OLG 模型”），从理论上阐明人口老龄化对进出口贸易结构的影响。其次，通过对模型变量赋值来模拟随着人口出生率和预期寿命的变化，劳动力结构与价格、人均资本数量与价格、劳动密集型产品相对价格以及生产函数的变化状况，并利用图形展示理论模型的收敛性。再次，使用 OECD（经济合作与发展组织）国家的数据，采用动态面板方法进行实证分析，验证人口老龄化对进出口贸易结构的影响。之所以选择 OECD 国家的数据，是因为这些国家的人口老龄化程度较高且经济发达，具有较强的代表性。最后，基于空间计量方法，利用中国省级面板数据验证中国出口贸易结构如何随人口老龄化的变化而变化，并对中国进口结构的变化及原因作出分析。

全书的逻辑结构如下：第一，对选题背景、意义、研究方法等予以阐述；第二，解释本书中涉及人口老龄化的几个基本概念并归纳和总结现有理论和文献；第三，阐述世界及中国人口老龄化的发展情况，为后文奠定现实基础；第四，构建理论模型并进行数值模拟，从理论上证明人口老龄化对进出口贸易结构影响的微观机制并证实模型具有较好的收敛性，为本书提供理论支撑；第五，利用 OECD 国家数据，实证检验人口老龄化对进出口贸易结构的影响，证明理论模型的正确性，为本书提供经验证据；第六，分析中国进出口结构的变化及影响因素；第七，在上述理论与实证检验的基础上得出若干结论并给出相应的政策建议。

本书从理论和实证两个层面对人口老龄化如何影响进出口贸易结构进行了分析。人口老龄化程度的加深会对一国的要素禀赋产生影响，从而改变要素的相对价格，投入要素成本的变化又进一步影响生产结构，最终改变进出口贸易结构。具体而言，随着一国人口老龄化程度不断加深，老年人口占比逐渐增加，适龄劳动力逐渐减少，将导致劳动力供给短缺和劳动力价格上升，这一现象不利于劳动密集型产业的生产和出口。

随着预期寿命的延长，人们为了更长的老年期生活而在年轻期不得不进行更多的储蓄，从而促进了全社会储蓄增加，由于人均资本增加，资本变得更为充裕，所以资本的相对价格降低，这一现象有利于资本密集型产品的生产和出口。其逻辑结构如下：人口老龄化→要素禀赋变化→要素价格变化→投入要素成本变化→生产结构变化→进出口贸易结构变化。理论推演的结论是：一国人口老龄化程度的加深有利于资本密集型产品的生产和出口，以及劳动密集型产品的进口，而不利于劳动密集型产品的生产和出口，以及资本密集型产品的进口。

数值模拟的结果证实了上述理论模型的结论并展示了模型具有较好的收敛性。为了检验理论是否有经验证据的支持，本书利用 OECD 国家数据进行了验证，发现 OECD 国家的人口老龄化与进出口贸易结构的关系符合上述理论预期，即人口老龄化程度的加深促进了资本密集型产品的出口却抑制了劳动密集型产品的出口。利用中国省级面板数据进行的检验也得出人口老龄化程度的加深能促进资本密集型产品的出口的结论。近年来中国进口产品结构中高技术产品占比逐年提升，部分原因在于随着中国人口老龄化程度的不断加深，资本存量有所增加，但技术升级与创新却没有达到发达国家进入人口老龄化时的水平，所以我国需大量进口技术含量较高的资本密集型产品，而且老年人口增加还提升了我国对药品及医疗器械的进口需求。可以预见，随着中国人口老龄化程度的进一步加深，若技术创新的步伐停滞不前，则劳动密集型产品的生产和出口势必大幅下降，而资本密集型产品的出口却无法大幅增加，这意味着我国可能会同时面临贸易规模下降和贸易结构恶化的严峻局面。

为避免上述局面的出现，调整对外贸易结构和模式势在必行。一方面，应继续挖掘劳动力供给的潜力，防止出现由劳动力供给下降引致的劳动密集型产品出口大幅下降的局面；另一方面，应加大研发投入和技术创新力度，提升资本密集型产品的国际竞争力。短期内可进一步挖掘劳动力供给潜力，通过深化户籍制度改革推动农业剩余劳动力进城，同时降低农民工在城市的生活成本，吸引农民工在城市安家落户，以延迟退休等方式增加劳动力供给；长期则需通过提高人口出生率的方式从根本上走出人口老龄化的困境。此外，还需要提高教育水平，提升劳动者人力资本；加大研发投入力度，提高自主创新能力；注重运用进口拉动经济增长的作用，通过优化进口结构引导国内产业结构的转型升级。总之，在人口老龄化程度不断加深的背景下，中国必须适应这种变化并不断调整相关政策，逐步探索出与人口结构变动相适应的贸易发展模式，实现人口结构与进出口贸易结构之间的良性互动与均衡发展。

目　录

第四章 人口老龄化对进出口贸易结构的影响机制——理论模型

第五章 人口老龄化对进出口贸易结构影响的数值模拟

第六章 人口老龄化对进出口贸易结构影响的实证分析
——基于 OECD 国家的面板数据

第七章 人口老龄化对我国进出口贸易结构的影响

第一章

绪论

第一节 选题背景与研究意义

一、选题背景

人口转变理论（Demographic Transition Theory）认为世界人口转变主要经历了三个阶段："高出生、高死亡、低增长"阶段、"高出生、低死亡、高增长"阶段和"低出生、低死亡、低增长"阶段。20 世纪 60 年代以来，世界人口转变主要经历了后两个发展阶段：先是高速增长，随后增长率逐步下降，截至 2017 年，世界人口增长率达到历年最低点。1960—1965 年是世界人口快速增长阶段，人口出生率经历了一个小高峰，其中，1963 年的人口出生率为 1960 年以来的最高值，达 36.11‰（见图 1-1）。此后，随着经济的快速增长，妇女的受教育程度和社会地位逐渐提高，以及社会保障制度逐步完善，女性生育意愿随之降低，进而人口出生率也一路走低，截至 2017 年，世界平均人口出生率降至 18.75‰。在世界人口出生率普遍下降的过程中，不同收入水平国家的人口出生率差异显著，其中，高收入国家的人口出生率降幅最大，2017 年，高收入国家人口出生率仅为 10.79‰，而低收入国家则高达 34.62‰[①]（见图 1-2）。

---

① 因一个国家在不同年份会属于不同的收入类别，本书按该国在 2015 年时的收入标准统计，世界银行对低收入国家、中低等收入国家、中高等收入国家和高收入国家的分类标准分别为人均 GNI（国民总收入）小于 1045 美元、1046~4125 美元、4126~12735 美元及高于 12735 美元。

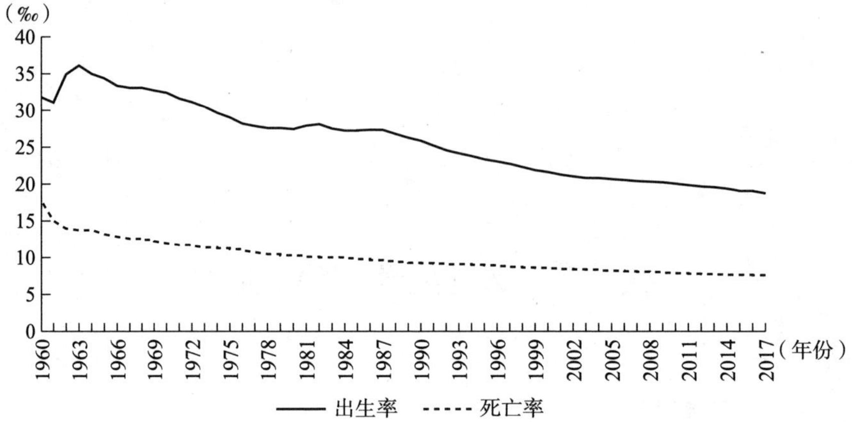

图 1-1　1960—2017 年世界平均人口出生率和死亡率

资料来源：世界银行数据库。

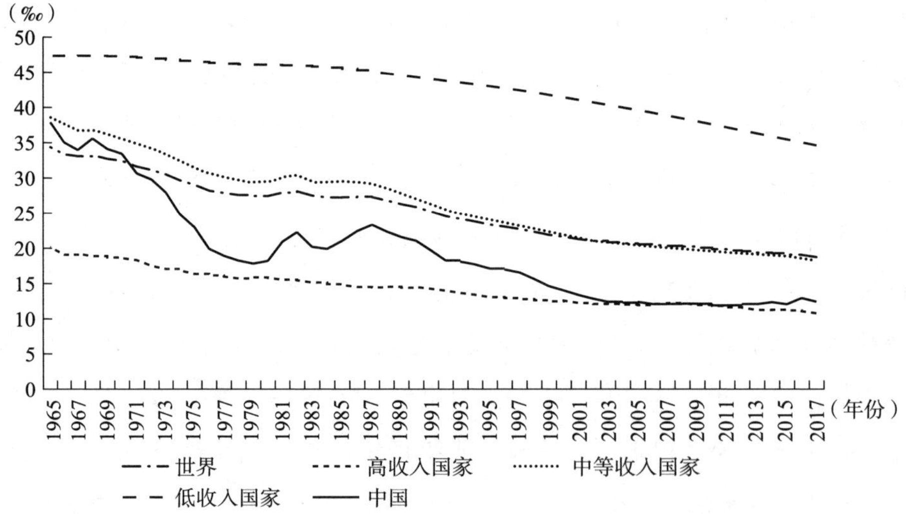

图 1-2　1965—2017 年中国与不同收入水平国家人口出生率变化

资料来源：世界银行数据库。

在人口出生率普遍下降的同时，世界人口死亡率也在迅速下降。过去50年，世界经济快速发展，尤其是发展中国家借助于改革开放、招商引资、制度创新、政策红利等，摆脱了之前的贫穷状态，逐步实现了经济起飞，人均收入和人民生活水平显著提高。随着财政收入的提高，政府也逐渐增加了对医疗卫生事业的投入，在此背景下，人民健康水平显著提高，死亡率下降，人口预期寿命延长。2017 年世界人口平均死亡率降至 7.61‰，不足 1960 年 17.74‰的一半。随着人口出生率和死亡率的双双下降以及老年人预期寿命的延长，老年人口在总人口中的占比逐年提高，劳动参与率下降，世界多数国家纷纷进入老龄化社会。2017 年，世界范围内 65 岁及以上人口占总人口的比重为 8.69%（见图 1-3），其中，高收入国家的人口老龄化情况尤为严重，老年人口占比高达 17.43%，其中最严重的是日本，2017 年，日本 65 岁及以上人口占总人口比重高达 27.04%，居全球第一位。

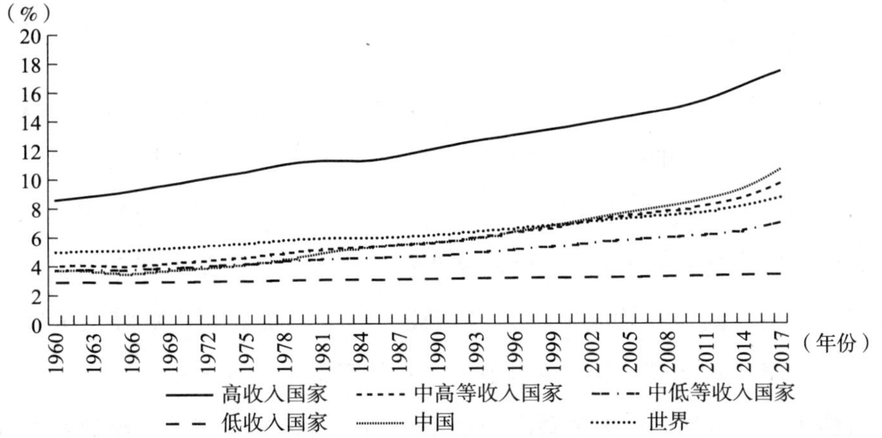

图 1-3 1960—2017 年中国与世界不同收入水平国家 65 岁及以上人口占总人口比重

资料来源：世界银行数据库。

中国人口结构的变化与世界人口结构的变化几乎同步。中华人民共和国成立后，出现过两次人口高速增长阶段，分别是 1950—1957 年和 1962—1972 年，其中 1962—1972 年中国累计出生人口高达 3 亿（见图 1-4），因此，人口与资源、环境、经济发展的矛盾逐渐显露。为了遏制人口的过快增长，自 20 世纪 70 年代初期，中国开始在全国范围内推行计划生育政策，1979 年 9 月中央正式提出提倡一对夫妇只生育一个孩子的

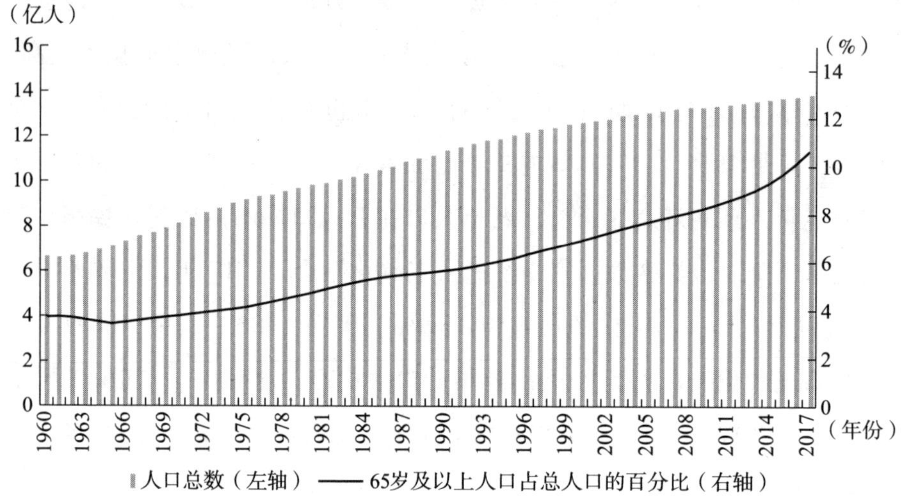

图 1-4　1960—2017 年中国总人口及人口老龄化变化趋势

资料来源：世界银行数据库。

政策，人口出生率逐步得到控制。此后，经济的快速发展以及妇女受教育程度和工作参与率的提高，使得妇女生育意愿逐步下降，中国人口出生率明显下降。20 世纪 80 年代至 20 世纪末，中国的劳动年龄人口比重有所上升，劳动供给充裕为社会发展劳动密集型产业提供了充足的劳动力。由于人口出生率较低，以及低生育率带来较低的少儿抚养比，减轻了家庭负担，所以家庭成员有更多的精力去工作，从而带来较高的家庭收入。家庭收入的增加使得家庭有更多剩余资金用于储蓄，进而提高了社会储蓄率和人均资本。此外，随着少年儿童人口规模的缩小和所占比重下降，劳动人口供养在学人口的能力相对提高，因此家庭有更多支出用于对孩子的教育和培训，人力资本水平得以提高。丰富的劳动力供给、逐渐上升的人力资本以及较高的储蓄率催生了前所未有的“人口红利”期，此时中国的人口年龄结构处在最富生产性的阶段。在此期间，中国政府推行体制改革和政策调整，排除了一系列制度障碍，使剩余劳动力能够依据就业机会和市场信号，离开生产率较低的部门，在产业和地域间流动，进入新的、生产率更高的领域就业，中国城乡就业总规模从 1978 年的 4. 02 亿增加到 2015 年的 7.75 亿（蔡昉，2018）。充足的劳动力供给成为经济增长的源泉，在改革开放初期也转化为推动经济快速增长的人口红利（蔡昉，2008，2010）。1979—2017 年，中国 GDP 平均增速为 9.56%，截至 2017 年，中国 GDP 总量高达 82.08 万亿元。

进入 21 世纪，第一代“婴儿潮”形成的劳动力逐渐老化，同时中国人口出生率持续降低，2017 年下降至 12.43‰，仅为 1987 年的一半左右。持续走低的人口出生率，减少了年轻劳动力供给，使得劳动人口数量减少，老年人口占比增加。此外，随着医疗卫生和社会保障制度的逐步完善，人们的健康水平逐步提高，人口死亡率降低，人均寿命增加，1960 年中国人口预期寿命仅为 43.17 岁，而 2017 年增至 76.41 岁。人口出生率下降和人均预期寿命的提高，加速了中国人口老龄化进程。2000 年，中国 65 岁及以上人口占比为 6.8%，与世界平均水平持平，按联合国关于人口老龄化的定义，中国进入老龄化社会。此后，中国老年人口占比增长速度高于世界平均水平，2017 年，中国 65 岁及以上人口占总人口的比重已达 10.64%，高于中高等收入国家的平均水平（见图 1-3）。2019 年 6 月 18 日，联合国人口司发布《世界人口展望（2019）》，该报告指出 2060 年以前，中国人口老龄化程度将持续提高，2020 年 65 岁及以上老年人口将达 1.72 亿，2035 年将超过 3 亿，2050 年预计为 3.66 亿，2060 年将达到峰值 3.98 亿，届时老年人口占总人口比重将达到 29.83%，随后老年人口数量才会缓慢下降，2100 年预计降为 3.39 亿，但占比将上升至 31.8%。从人口老龄化的全球排名看，2020 年，中国老年人口比重为 12.0%，在全球排名第 57 位，2035 年为 20.7%，排名升至第 44 位，到 2050 年，中国人口老龄化程度达到 26.1%，在全球排名第 33 位，届时中国的人口老龄化水平将与发达国家平均水平相当（26.9%）。

虽然高收入国家的人口老龄化程度高，但其人口结构转型经历的时间较长，这些国家已成功实现经济社会的转型，其创新能力较强，技术水平较高，资本密集型和技术密集型行业在产业结构中占比较高。然而，中国人口老龄化是政策因素和经济发展的双重结果，在较短时间内中国已步入老龄化社会，人口结构转型期较短，中国进入老龄化社会时，经济发展水平相对较低，属于典型的“未富先老”。2000 年，中国人口老龄化水平与世界平均水平相当，但按当年官方汇率计算的中国人均 GNI 仅是世界平均水平的 17. 3%，若按购买力平价计算，则为世界平均水平的 56. 3%（蔡昉，2010），“未富先老”成为中国经济结构和人口结构的重要特征。蔡昉（2006）认为，“未富”必然使中国增加对劳动力的需求，而“先老”又使得劳动力供应不足，这一矛盾对中国经济带来了较大挑战。

近年来，中国进出口贸易增长较为迅速。2001 年中国进出口总额为 5096. 51 亿美元，2017 年增至 41045. 04 亿美元，是 2001 年的 8 倍左右。2004 年之前的“人口红利”期，中国通过改革开放，吸引外商投资，借助其先进的管理理念和生产技术，以及依靠国内丰富的劳动力资源和较低的劳动力成本大力发展劳动密集型行业并出口，获得了较大成功。一方面，2001 年中国出口总额为 2660. 98 亿美元，2017 年已经增加到 22635. 22 亿美元（见图 1-5），这说明改革开放以来，中国制定的对外贸易政策是成功的，在廉价劳动力和较低的人口老龄化率背景下，依靠发展低端的劳动密集型产业促进了出口贸易规模的迅速扩张。然而，当中国人口迅速老化时，作为促进经济增长和出口增速重要因素的人口红利逐渐减弱，致使劳动力成本上升，而与中国相邻的印度等国家人口结构依然年轻，劳动力成本上升幅度较小，中国廉价劳动力的相对比较优势减弱，劳动密集型产品出口受挫，2001—2017 年，中国劳动密集型行业出口占比从 42. 46%下降到 22. 67%。与此同时，中国人均资本尚处于较低水平，技术水平和研发能力仍需提高，需要大量资本投入和较高技术水平的资本密集型产业尚未完全在国际市场站稳脚跟，因此出口受到限制。

另一方面，中国货物进口额由 2001 年的 2435. 53 亿美元增长到 2017 年的 18409. 82 亿美元（见图 1-6），增长幅度略低于出口，贸易顺差呈扩大趋势。近年来，中国的进口产品结构中高技术产品占比较大，低技术等劳动密集型产品占比较低。这是因为，近年来中国鼓励技术创新、增强高

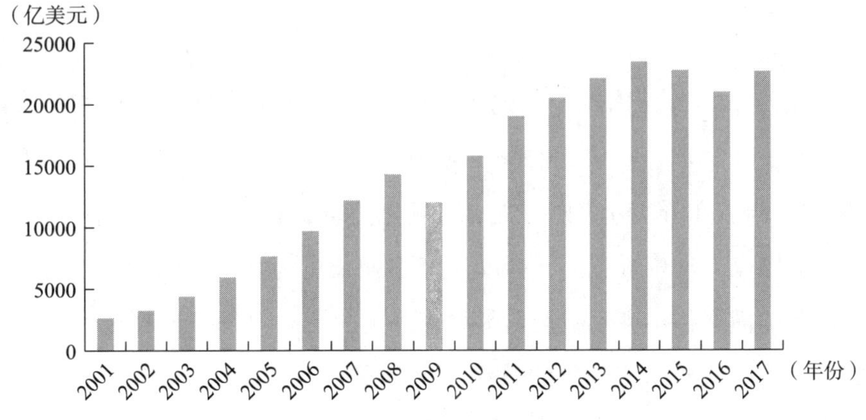

图 1-5 2001—2017 年中国出口总额

资料来源：中国海关。

技术产品的研发和生产能力，但在分工日益细化的大背景下，一种产品的生产过程需要遍布全球的多个企业的参与合作，中国生产高技术产品需要进口大量高技术产品零部件，比如汽车零部件、电子通信器材等，又由于此类产品价值较高，所以近年来中国进口产品结构中高技术产品占比居高不下，加之中国整体的技术水平尤其是自主创新能力依然不高，大量的高技术产品需要通过进口方能满足需求。因此，进口结构有待进一步优化。

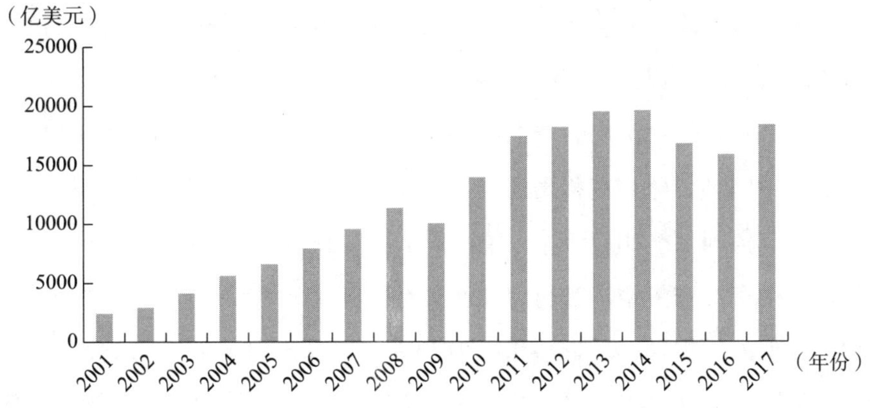

图 1-6 2001—2017 年中国进口总额

资料来源：中国海关。

二、研究意义

首先，人口老龄化程度的加深，将减少劳动力供给，提升劳动力成本。王有鑫（2015）基于2012年OECD国家及其他48个国家经购买力调整的2008年不变价实际工资与人口老龄化关系的散点图，发现人口老龄化程度高的国家人均工资更高，劳动生产率增长更为缓慢，因此，人口老龄化程度高的国家将不利于劳动密集型产品的生产。其次，根据生命周期假说，理性的人将根据其一生的劳动收入和财产收入来支配其一生的消费。人均预期寿命的提高，将使年轻人在工作时期增加储蓄以备将来养老之需，所以老年人口占比提高将增加一国的资本存量。最后，按照赫克歇尔—俄林定理，一国将出口其资源禀赋相对充足的产品，因此，人口老龄化国家将更多地出口资本密集型产品而进口劳动密集型产品。中国在2004年以前的出口产品结构中，劳动密集型产品出口占比一直是最高的（见图1-7）。2004年，中国迎来刘易斯拐点（蔡昉，2008），用工荒和劳动力成本上涨限制了中国劳动密集型制造业的生产与出口，同年，中国出口产品结构中劳动密集型产品（LT）占比低于中等技术产品（MT）占比，此后，随着中国老龄化程度的持续加深，中国出口产品结构中劳动密集型产品占比持续下降，而资本密集型产品所包含的高技术产品（HT）与中等技术产品占比持续提升。

近年来，虽然中国出口产品中资本密集型产品占比不断上升，但对比世界上与中国老龄化程度相当的国家，中国出口产品中资本密集型产品占比远低于其他国家。2017年，中国65岁及以上人口占比高达10.64%，但出口产品中资本密集型产品与劳动密集型产品的比仅为2.27，与中国老龄化程度类似的阿根廷，其老龄化率为11%，而其出口产品中两类产品的比为5.33；新加坡老龄化率为12.29%，其两类产品比为12.57；老龄化程度比中国低的巴西和马来西亚，其出口产品中两类产品之比也分别为6.17和7.12；韩国在2009年时老龄化程度与2017年的中国类似，但当时其两类

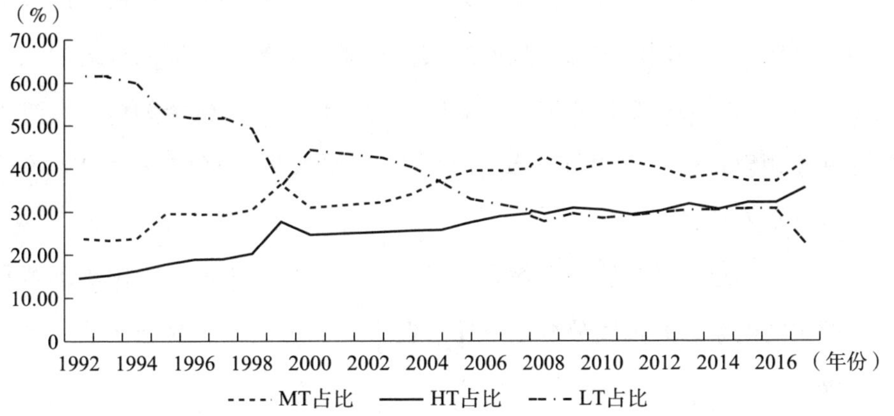

图 1-7 1992—2017 年中国出口各类型产品占比

注：按 Lall (2000) 定义，HT 和 MT 归为资本密集型产品，LT 为劳动密集型产品。
资料来源：联合国贸易数据库（VNcomtrade）。

产品之比已达 8.17。与上述国家相比，中国出口产品结构中资本密集型产品占比仍然较低。其背后的原因在于，当中国进入老龄化社会时，工业化及社会转型尚未完成，劳动力短缺造成劳动密集型产品出口受限，而驱动资本密集型产品出口的技术、研发、创新等能力还远未提高至应有水平。

2017 年中国进口产品中资本密集型与劳动密集型产品的比为 7.93，远高于出口产品，且 1992 年以来进口产品中资本密集型产品尤其是高技术产品占比呈上升趋势。说明中国高技术产品在国际市场竞争中还处于弱势地位，与欧美、日韩等国家和地区相比，还有待进一步提升。

在此背景下，为了说明人口老龄化对贸易的影响，并对我国的贸易结构的改善提出政策性建议，本书拟从如下方面展开研究：

第一，在 Sayan (2005) 理论模型的基础上构建包含两个国家、两种生产要素、两种商品和三个生命周期的 OLG 模型，并在生产函数中引入预期寿命与技术水平，以考察人口老龄化及技术水平对一国比较优势和进出口结构的影响，全面了解进出口贸易和比较优势在人口老龄化背景下的演化机制。

第二，为验证理论模型，本书又做了针对理论模型的数值模拟以及基于 OECD 国家及中国的进出口数据的实证检验，分析并验证人口老龄化与进出口贸易结构的关系，厘清人口老龄化对进出口比较优势的影响，对中国这种依赖充裕劳动力并实行出口导向型经济发展战略的发展中大国而言，具有重要意义。

第三，通过实证分析探索除人口老龄化因素外，其他与中国国际贸易结构相关的因素，并依照分析结果提出促进中国进出口贸易结构改善的政策建议。

当前，在贸易保护主义抬头的大背景下，中国进出口贸易尤其是出口贸易面临较为严峻的国际形势，出口产品结构调整升级迫在眉睫，增加出口产品技术复杂度，提高中高技术产品出口量，以提升中国出口产品在国际上的竞争力是亟待解决的问题。因此，本书的研究对中国在人口老龄化程度不断加深的背景下，如何调整进出口贸易结构，进而实现人口结构与进出口贸易结构的良性互动与均衡发展，有着重要的理论和现实意义。

第二节　本书的研究思路、研究方法及结构安排

一、研究思路

本书在归纳总结相关理论与文献的基础上，按照“理论模型→数值模拟→实证研究→结论与政策建议”的逻辑进行整体布局（见图 1-8）。首先，构建用于阐释人口老龄化与进出口结构关系的理论模型，并由模型提出三个命题：出生率对比较优势的影响、预期寿命对比较优势的影响以及人口老龄化对相对价格的影响。其次，通过数值模拟与实证研究证明以上命题的真实性。最后，将三个命题用于验证中国问题，解释中国进出口结构变化的原因，并提出在人口老龄化背景下，中国改善进出口贸易结构的

政策建议。

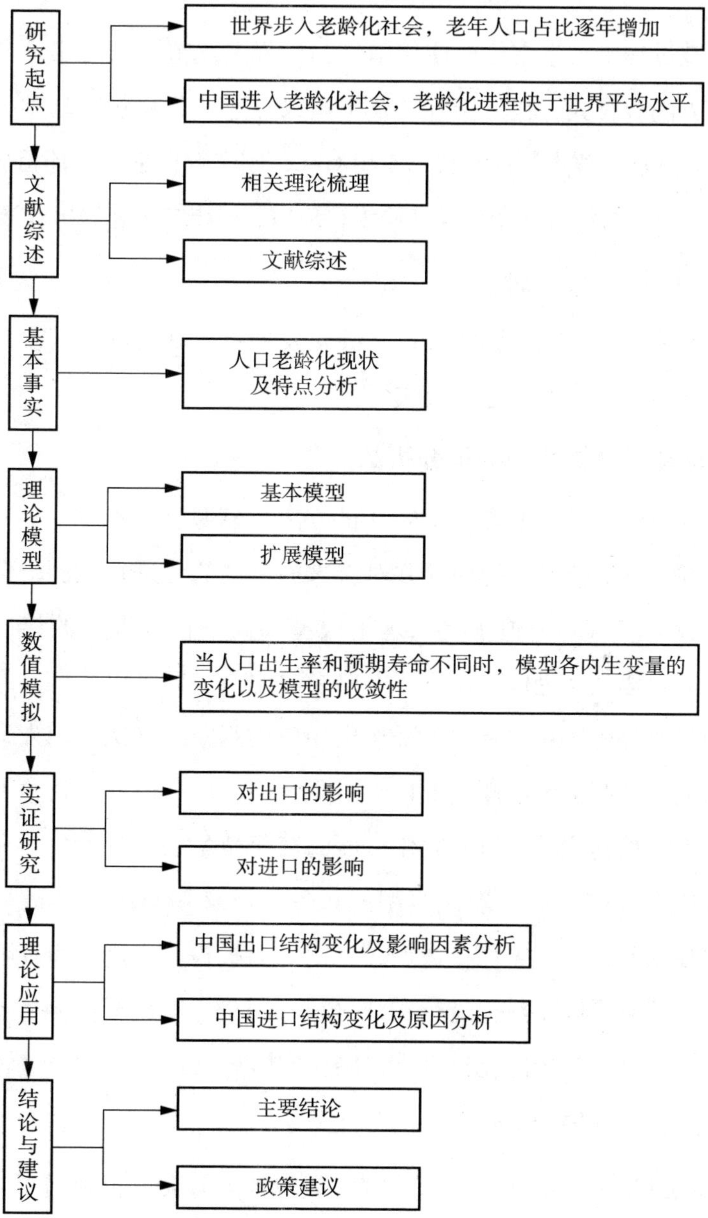

图 1-8　本书研究思路和框架

二、研究方法

在研究过程中，本书主要使用归纳与演绎、规范分析与实证分析、数理分析等方法。首先，在分析世界及中国人口老龄化现状的基础上，引出理论模型并进行数值模拟；其次，使用 OECD 国家数据进行实证检验，并分析中国进出口贸易结构的变化及其原因；最后，得出结论并提出政策建议。

（一）归纳与演绎法

首先，分析世界和中国的人口老龄化发展进程和现状；其次，归纳出人口老龄化的特征、发展趋势及成因。

（二）规范分析法与实证分析法

随着计量经济学的发展，新的计量方法和模型层出不穷，尽管实证检验是用以往数据对假设进行检验并对将来的发展趋势进行预测，但过度依赖实证检验会陷入不断追求复杂理论模型和高端检验方法的误区。鉴于此，本书首先建立理论模型，论证人口老龄化与一国进出口产品结构的关系，使用规范分析法对二者的关系作出相应的判断。其次使用人口增长率和人口预期寿命两个参数衡量人口老龄化程度，用一国资本密集型产品与劳动密集型产品的比随人口老龄化程度的变化衡量人口老龄化对一国进出口产品结构的影响。针对理论模型的条件，以日韩两国数据进行案例检验。再次使用 OECD 国家面板数据进行动态面板检验，进一步证实理论模型结论。最后对中国的数据进行实证分析。围绕主题，规范分析与实证分析相结合，探索人口老龄化对进出口结构的影响机制。

（三）数理分析法

对本书理论模型中的人口出生率、人口预期寿命、折现因子、资本贡献率等参数按照实际惯例赋值，借助 Maple 2017，经多次迭代求出相关参数的变化，并以图形展示每期运行结果，以更直观的方式显现相关参数与人口老龄化的关系，以验证理论模型的结论。

三、结构安排

本书的主体内容共分八部分，具体安排如下：

第一章是绪论。本章主要介绍本书的研究背景、研究意义、研究思路、研究方法、研究内容、结构安排、主要的创新点及不足之处等，目的在于为后面的研究建立逻辑基础。

第二章是理论基础与文献综述。本章首先对与人口老龄化相关的概念进行解释；其次梳理与本书有关的理论，对国内外研究现状、研究方法、存在的问题与不足进行总结和评述；最后引出本书的研究主题。

第三章是世界及中国的人口老龄化。本章首先介绍世界人口老龄化的发展现状及特征；其次介绍中国人口老龄化的发展现状以及成因；最后分析中国人口老龄化的特征，为下文的理论分析与实证分析提供现实基础。

第四章是人口老龄化对进出口贸易结构的影响机制——理论模型。本章在 Sayan（2005）模型的基础上，增加预期寿命变量，构建三期 OLG 模型，分析在其他条件相同的前提下，影响人口老龄化的两个重要因素——人口出生率和预期寿命对一国比较优势的影响，进而得出人口老龄化对进出口贸易结构的影响，为后文的实证分析提供有待验证的命题。

第五章是人口老龄化对进出口贸易结构影响的数值模拟。在第四章理论模型的基础上，本章通过为模型变量赋值，模拟人口结构、劳动力结构及价格、人均资本数量及价格、厂商生产函数等变量随人口出生率和预期寿命的变化，并通过图形展示模型的收敛性。

第六章是人口老龄化对进出口贸易结构影响的实证分析——基于 OECD 国家的面板数据。本章首先利用 OECD 国家中 28 个国家 1996—2016 年的面板数据验证人口老龄化对出口产品结构的影响；其次验证人口老龄化对进口产品结构的影响，发现人口老龄化程度与出口产品结构正相关，与进口产品结构负相关。即人口老龄化程度高的国家将出口更多的资本密集型产品或更少的劳动密集型产品；进口更多的劳动密集型产品或更少的资本密集型产品。

第七章是人口老龄化对我国进出口贸易结构的影响。本章首先分析我国人口老龄化的特点及未来发展趋势；其次分析我国出口结构的变化特征，并采用实证研究分析除人口老龄化程度外，其他影响中国出口结构的因素；最后讨论近年来我国进口结构的变化及原因。

第八章是主要结论与政策建议。本章主要对本书内容从理论和实证两个层面简要总结，形成本书结论，在此基础上，结合中国实际，提出有针对性的政策建议。

第三节　本书创新点、不足及研究展望

一、本书创新点

（一）理论方面

第一，增加人口预期寿命，将 OLG 二期模型扩展至三期。Sayan（2005）仅用人口出生率下降表示人口老龄化，但除出生率变化外，近年来医疗和卫生条件的改善引起的老年人寿命延长也是引起老龄化的重要因素。而这两个因素对于经济和贸易的影响不同，出生率下降，导致劳动力供给减少，人均工资提高，对劳动密集型产品的生产与出口产生影响。而根据生命周期理论，预期寿命提高使年轻人更有动机增加储蓄，从而提升社会资本存量，影响资本密集型产品的生产与出口。

本书在模型中增加预期寿命，构建三期 OLG 模型，将老年时期分为老年期和超老年期，老年期的老人以一定概率存活到超老年期，存活概率越大，老年人预期寿命越长，由于同时考察人口出生率和平均预期寿命对一国或地区比较优势的影响，既能解释人口老龄化对劳动密集型产品的影响，又能解释资本密集型产品出口变化的原因，所以模型对老龄化的影响刻画得更加全面和完整。

第二，扩充模型，引入技术水平变量，更好地解释中国进出口结构变化。Sayan（2005）使用大国开放经济模型分析了人口老龄化对贸易结构的影响，在模型中假设了两个国家之间的贸易，而这两个国家有着相同的技术水平，只是分析人口规模不同的情况下贸易结构的变化。而事实上，除人口老龄化外，技术水平是对一国进出口结构产生重大影响的因素，为了更加全面地分析我国的贸易结构，本书加入了技术变量，以适应我国“未富先老”的实际情况。

第三，扩充模型，在基本模型基础上，加入了反映老年人与年轻人消费偏好不同的参数。基本模型中假设老年人与年轻人消费偏好相同，因子均为 θ，但实际上，年轻人与老年人消费偏好不完全一致，年轻人更重视自身人力资本投资，对电子产品等需求较多，而老年人受身体原因影响，对药品及医疗保健品的需求较多，为了使模型更契合实际，更改模型设置，使年轻人和老年人分别拥有不同的消费偏好。

第四，进行数值模拟。以往国内相关文献未曾涉及数值模拟，本书理论模型建立后，通过多期迭代，以图形形式展示模型中人口出生率和预期寿命对其他变量的影响，分别模拟人口出生率不同、预期寿命不同以及二者均不相同状态下的迭代过程。利用图形形象地展示劳动力价格、资本价格、劳动密集型产品相对价格等如何受人口出生率和预期寿命的影响，更直观地展示人口老龄化对进出口结构的影响机制，同时也能展示模型的收敛性，使模型结论更可靠。

（二）实证方面

第一，利用 OECD 国家数据，同时分析了人口老龄化与进出口结构的关系。以往文献多集中于研究人口老龄化与出口结构的关系，较少关注人口老龄化与进口结构的关系。然而出口与进口紧密相关，当一国资本密集型产品的出口具有比较优势时，往往意味着劳动密集型产品的进口具有比较优势。因此，本书在利用 OECD 国家数据进行实证分析时，除了检验人口老龄化与出口结构的关系，还检验了人口老龄化与进口结构的关系。结果发现在 OECD 国家，人口老龄化显著促进了资本密集型产品的出口以及劳动密集型产品的进口，该结论与理论模型结论一致。

第二，计量方法的创新，在对中国进出口数据进行实证检验时，使用空间计量模型。中国进出口结构采用省级面板数据，由于中国各省份之间的关系不同于 OECD 国家，各省份之间的变量并非相互独立，且距离越近联系越紧密，出口产品结构有显著的空间相关性。所以，本书采用空间计量模型，使用相邻矩阵和经济距离矩阵作为权重矩阵，使实证过程更贴合现实，实证结论更加可靠。

第三，对中国进口结构变化的原因作出解释，从供给和需求角度分别探讨进口产品中资本密集型产品占比和劳动密集型产品占比变化的原因。

二、本书不足之处

第一，在采用 OECD 国家数据进行实证分析时，由于德国、加拿大等国高等教育数据缺失，且无法从其他数据库中获得有用信息，只能将其剔除，所以只使用了 36 个成员国中的 28 个国家数据进行实证分析。

第二，对中国出口结构的实证分析中，由于未能获取近 10 年中国各省份按 HS 编码分类的各类产品出口额数据，所以本书采用中国高新技术产品出口额占总出口额的比重近似表示，未能按照惯例采用 Lall（2000）的分类方法。

三、研究展望

本书讨论人口老龄化背景下，出生率及预期寿命的不同对进出口结构的影响。受本书的研究目的及篇幅限制，未能对影响人口出生率的因素展开讨论，下一步的工作将考虑对影响人口出生率的因素展开进一步的深入研究，探讨如何减缓人口老龄化进程、提高人口出生率等重大问题。

第二章

理论基础与文献综述

第一节　人口老龄化相关概念

研究人口老龄化问题涉及一些与人口学相关的概念，因此，首先应厘清这些基本概念，本节将对人口老龄化、人口抚养比、人口出生率和人口死亡率、总和生育率与世代更迭水平、平均预期寿命等概念进行阐述。

一、人口老龄化

《人口学辞典》（1986 年版）对人口老龄化的定义是："人口中老年人比重日益提高的现象，尤指已达年老状态的人口中老年人比重继续提高的过程。"它是人口年龄结构（"年龄中位数"或"平均年龄"）的"抬升"或"老化"过程，亦即"年龄随时间递增"之意（穆光宗，1997）。邬沧萍（2006）在《老年学概论》一书中把人口老龄化定义为人口平均年龄不断提高或者老年人口在总人口中的比重提升的过程。联合国人口委员会《多种文字人口学词典》则指出，"当老年人在人口中所占的比例增大时，称之为人口老龄化"。

总之，人口老龄化是指在总人口中年轻人口数量减少，老年人口数量增加，从而使得年轻人口占比降低，老年人口占比持续增加的过程。1956年，联合国发布的《人口老龄化及其社会经济后果》中对老龄化的定义标准为：当一个国家或地区 60 岁及以上人口所占比重达到或超过 10%，或者 65 岁及以上人口所占比重达到或超过 7%，就认为该国家或地区已经步入老龄化社会阶段。1982 年维也纳老龄问题世界大会决议通过：年龄达到或超过 60 岁的老年人口数量在总人口中所占比例达到或超过 10%，就可以判定该国家或地区处于老龄化社会阶段。

人口老龄化的主要原因有：

第一，人口出生率下降。育儿成本增加，生活节奏加快，妇女的受教育程度与就业率普遍提高，增加了养育孩子的直接成本与机会成本，导致许多家庭推迟生育孩子的时间，减少生育孩子的数量，甚至越来越多的家庭加入丁克一族。随着全球各地区人们生育观念的转变，居民生育意愿下降，人口出生率也随之呈下降趋势。目前，人口出生率下降是人口老龄化的主要因素。

第二，老年人口预期寿命延长使得人口死亡率下降。随着医疗水平的普遍提高，优越的医疗条件惠及范围越来越广，人口死亡率尤其是老年人口死亡率降低。人均寿命延长是人口死亡率下降的必然结果，平均预期寿命可以看作人口死亡率的替代指标，二者是一枚硬币的两面。所以，平均预期寿命延长是人口老龄化的另一个重要成因。

二、人口抚养比

人口抚养比指在总人口中非劳动年龄人口数量与劳动年龄人口数量之比，可分为少儿抚养比和老年抚养比，该指标是衡量一国或地区人口结构变动的重要指标。一般而言，14 岁及以下年龄人口和 65 岁及以上年龄人口为非劳动年龄人口，而 15~64 岁的人口为劳动年龄人口。相应地，少儿抚养比是指 14 岁及以下年龄人口与劳动年龄人口之比，老年抚养比是指 65 岁及以上年龄人口与劳动年龄人口之比。

如果一国或地区人口抚养比过高则意味着该国或地区必须将更多资源用于抚养孩子或赡养老人，而用于推动经济发展的资源就相对较少，因此不利于该国或地区的经济发展。此外，该指标还可用于衡量人口红利，如果一国人口出生率迅速下降使得少儿抚养比下降而老年抚养比上升速度较慢，就会形成“人口红利”，处在“人口红利”期的国家人口抚养负担较低，劳动力供给充足，对经济发展极为有利。中国改革开放之后一直到2004年“刘易斯拐点”到来之前的这段时间即属于人口红利期。

三、人口出生率和人口死亡率

人口出生率又称人口粗出生率，是指一年内平均每千人中的活产婴儿数，即人口出生率$=\frac{B}{P}\times1000‰$，其中，B表示当年出生的活产婴儿数，P表示当地当年的人口总数，以常住人口数量表示。在具体计算人口出生率时如果P用本地的常住人口数量表示，则B必须使用婴儿母亲的常住地表示，而如果B按婴儿出生地计算，则P必须用某地现有人口数更为合理，即保证分子分母的一致性。

人口死亡率又称人口粗死亡率，指一年内平均每千人中的死亡人数，即人口死亡率$=\frac{D}{P}\times1000‰$，其中，D表示死亡人口数，P表示人口总数。一国或地区人口死亡率的高低在某种程度上可反映经济发展水平的高低。

与上述两个概念密切相关的是人口自然增长率，具体指某国或地区人口出生率与人口死亡率之差，即人口自然增长率=人口出生率-人口死亡率。如果一国或地区的人口出生率大于人口死亡率，则人口自然增长率为正，该国或地区的人口处于增长状态，反之则出现人口负增长，即人口总规模下降。

四、总和生育率与世代更迭水平

总和生育率是指一国或地区每个妇女在育龄期间平均生育的子女数。育龄期间通常是指一个妇女从可以怀孕开始，到不能怀孕为止，一般为15~49岁。实际上，总和生育率是一个合成指标，它是将某一时点上不同年龄段妇女的生育率综合起来的平均值。

世代更迭水平与总和生育率有着密切的联系，前者通常是指假设一国或地区人均预期寿命、移民数量以及男女性别比例均不变的情况下，世代之间人口数量保持不变所需的生育率。一般而言，一国或地区的总和生育率只有大于或等于 2.1 才能满足该国或地区的世代更迭水平，若低于 2.1，则意味着该国或地区的新生人口不足以弥补世代更迭水平的人口，人口总规模将会下降。需注意的是，世代更迭水平是个长期概念，其影响也需较长时间方能观察到。

五、平均预期寿命

平均预期寿命指假设目前各年龄段的人口死亡率保持不变的情况下新生儿预期能够存活的年数。由于实际操作中追踪一批人整个生命历程较为困难，所以经常利用同一年不同年龄段人口死亡率近似替代，从而得到平均预期寿命。平均预期寿命是衡量一个社会生活质量高低的重要指标，不同国家的平均预期寿命可能相差悬殊。

第二节　理论基础

一、生命周期假说

该理论由美国经济学家莫迪利安尼（Franco Modigliani）和布伦贝格（R. Brumberg）及安东（Alberto Ando）共同提出。他们依据微观经济学中的消费理论，从对个人消费行为的研究出发，提出理性消费者将根据效用最大化原则使用其一生的收入来安排一生的消费与储蓄，使一生的总收入等于总消费，即消费者根据一生的收入流来优化一生的消费流。

生命周期假说将人的一生分为三个阶段：年轻期、中年期和老年期。年轻期收入较低，但由于预期将来收入增加，此时家庭会将绝大部分收入用于消费，甚至会举债消费，所以消费大于收入；中年期收入较高，此时家庭消费占收入的比重降低，家庭要进行储蓄用于老年期消费或者偿还年轻时期的欠债；老年期即退休以后，此时收入减少，家庭依靠老年期的收入以及中年期的储蓄用于消费，出现消费大于收入的局面。

二、OLG 模型

OLG 模型，也称世代交叠模型，最早由法国经济学家莫里斯·阿莱斯（Maurice Allais）于 1947 年提出，然而该模型最初提出时在经济学界反响平平，直至 1965 年戴蒙德在 OLG 模型中增加生产部门，才成为现代教科书中的标准模型。

OLG 模型假设经济社会中只有一种产品，生产该产品需要投入劳动和资本两种要素，由于只有一种产品，所以该产品既能用于消费，又能用于投资。该模型进一步假设，经济中的每个个体仅能存活两期：年轻期和老年期。年轻期工作，获取收入，并将收入用于消费和储蓄；年老期不工作，没有收入，只能靠年轻期的储蓄和利息生活，人口以一定比率增长。

该模型主要讨论了三个问题：首先，如果存在一个中央决策者，那么他应该如何安排年轻人和老年人的消费和储蓄，以实现社会福利最大化。模型结果认为，最优路径应该是社会的利率水平等于人口增长率。其次，戴蒙德讨论了市场经济下的均衡状况，结果认为，市场经济下的资本存量可能高于也可能低于黄金律下的资本存量，当市场经济下的利率水平低于黄金律下的利率水平时，会出现宏观经济学中的动态无效率，即资本积累过多。最后，戴蒙德讨论了国债在经济中的作用，认为如果市场经济出现动态无效率，则通过引入国债可以实现帕累托改进，而如果市场经济已经处于帕累托最优状态，引入国债反而会损害社会福利。

三、比较优势理论

比较优势理论由大卫·李嘉图在其代表作《政治经济学及赋税原理》

中提出。他假定生产只使用一种生产要素——劳动，而不同国家之间其他要素禀赋是相同的，唯有劳动生产率存在差异。国际贸易的基础正是劳动生产率之间的差异，以及由此产生的生产成本的差异。每个国家都应根据“两利相权取其重，两弊相权取其轻”的原则，集中生产并出口其具有“比较优势”的产品，进口其具有“比较劣势”的产品。比较优势理论在更普遍的基础上解释了贸易产生的基础和贸易利得，不仅大大发展了绝对优势理论，而且奠定了国际贸易的基础。

李嘉图指出，如果一个国家在本国生产一种产品的机会成本低于在其他国家生产该种产品的机会成本，这个国家在生产该种产品上就具有比较优势。如果一个国家在两种产品的生产上都没有优势，但只要处于劣势的国家在两种商品生产上的劣势程度不同，处于优势的国家在两种商品生产上的优势程度不同，处于劣势的国家在劣势较轻的商品生产上就具有比较优势，如果每个国家将专业化生产和出口其具有比较优势的商品，进口其处于比较劣势的商品，那么两国都能从贸易中得到利益。比较优势理论首次为自由贸易提供了有力证据，并从劳动生产率差异的角度成功解释了国际贸易发生的原因。

四、H-O 模型

1919 年，瑞典经济学家伊莱·赫克歇尔发表了题为《对外贸易对收入分配的影响》的论文，提出了要素禀赋理论的基本观点。1933 年，伯尔蒂尔·俄林在其老师赫克歇尔的影响下出版了《域际贸易和国际贸易》一书，该书深入探讨了国际贸易发生的原因，创立了要素禀赋理论。

要素禀赋理论考察两个国家、两种产品、两种生产要素的“2×2×2”模型，即本国和外国两个国家，使用劳动和资本两种生产要素，生产资本密集型和劳动密集型两种产品。俄林指出，国家间贸易发生的基础是两国间产品相对价格存在差异，在不考虑运输成本等因素的前提下，产品从价格低的国家输出到价格高的国家对双方都是有利的。而生产要素价格差异决定产品价格差异，各国要素禀赋不同决定生产要素价格，生产要素价格主要由供给决定。供给相对充裕的生产要素，其相对价格较低，而供给较稀缺的生产要素，其相对价格较高，国家间要素相对价格差异由要素相对供给不同决定。因此得出结论：一国往往会出口密集使用其禀赋充裕的要素生产的产品。对一个国家而言，供给相对较多的资源就是这个国家的充裕要素，供给相对较少的资源就是这个国家的稀缺要素。一个国家生产和出口大量使用本国供给充裕的要素生产的产品，其产品价格就相对较低，在国际市场竞争中具有比较优势；相反，生产那些需大量使用本国稀缺的生产要素的产品，其产品价格就相对较高，不利于出口。因此，各国应尽可能利用供给丰富、价格便宜的生产要素，生产廉价产品并输出，以交换别国生产的价廉物美的产品。

国际贸易的结果是两国价格趋同，从而对两种要素的相对收入产生强烈影响。劳动密集型产品相对价格的上升将提升劳动的购买力，并降低资本的购买力，而资本密集型产品的价格上升产生的影响刚好相反。对劳动供给充裕的国家而言，本国劳动密集型产品相对价格上升，靠劳动获取收入的人将从贸易中获利，而以资本为收入来源的人将遭受损失；对资本供给充裕的国家而言，资本价格上升将提升以资本为收入来源的人的福利，而以劳动为收入来源的人的福利将会受损。

第三节 人口老龄化对进出口结构影响的机制分析

上文简单介绍了与人口老龄化及国际贸易相关的理论，本节将对人口老龄化对进出口结构的影响机制进行详细分析（见图 2-1）。

一、人口出生率降低提升劳动力工资

人口出生率下降和预期寿命延长是人口老龄化的两大原因。人口出生

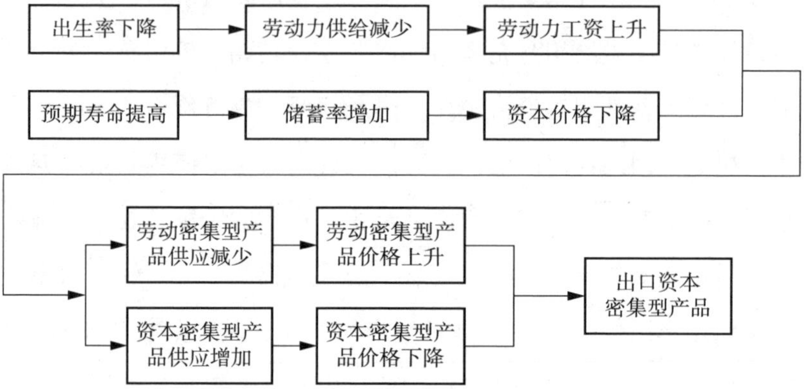

图 2-1 人口老龄化对进出口结构影响的机制分析

率下降，新出生人口减少，会造成社会劳动力供给减少。为应对劳动力短缺，企业会选择以“资本”代替“劳动”，从而减少对劳动的需求，或通过培训等提高劳动生产率。但在某些行业，当资本无法实现对劳动的有效替代时，减少的劳动供给将造成劳动力成本上升。蔡昉（2016）指出：“在中国，2004 年以前，由于我国尚未跨越‘刘易斯拐点’，劳动力的无限供给抑制了工资上涨，单位劳动力成本呈明显的下降趋势。2005 年至国际金融危机爆发之前，劳动力短缺推动了工资上涨，劳动力成本开始上升，但其变化相对平稳。2011 年以后，随着劳动年龄人口的绝对减少，劳动力成本呈加速上涨趋势。”劳动力成本上升主要与劳动力供求关系的主导特征有关，即劳动年龄人口数量减少，劳动供给短缺。

二、预期寿命提高将增加储蓄率

预期寿命提高对储蓄的影响存在相反的两种解释：根据生命周期假说，一个人在没有收入或收入较低时的储蓄会低于高收入时的储蓄，人们一般在成年期工作并进行储蓄而在未成年期和老年期进行负储蓄，因此，一个社会中老年人口占比提高将减小储蓄率。而按照理性预期理论，老年人预期寿命越高，说明退休后生存时间越长，为了退休后的生活质量不下降，将在工作期间增加储蓄以应对退休后的生活支出，因此，老年人预期寿命越高，社会储蓄率越高。预期寿命延长对储蓄率的影响主要在于以上两种因素中哪个因素更能占据主导地位。汪伟（2010）研究发现，在中国，后者起主导作用，因此预期寿命的延长提高了中国的储蓄率。国内外许多学者通过理论与实证研究也支持汪伟（2010）的观点。

Hurd 等（1998）基于 AHEAD 的微观调查数据证实，储蓄率会随着预期寿命的延长而增加。Lee 等（2000）利用我国台湾地区的数据研究发现，预期寿命延长对储蓄率上升具有很强的解释力，人口预期寿命的提升推动了东亚地区储蓄率的快速上升。Pieroni 和 Aristei（2006）以意大利南北地区数据为样本的实证研究也发现预期寿命延长是储蓄率上升的重要原因。Bloom 等（2003，2007）将健康和预期寿命延长效应加入标准的生命周期模型中，发现寿命延长的预期会提升工作阶段的储蓄率，并运用 1960—2000 年的跨国面板数据证实，在退休动机的影响下，稳态储蓄率提高了 2~3 个百分点。Barro 和 Sala-i-Martin（2003）、Kinugasa 和 Mason（2007）等运用跨国数据的研究也得出了预期寿命延长会提高储蓄率的结论。

中国学者的研究也得出了类似结论。汪伟和艾春荣（2015）利用第三次至第六次人口普查数据及与之相对应的经济数据研究发现，由预期寿命延长带来的“未雨绸缪”的储蓄既能解释中国储蓄率在时间上的上升趋势，也能解释区域间的梯度差异。王颖和邓博文（2017）利用 1960 年以来进入老龄化国家的数据研究表明，预期寿命与储蓄率之间有显著的正向关系。在我国，由预期寿命提高带来的“未雨绸缪”的储蓄动机抵消甚至超过了老年人口上升对储蓄的负效应，带动了储蓄的增加。袁志刚（2000）建立了无社会保障的 OLG 模型，分析了老龄化对消费行为的影响，预期寿命延长使得老年期的消费增加，进而促进了在年轻时期增加储蓄，并提高了国民储蓄率。刘生龙等（2012）在生命周期模型基础之上引入预期寿命，利用 1990—2009 年中国 31 个省份的省级面板数据进行实证检验，结果表明人口预期寿命对中国家庭储蓄率产生了显著正向影响，样本期内，人口平均预期寿命延长使得中国家庭储蓄率增加共计 4.2 个百分点，对中国家庭储蓄率增长的贡献度达到了 42.9%。此外，李超（2018）、熊超（2017）、高冉（2018）、金刚（2016）、王树（2019）等的研究也证实了上述结论。

三、劳动力供给及储蓄率的变化改变资本密集型产品的供给量和价格

根据要素禀赋理论，当生产技术保持不变时，生产一种产品需要的资本劳动比保持不变。因此，当社会中资本供给增加时，只能减少劳动密集型产品的生产、增加资本密集型产品的生产，从而吸收更多的资本剩余，增加资本密集型产品供给量。又由于资本供给增加时，资本价格将下降，所以包含更多资本要素的资本密集型产品价格相对劳动密集型产品价格将下降。

四、资本密集型产品供给量和相对价格的变化改变该地区出口结构

根据赫克歇尔—俄林的要素禀赋理论及萨缪尔森和罗纳德（1971）的特定要素理论，自由贸易时期，老龄化程度高的地区将向年轻地区出口资本密集型产品而从年轻地区进口劳动密集型产品。

第四节　文献综述

随着人口老龄化程度加深及经济的发展，国内外学者对人口老龄化和国际贸易相关问题展开研究并得到了一些有价值的结论，本节将对相关文献进行梳理总结。人口老龄化是 20 世纪以来全球社会经济发展中面临的重大事件，1951—2050 年为人类人口史上前所未有的百年“人口世纪”，前 50 年为人口数量迅猛增长时期，后 50 年则是人口老龄化迅速加剧时期，

人口老龄化将对世界经济发展及发展结构带来重大改变（中国人口与发展研究中心课题组，2011）。对人口老龄化及人口结构变化方面的研究，主要集中于世界及中国人口老龄化现状、特点以及人口老龄化对储蓄率、就业、创新能力及贸易结构的影响等。

一、人口老龄化的现状及特征

出生率下降和死亡率下降是人口老龄化的主要原因，出生率下降使得青少年人口在总人口中的比重降低，死亡率下降使得老年人口在总人口中的占比提高，二者共同作用造成了人口老龄化问题，人口老龄化是人口转变过程中人口年龄梯度推进的必然结果。Kim（1997）提出了人口老龄化的评价指标主要有三种：平均年龄提高、30 岁以下人口减少和 60 岁及以上人口增加。从世界范围看，法国于 1851 年进入老龄化社会，是进入老龄化社会最早的国家，此后一些发达国家相继进入老龄化社会，如瑞典（1890 年）、英国（1930 年）、美国（20 世纪 40 年代）、日本（1970 年）（韩振秋，2018）。此后各国人口结构变化幅度略有不同，2017 年，日本成为世界上人口老龄化程度最严重的国家，其次为意大利，联合国发布的《世界人口展望（2019）》预计，到 2050 年，韩国将成为世界上人口老龄化程度最高的国家。进入 21 世纪，世界人口老龄化面临前所未有的挑战：健康支出增加、劳动力短缺等，面对快速的老龄化进程，社会并未完全做好准备（Bloom，2015）。

世界范围的人口老龄化进程引起了学者的广泛关注，Keyfitz（1991）对 60 个国家 1950—2020 年的人口结构进行了统计和预测，以大量的数据和表格展示了人口结构变化趋势，为后人对人口结构方面的研究提供了丰富的资源。郭玉贵（2017）分析了美国、英国、法国、德国和日本的老龄化程度，指出五个国家的老龄化程度均较为严重，但由于各个国家采取的措施不同，所以各个国家的老龄化程度存在差异，若按年龄中位数衡量，美国最为年轻，日本最严重。晏月平（2013）对金砖五国人口转变的进程与变动趋势进行了比较，并在金砖五国人口变化现状与动态趋势方面，基于金砖五国国际竞争力比较的人口因素进行解释，指出中国未来国际竞争力的提升与保持，取决于在多大程度上扭转“人口低效率”陷阱，取决于国家战略的“顶层设计”，更取决于公众具有充分的生育民主决策权。金度完（2007）、萨法洛娃（2011）分别对韩国和俄罗斯的老龄化状况做了研究。

早在20世纪80年代，国外学者就对中国人口老龄化情况作出种种预测，1990年，中国学者邬沧萍根据中国人口出生率变化对1985—2050年中国人口及老年人口变化趋势作出预测，并提出应对人口老龄化的策略，是国内较早关注中国人口老龄化的文献之一（邬沧萍，1990）。文章预计，至2000年中国60岁以上人口占比为10.2%，65岁以上人口占比达7%，这一预计与实际数据几乎完全吻合，据第五次全国人口普查，2000年，中国60岁以上人口占比为10.46%，65岁以上人口占比为6.91%，按联合国标准，一国60岁及以上人口占比超过10%或65岁及以上人口占比超过7%，即可被定义为“老龄化社会”，按此标准，中国在2000年正式进入老龄化社会。贺丹（2019）预计2020—2035年将是中国人口快速老化的阶段，在此期间，中国老年人口规模快速攀升，2035年以后老年人口占比增长速度放缓，但老年人口高龄化趋势明显，至2050年，中国老年人口将突破4亿，老年人口比例略高于同期发达国家水平，进入全球老龄化最严重的国家行列。老龄化将成为我国未来经济社会发展的基本国情，并对我国经济发展的源泉和动力产生深远影响。

与欧美等发达国家是在经济社会转型完成，人均GDP处于5000～10000美元时进入人口老龄化的状况有所不同，2000年，我国人均GDP仅为800美元左右，是十分典型的“未富先老”（中国人口与发展研究中心课题组，2011）。从中国与世界的对比也可以发现中国的“未富先老”特征，2000年，中国人口老龄化程度与世界平均水平相当，但当时中国人均GNI为世界平均水平的17.3%，按购买力平价计算，是世界平均水平的

56.3%（蔡昉，2010），中国在经济实力较为薄弱、社会保障体系尚未完全建立时进入老龄化社会，将对我国劳动力供给、生产结构调整、养老保障、技术创新等方面产生深远影响并对经济社会发展带来巨大压力和挑战（李小兰，2018）。截至2017年，中国人均GDP已达8636美元，不同于2000年的“未富先老”，中国走在了“边老边富”的道路上（唐钧，2018）。当前人口老龄化对中国的影响主要是社会建设与老年人口增加不平衡的状态，针对这种情况，穆光宗（2009）提出“未备先老”的概念，以概括我国人口老龄化面临的严峻挑战及其重要特点。

总体来看，中国人口老龄化具有以下特征：首先，中国老年人口规模庞大，我国虽然不是老龄化程度最高的国家，但却是老年人口规模最大的国家。2009年，我国60岁以上老年人为1.67亿，相当于整个欧洲老年人口总和，2051年将达到4.37亿的峰值，届时将超过美国总人口（中国人口与发展研究中心课题组，2011）。其次，我国老年人口发展迅速，60岁以上人口占比由10%到20%的过程，世界最早进入老龄化国家的法国用了140年，西方发达国家普遍用了50年，而我国只用了27年（邬沧萍，2006）。再次，老年人口地区分布不平衡，自东向西呈现递减趋势，王志宝（2013）、陈明华（2014）、刘华军（2014）等指出中国人口老龄化地区间差异明显，呈现非均衡空间分布特征，且区域内老龄化差异呈扩大趋势，区域间呈收敛趋势，并指出人均GDP、人口出生率和城市化率是影响我国人口老龄化的重要因素。最后，人口流动改变了城乡老年人口格局，农村老年人口占比高于城镇老年人口占比。由于我国人口流动主要是农村青壮年劳动力流向城市，所以进一步加大了农村和城市的人口老龄化程度差异，出现人口老龄化城乡倒置的局面（杜鹏，2013）。

与老龄化进程相伴的还有中国家庭模式的变化。受人口转变与社会转型的双重影响，中国家庭模式发生了明显变化。根据人口普查信息，中国家庭户规模不断缩减，全国家庭户平均规模由1990年的4人下降至2010年的3.1人；同时，家庭成员结构不断简化，一人户和一代户比重持续上升，而二代核心标准户也从 1982 年的 48.2% 降至 2010 年的 33.38%；1982—2000 年中国家庭户的户均老年人数量稳定保持在 0.22～0.24 人，2010 年却陡增至 0.42 人/户（彭希哲，2018）。

另外，针对我国各省份人口老龄化的现状和特点，多名学者对我国各省份的人口老龄化现状做了研究分析（李玥，2011；唐风安，2016；薛蒌，2014；方丰，2015；等等）。

二、人口老龄化对储蓄率、劳动力供给及技术创新能力的影响

人口老龄化通过影响储蓄率、劳动力供给及社会技术创新能力，从而改变一国资本和劳动的相对比较优势，进而影响一国进出口产品结构。

（一）人口老龄化对储蓄率的影响

人口老龄化对私人储蓄率影响机制的研究主要来自莫迪利安尼和布伦贝格（1954）的生命周期假说理论，该理论认为理性的人会根据一生的收入来平滑其一生的消费，个人年轻时期的边际消费倾向低于老年人的边际消费倾向，因此一国的储蓄与该国的人口结构及收入水平有密切关系。然而，已有文献对人口老龄化对储蓄率的影响并未形成统一意见，目前主要有四种观点：一是人口老龄化降低储蓄率；二是人口老龄化提高储蓄率；三是人口结构变化对储蓄率无显著影响；四是人口结构对储蓄率的影响在不同时期不同地域呈现不同特征。

Leff（1969）研究发现无论在发达国家还是发展中国家，人口老龄化程度加深和老年抚养比增加均降低一国储蓄率。Bosworth（2007）基于 85 个国家 1960—2005 年的面板数据研究发现老年抚养比每上升 1%，储蓄率将下降 0.54%，但人口结构变化对储蓄率的影响程度在不同国家略有不同，在亚洲工业不发达国家影响较强而在高收入国家影响较弱。Horioka（2010，2012）针对亚洲国家的储蓄率的研究发现老年抚养比提高将对储蓄率产生负面影响，但同时指出经济发展对储蓄率产生积极影响，未来 20

年整个亚洲的储蓄率不会发生太大变化，因为人口老龄化对储蓄率产生的负面影响将被经济发展带来的正面影响抵消。Yasin（2010）基于太平洋岛国、Kelley 和 Schmidt（1995）基于 1964 年 74 个国家的截面数据，以及 Andersson（1998）以 1960—1990 年的跨国数据和北欧数据进行的实证检验也提供了足够证据证实国家储蓄率与人口老龄化成反比。Chun（2007）、Bloom（1999）、Shi（2013）、Boersch-Supan（2001）等利用生命周期假说分别对韩国、俄罗斯、中国、欧洲、泰国进行的研究也得出了类似结论。于学军（1996）指出，与西方发达国家不同，中国老年人口增多不仅抑制总储蓄水平，而且将降低储蓄率。其他国内学者以中华人民共和国成立后不同时间段时间序列数据为样本的实证检验也证实了以上假说（中国人民银行课题组，1999；王德文，2003；王锋，2016）。

2004 年以后，中国老年人口逐渐增加，老年抚养比上升，但与之前的研究结论矛盾的是，中国的储蓄却在增加，学者们对此现象进行了研究，人口老龄化的负储蓄效应也受到了一些学者的质疑，他们利用不同的计量方法和数据得出了截然不同的结论。人口老龄化的因素除人口结构变化外，还有人口预期寿命的延长，理性的人预期将来寿命延长，退休后的生活周期更长，因此会在年轻时期增加储蓄、减少消费，“未雨绸缪”的动机可能带来储蓄率的上升（Zhang，2003）。Bloom（2003）在其理论模型中加入预期寿命，预期寿命延长会提高每个阶段的储蓄率，从而提高社会总储蓄率。汪伟（2015）基于中国的省级面板数据，证明了预期寿命延长带来的“未雨绸缪”的储蓄动机确实提高了中国的储蓄率，同时老年抚养比增加也并未产生明显的负效应。陶天海（1999）、袁志刚（2000）在当时中国养老金制度不太完善的背景下提出，中国的高储蓄率与人口老龄化有一定关联，居民为了应付退休后的生活，会在年轻时期增加储蓄，因此作为计划生育政策结果的人口老龄化可能是中国储蓄率上升的一个重要因素。王德文（2004）利用 Leff 的计量模型和中国的数据进行回归分析，结果显示，由于中国计划生育政策的实施，少儿抚养比大幅下降，所以劳动人口的抚养负担明显减轻，储蓄明显增加，随着老年抚养比的增加，人口结构转变对储蓄率的贡献将会明显减弱，但短期内影响较小，储蓄率仍会上升。黄润龙（2012）、陈彦斌（2014）认为从生命周期角度看，老龄化将减少储蓄率，但由于老年人消费减少，老龄化反而能提高社会总储蓄。

除上述人口老龄化对储蓄率的显著影响外，有些学者的研究发现人口年龄结构对储蓄率并无显著影响。Kelley 和 Schmidt（1996）将 Leff 的计量时段扩展到 1960—1990 年的跨国数据，发现除 20 世纪 80 年代外，其他时间段并未发现显著的负效应。Karry（2000）利用中国 1978—1989 年城镇、农村面板数据研究发现人口结构并未对储蓄率产生显著影响。孙传忠（1980）利用统计学方法在对储蓄率的影响因素分析时引入人口因素，研究表明当时的中国人口老龄化程度还未对储蓄产生影响。事实上，中国从 1973 年开始推行计划生育政策，并在 1982 年将其上升为基本国策，所以在 1980 年以前，中国远未达到老龄化程度，反而具有较充足的劳动力，因此，当时的人口因素对储蓄率下降的影响并不显著。保罗·舒尔茨（2005）、汪伟（2012）利用亚洲 16 个国家和中国的数据做回归分析时，显示人口结构与储蓄率关系不显著，中国老年人口的增加并未对储蓄率产生明显影响。杨继军（2013）利用省级数据的回归表明，虽然中国的老年人口增多将抑制储蓄率的上升，但养老保险与储蓄率仍是正向关系，中国的养老保险制度并未有效降低国民储蓄率。

另外，针对中国不同时期不同地域的研究发现，人口老龄化对储蓄率的影响在不同时期和地域效果不同。Kelly 等（1996）的跨国实证检验显示，20 世纪六七十年代的储蓄率与老年抚养比没有显著相关关系，20 世纪 80 年代储蓄率与老年抚养比呈负相关关系。胡翠（2014）对中国农村和城市居民的消费与储蓄分别进行了研究，发现随着人口老龄化的演进，农村人口的储蓄率明显提高，而城镇居民的储蓄率却有所下降，主要原因在于中国的二元养老保险体制，城镇的养老保险体制较为完善，而农村的养老保险体制较为落后，农民只能依靠“存钱养老”，随着中国城镇化进程的推进及农村养老制度的逐步完善，从长期看，中国的储蓄率会下降，但短期内不会下降。

（二）人口老龄化对劳动力供给的影响

人口老龄化现象引起了很多学者的关注和研究。经济增长理论认为人力资本作为生产过程中的一种投入要素，将影响经济总产出（Swan，1956；Solow，1956）。Bloom 和 Williamson（1998）针对人口转变的三个阶段，分析了人口变化对经济增长的作用，指出 20 世纪 60 年代以来，东亚经济的快速发展主要得益于人口红利，但人口老龄化带来的劳动人口数量减少将对东亚地区的经济增长造成负面影响（Bloom，2009）。胡鞍钢（2012）针对中国的实证研究也指出老龄化将对中国经济增长潜力造成负面影响。Roeger（2000）认为老龄化会使一国劳动投入增长减速，如果一国老年人口占比过高，则适龄劳动人口和劳动参与率就会降低，有效劳动供给减少，劳动力成本上升压力增大，不利于劳动密集型产品的生产和出口。

人口老龄化对劳动力供给的影响主要有三种效应：退出效应、长寿效应和挤出效应。“退出效应”指社会中老年人口占比增加时，如果该社会养老保障体系较为健全或老年人有正常收入渠道，则老年人选择退出劳动力市场，造成劳动力供给下降。而没有养老金或正常收入的老年人由于身体能力下降，无法正常从事劳动，也会退出劳动力市场，造成劳动参与率下降。“长寿效应”指由于预期寿命延长，理性人会增加劳动供给。由于退休后将有更长的养老时间，所以人们会在身体条件尚可时增加劳动供给时间，以便为退休后增加更多储蓄，特别是在养老机制不健全且出生率较低的国家，人们既不能指望养老金，又不敢指望子女养老，因此只能靠增加劳动供给、提高个人储蓄以抵御养老风险。如 Gruber（2007）指出并没有充分证据显示高龄人口就业将减少年轻群体就业或增加青年失业率。“挤出效应”指一个国家老年人口数量提高时，年轻子女为了照料老人将占去个人劳动时间而减少劳动供给。如 Bolin（2008）的研究指出家庭照料负担将影响成年人的劳动供给时间，但对成年男性和女性的影响存在异质性。Lan liu（2010）认为家庭照料负担对成年女性的影响因父母和公婆而存在差异，照料父母并未影响照料者正常工作与就业，而照料公婆则对照料者的工作和就业有非常显著的负面影响。"退出效应"和"挤出效应"将降低社会劳动力供给，而"长寿效应"将增加劳动力供给。

现有文献普遍认为人口老龄化对劳动参与率存在负效应。Bloom（2009）指出 1965—1999 年的高出生率和低死亡率使得东亚地区的人口抚养比较低，劳动参与率高，人均资本高，造就了该时期东亚地区的经济增长奇迹。周祝平（2016）基于中国省级面板数据及跨国数据实证检验发现人口老龄化程度每提高 1%，劳动参与率将降低 0.2%。呼倩（2019）研究指出人口老龄化每提高 1%，潜在劳动供给和真实劳动供给分别下降约 2%。王立军（2012）也指出随着老龄化进程的加速，我国劳动力供给减少，但劳动力素质的提高将缓解这一趋势。综合考虑人口规模、人口结构以及劳动力市场，我国劳动力规模将不可避免地出现下降趋势，且长期的低生育水平对我国中长期劳动力市场将产生不可逆转的副作用（马忠东，2010；齐明珠，2010）。但 2030 年前我国劳动力规模不会出现大幅下降，劳动力短缺现象短期内不会出现，不过年轻劳动力供给下降速度快于劳动力总规模，劳动力老化明显，且农村劳动力老龄化问题尤其严重，从而将影响我国劳动力转移及城镇化进程（童玉芬，2014）。随着社会中老年人口的增加，劳动力供给将减少，劳动力工资上升，这将促使企业用资本代替劳动，以"劳动追逐资本"转向"资本追逐劳动"，制造业中资本密集型产业增加，劳动密集型产业减少（汪伟，2015）。未来我国对资本和技术密集型产业的劳动力需求增加，而对劳动密集型产业的低端劳动力需求减少，但我国劳动力供给结构与需求结构不匹配将是劳动力市场的主要矛盾（胡湛，2018）。

（三）人口老龄化对技术创新能力的影响

人口老龄化通过影响劳动力供给和人力资本投资，进而影响一国人力资本总量，大量研究表明人力资本是技术创新的重要影响因素（Sophie，2010；Nelson，1966；杨拔翠，2019；王艳涛，2019）。由于老年人学习能力和接受新事物、新思想的能力不如年轻人，相同的人力资本投资对老年人产生的人力资本积累低于年轻人，并且老年人进行人力资本投资的预期收益时间少于年轻人，所以老年人缺少动力进行人力资本投资，老年人口占比提高会通过降低社会人力资本存量而抑制技术创新（邵汉华，2019）。Fougère（1999）建立了包含15个世代的OLG模型，并利用七个OECD成员国的数据进行回归，得出人口老龄化与人力资本产出之间呈负相关关系。姚东旻（2017）对2003—2012年的中国省级面板数据进行的实证研究结果显示，人口老龄化对科技创新水平及人力资本积累有显著的负影响，老龄化通过影响人力资本积累进而制约科技创新水平，且不同经济水平下人口老龄化对创新的异质性影响有所不同，相比于经济发展水平低的地方，经济发展水平高的地方老龄化对创新的影响更加显著。另外，从个人层面看，个体创新活动的峰值在40~50周岁（Jones，2010），创新能力和年龄结构之间存在倒U形关系，即随着年龄增长，其对科技创新的影响是先上升后下降，宏观上从国家角度亦是如此（姚东旻，2015）。高越（2017）基于中国省级面板数据的实证分析验证了上述结论。人口老龄化除影响技术创新能力外，还影响技术创新方向。邓明（2014）认为人口抚养比上升将导致劳动力供给短缺，同时提升社会总储蓄，但前者对技术创新的影响高于后者，受二者影响技术将偏向劳动型，从而有利于提高劳动收入，基于中国省级面板数据的实证检验证实了在控制要素价格扭曲后，二者存在显著关系，人口抚养比越高，技术越偏向劳动型，但由于存在要素价格扭曲，目前中国大部分地区的技术创新是偏向资本型的。

三、国际贸易进出口结构及其影响因素

（一）出口产品技术结构评价指标研究

一个国家出口是资源依赖型还是技术附加型，取决于出口产品技术含量的高低。如果一国出口产品的增加依赖于初级产品，则这个国家的出口不具有可持续性，而高技术含量产品的出口增加可使一国的出口具有可持续性，出口增加的同时，国内生产的技术水平也得以提高（杜修立，2007）。而如何衡量一国出口产品的技术结构，学者们给出了多种方法，目前学术界使用率较高的是 Lall（2006）提出的技术复杂度得分指标，该指标为出口某产品所有国家或地区人均 GDP 的加权平均值，权重为该国（地区）该产品出口占各国（地区）总出口的比重，然后再以不同产品出口占一国（地区）总出口的比重为权重对不同产品的技术复杂度得分加权平均即可得到一国（地区）出口产品综合技术复杂度指数。该指标的主要缺陷在于计算技术复杂度得分时以一国某产品出口占世界总出口的比重为权重，会高估出口大国的作用。Hausman（2007）等用产品对应的收入水平 PRODY 作为评价指标，j 国 k 产品的 $PRODY$ 指标定义为：$PRODY_k = \sum_j \frac{x_{jk}/x_j}{\sum_i (x_{ik}/x_k)} Y_j$，其中，$x_{jk}$为 j 国第 k 种产品的出口值，x_j 为 j 国所有产品的出口值。樊纲（2006）将显性比较优势（RCA）作为衡量一国出口产品结构的指标，某种产品出口的比较优势定义为：$RCA = \frac{X_i}{X_t} \times \frac{W_i}{W_t}$，$\frac{X_i}{X_t}$为某国该产品的出口值，$X_t$ 为该国所有产品出口总值，W_i 为世界该产品的出口总值，W_t 为世界所有产品的出口总值。杜修立（2007）建立了新的评级指数 $TC_j = \sum_{i=1}^{n} ps_{ij} \times Y_i$，$ps_{ij}$ 为国家（或地区）i 的生产产品 j 的世界份额，即赋值权重，Y_i 为国家（或地区）i 人均 GDP。

（二）出口结构影响因素研究

学者们对影响中国出口结构的因素从多方面展开了研究，主要聚焦于产业结构变化、汇率、知识产权保护、金融发展水平、制度规则、人口结构等方面。

2005 年以来，中国开始实行浮动汇率制度，人民币实际汇率逐渐提高，即人民币逐渐升值，人民币升值使得以外币表示的商品进口价格提高，不利于我国出口。在产品结构方面，我国出口中劳动密集型产品占比较大，相较于资本密集型产品，其拥有更大的汇率弹性，人民币升值会导致劳动密集型产品出口量的下降快于资本密集型产品，出口结构将从劳动密集型产品为主向资本技术密集型产品为主转变（潘家东，2017；曾铮，2007）。范言慧（2018）采用最新数据研究显示此变化 2013 年较显著，而之后对不易被模仿的高技术产品和制成品都有显著的负面影响。

朱树林（2013）、刘若雨（2018）等对知识产权保护与出口产品结构的关系进行了研究，结果显示知识产权保护可有效推动高技术密集型产品的出口，而对中低技术密集型产品的影响较小，所以加强知识产权保护可有效促进我国出口产品结构升级。陈能军（2019）基于中国与 58 个“一带一路”沿线国家和地区的出口数据证实了制度质量与出口结构优化的关系，结果显示政府效率、监管质量以及法律规制与出口结构之间存在正相关关系，制度质量的提高有利于中国对“一带一路”沿线国家和地区出口结构层次的提升。金融效率与金融发展水平对中国出口结构提升也有一定的促进作用，不过当前中国的金融业发展水平落后于出口结构，影响了技术密集型产业的发展，不利于出口结构优化升级（刘树林，2017；李颖慧，2018）。另外，互联网普及率及高新技术开发区建设亦对一国出口结构优化有一定的促进作用（唐诗，2017；林左鸣，2018）。

（三）进口贸易与进口贸易结构研究

相比出口方面的研究，关于进口方面的文献相对较少，主要集中于进口对经济增长的影响、进口贸易模式的转变以及进口贸易结构的变化等方面。裴长洪（2013）认为进口贸易与经济增长之间存在显著的正向关联性，进口贸易结构的优化是改善经济供给面的重要内容，同时进口贸易结构调整能够成为拉动经济增长的重要手段。刘永贤和牛占文（2018）研究了改革开放以来中国进口贸易模式的演变，发现初级产品占比不断下降，中间品占比先升后降，而消费品占比开始上升，这意味着中国进口贸易模式开始出现显著变化。

魏浩（2015，2016）等集中研究了中国进口贸易结构的变化。在一篇论文中，魏浩、耿园和项松林（2015）测算了2000—2011年中国的进出口贸易结构，发现在此期间，中国的出口结构得到了优化，但进口结构问题十分突出且有恶化的趋势，与其他国家相比，中国商品进口的整体技术水平偏低且有日益下降的趋势。就中国进口贸易的技术结构变化方面，魏浩和李晓庆（2015）测算了2001—2012年进口商品技术结构的变化，发现2001年以来，中国进口商品结构中虽然中高技术商品总额较大，但中高技术商品所占份额大幅下降，中低技术商品所占份额则大幅上升，而在具体影响因素方面，作者认为，人均收支差距、外商直接投资以及知识产权保护等的影响最为显著。在另一篇论文中，魏浩、赵春明和李晓庆（2016）利用2000—2014年的数据测算了中国进口商品结构的变化，发现在此期间，中国进口商品发生了结构性调整，其中高技术产品与非农业型初级产品进口占比增加，高技术产品进口量仅次于非农业型初级产品。但在高技术产品进口中，中高技术产品进口占比较大，而真正的高技术产品与特高技术产品进口占比与其他国家相比依然较低。刘志恒和王琳辉（2016）利用1992—2014年的数据研究了中国进口贸易结构的变化，发现资本品进口中的资本密集型产品占比最高，中间品其次，最低的是消费品，但资本密集型产品与中间品的进口可能对本国的技术进步作用不显著甚至产生抑制作用。裴长洪（2013）认为在中国的进口贸易结构调整方面，应特别重视资本品的进口数量和进口结构的优化，在进口结构优化的基础上，适当扩大资本品的进口规模。

四、人口老龄化对国际贸易的影响

（一）人口老龄化对国际收支的影响

人口结构变化除了对国内经济结构产生影响外，也对一国的国际贸易产生显著影响。早期人口老龄化对国际贸易影响的研究主要集中在人口老龄化对国际收支或经常账户的影响方面。

Blanchard（1985）考察了有限生命周期理论，在其模型中将人的生命周期设置为可变参数，以考察人的生命周期及收入下降对稳态利率的影响，随后作者又考察了政府财政政策和社会保险对稳态利率的影响。在此基础上，Gertler（1997）设计了无限生命周期模型用以解释政府债务和社会保险的作用，无限生命周期模型可以用于考察国际间资本流动及劳动参与率。Ferrero（2005）则利用了 Gertler 无限生命周期模型分析人口结构变化和美国与法国、英国、意大利、日本、英国、加拿大等国家贸易赤字的关系，利用美国过去 30 年的数据分析指出人口老龄化与国家的贸易赤字有显著的正向关系，人口老龄化是美国贸易赤字的重要原因。李晴（2009）在对 Ferrero 和 Gertler 的模型进行组合和简化的基础上分析了人口老龄化对国际贸易收支的影响，并利用世界和中国的人口与国际贸易数据进行验证，结果证实了上述结论。

除无限生命周期模型外，国内较多学者利用有限生命周期模型对人口结构与国际收支的关系进行了探讨。汪伟（2012）、Wang（2013）构建了三期 OLG 模型，将人的生命周期分为儿童期、工作期和退休期，讨论三个时期人口结构变化对国内总储蓄和总投资的影响，进而利用储蓄减投资等于一国的净出口来分析一国贸易收支的变化，并利用中国的省级面板数据进行计量回归，结论与上述一致，即人口老龄化与一国的贸易赤字有显著的正向关系。谢建国（2013）、杨继军（2010）通过构建四期 OLG 模型分别分析儿童期、青年期、壮年期和老年期人口变化对经常账户的影响，认为儿童期和老年期人口比例上升将导致该国国际收支恶化，而中年期人口比例上升将改善一国国际收支。王仁言（2003）指出中国的长期贸易顺差来自人口抚养比下降、储蓄增加及消费需求不振，虽然未来一段时间，中国人口老龄化比例会有所提高，但短期内不会影响中国的贸易顺差。一些学者利用中国的省级数据进行计量回归，结果也证实了上述结论（刘渝琳，2015；梁珺，2010；张婷，2013；陈立启，2011；等等）。

（二）人口老龄化对进出口结构的影响

一国的人口结构变化不仅影响该国进出口量的变化，同时还会影响一国制造业结构及进出口产品结构的变化。

国外学者对此问题的研究多集中于理论模型的构建。引力模型是分析两国之间贸易量的基础模型，Mccallum（1995）首先将其用于解释美国与加拿大之间贸易量的边界困惑，作者利用1984—1988年加拿大10省与美国30州的贸易数据进行回归，指出在美国各州与加拿大多省的经济基础类似的前提下，无国界之间的贸易量是跨国界贸易量的22倍左右，说明国家的存在确实是影响贸易的重要因素。随后Anderson（2000）为Mccallum的引力模型给出了理论基础，用数学方法和经济学原理推导出了引力模型公式，并对Mccallum的计量模型进行扩展，在此基础上分析认为贸易障碍或贸易壁垒对大国和小国影响程度不同。

Sayan（2005）开创性地构建了人口老龄化与出口产品结构的理论模型，为此后学者对此问题的研究奠定了基础。他通过修改传统的OLG模型，引入两种商品和两种生产要素，构建了两地区、两个时期、两种商品、两种生产要素的OLG模型，并通过模拟，考察不同的人口增长率对出口结构的影响。作者设定了两种人口变化模式，两种模式中人口增长率均为外生。第一种模式是两地区人口增长率逐年下降，但下降速率不同，其初始人口结构和人口增长率相同，但从第一期后，两地区人口增长率以不同速率下降，A 地区下降速率较快，人口增长率较小，人口增长缓慢，人口老龄化程度高，B 地区人口增长率下降速度较慢，人口增长率较高，人口增长速度快，人口老龄化程度低；第二种模式是两地区具有固定人口增长率，从第一期至最后一期人口增长率均为提前设定的常数，但 A 地区的人口增长率小于 B 地区。数值模拟的结果是在两种模式下均是 A 地区人口数量小于 B 地区，但 A 地区老年人口占比高于 B 地区，内生变量变化的结果均是 A 地区人均资本高于 B 地区，劳动力数量低于 B 地区，相应地，A 地区资本价格低于 B 地区，劳动力价格高于 B 地区。自由贸易时期，A 地区将向 B 地区出口资本密集型产品而从 B 地区进口劳动密集型产品，贸易均衡时，两地区劳动密集型产品价格和资本密集型产品价格相等。

随后，Naito 和 Zhao（2008）通过理论模型，以解析方式证实人口老龄化确实对一国出口产品结构产生影响，并对自由贸易时期两地区的福利水平进行分析。均衡时期，自由贸易将提高年老国家老年人的福利水平，但年轻国家老年人的福利水平下降，通过建立补偿机制，二者的福利水平均可提高，从而实现自由贸易时期的帕累托改进。不同于 Sayan 和 Natio 的外生人口增长率，Yakito（2012）的理论模型将人口增长率设为内生，其均衡值由系统决定，人口预期寿命提高并非一定提高资本密集型产品的出口比率。人口老龄化对出口产品结构的影响取决于要素禀赋变化对罗伯津斯基的正效应，以及在自给自足均衡状态下消费—储蓄选择对相对价格的负效应的大小。人口老龄化将导致劳动力供给减少，根据罗伯津斯基定理，该地区将增加资本密集型产品的出口，但人口老龄化将减少储蓄，降低资本供给，因此资本密集型产品出口受到抑制，最终结果将由这两种影响的大小决定。

国内学者对人口老龄化与出口结构关系的研究多集中于实证研究，且对出口结构的衡量常使用三种定义：出口产品技术复杂度、高新技术产品出口占比和资本密集型产品出口占比。高越（2018）认为人口老龄化对出口产品技术复杂度的影响呈倒 U 形结构，当老年抚养比低于 15.5%时，人口老龄化将促进出口产品技术复杂度的提升，而当老年抚养比超过15.5%时将降低出口产品技术复杂度。此外，人口老龄化对认知能力不同的行业的影响也不一致，当一个行业“顺年龄认知能力”密集度高时，老龄化将促进该行业出口技术复杂度的提升，而当一个行业“逆年龄认知能力”密集度高时，老龄化将不利于该行业出口技术复杂度的提升。熊永莲（2018）基于全球263个国家或地区的出口数据进行实证研究，指出老年人口抚养比确实能提高一国或地区出口技术复杂度，而少年人口抚养比增加不利于出口技术复杂度的提升。印梅（2016）基于中国31个省份的面板数据的实证研究却得出了相反的结论，即人口抚养比的提高不利于中国出口技术复杂度的提升，而通过提高教育水平等方式提高人力资本可缓解人口结构的不利影响，人力资本提升可提高出口产品的技术复杂度。

蔡兴（2016）以高技术产品出口占比衡量中国出口结构，采用中国省级面板数据进行实证检验，证实了短期内人口老龄化既不会削弱中国制造业的低成本优势，也不会对中国制造业的出口带来根本性的影响。因为目前中国农业仍以小规模经营模式为主，随着城镇化及农业现代化的推进，农业劳动力尚有释放空间，且劳动生产率的提高可在一定程度上弥补劳动力供应的减少。相反，劳动力成本上升使得人们收入增加，消费需求水平提高，给中国制造业打开了更大的国内市场，同时，劳动力成本上升会倒逼企业改革，加强人力资本投入和创新研发投入，以技术代替劳动力进一步提高企业竞争力，优化产业结构。

姚洋（2009）基于当时中国出口导向型战略的分析指出，中国的低抚养比与低城市化率是中国实施出口导向型战略的基础，也为其提供了强有力的支撑。低抚养比使居民储蓄增加，投资增加，但由于农村人口占比较大，工资收入低，国内消费市场极其狭小，所以当时保持市场均衡的唯一途径就是出口，虽然人口老龄化程度有所提高，但不会影响出口导向型战略。王一鑫（2013，2014，2016）对此问题进行了深入研究，在其构建的理论模型中，参照了Natio的理论模型，并加入平均预期寿命变量，考察人口出生率和预期寿命变化对出口结构的影响，并利用世界 122 个国家的面板数据和中国不同产业的面板数据进行实证研究，研究结论证实了其理论模型的结果。田巍等（2013）将人口抚养比引入引力模型，并将国家间的引力模型扩展到行业层面，分析指出国内劳动人口比增加可带来出口额和进口额的同时增加，较高的劳动人口比会为该国带来丰裕的劳动力，从而增加该国产出，带动出口增加，对于进口国而言，较高的劳动人口比会带来更多的劳动收入，因此该国有能力进口更多商品。随后作者利用 176 个国家的面板数据进一步对理论模型进行回归分析，结果证实了上述结论。崔凡（2016）利用中国省级数据的分析也证实了上述结论。钟水映（2016）、方慧（2016）、王秋红（2014）、Wang wei（2012）等分别利用世界 140 多个国家的面板数据和中国的时间序列数据也证实了该结论。

上述文献从不同角度对人口老龄化与国际贸易问题展开了研究。从研究内容方面看，对人口老龄化的研究多集中于人口老龄化现状分析及影响因素剖析，基于一个国家的不同省份之间或不同国家之间做对比分析，归纳出人口老龄化的特点及问题。对国际贸易的研究多注重于人口老龄化对国际贸易的影响因素及影响机制，从制度、人力资本、技术、时间因素等多角度探讨人口老龄化对国际贸易的影响。而关于人口老龄化对经济增长的影响，主要集中于三个方面：首先，人口老龄化会影响一国总储蓄，但在不同国家，老龄化与储蓄的关系可能不同，有的国家老年人收入低于年轻人，如中国，而有的国家老年人收入高于年轻人。所以，国内外不同学者从不同角度出发的研究结论有所差异。其次，人口老龄化会影响一国人力资本和创新能力，从而影响一国的经济增长。最后，人口老龄化会影响国际贸易，以往文献多关注人口老龄化对出口的影响，从总量上分析二者的关系。

已有文献从储蓄率、人力资本积累、GDP、经常账户、净出口、出口产品结构等多个角度研究人口老龄化对国际贸易的影响，但关于人口老龄化对进出口产品结构的影响的研究较为缺乏。仅有的几篇文献也集中于人口老龄化对出口结构的影响，鲜有涉及对进口结构影响的研究，而在中国进口贸易结构的研究方面主要集中于进口贸易结构的变化及其影响因素，基本没有考虑人口老龄化因素的影响。此外，现有文献要么以理论模型为主，要么以实证检验为主，缺乏二者的有机统一。因此，本书拟通过构建理论模型、数值模拟、实证检验等系统地研究二者之间的关系。Sayan（2005）的理论模型虽然很好地解释了人口年龄结构变动对出口比较优势的影响，但其模型中影响人口结构变化的因素只用了人口出生率，未涉及另一影响人口结构的重要因素——平均预期寿命。王一鑫（2013）在 Naito 和 Zhao（2008）研究的基础上增加了人口预期寿命这一参数来研究人口老龄化对产品出口结构的影响，但他对这一参数的设置欠妥，且模型证明过程尚需优化。本书借鉴 Sayan（2005）的理论模型，并对模型进行改进，增加平均预期寿命变量，构建三期 OLG 模型，求解出一国人均资本、劳动密集型产品相对价格与该国老龄化的关系，进而推断人口老龄化对一国进出口结构的影响，探索影响的微观机制及影响结果。随后通过数值模拟、实证检验等证明理论模型的结论。最后结合中国进出口结构变化与人口老龄化的关系，验证并修改理论模型，用于解释中国进出口结构中资本密集型产品不降反升的事实。在此基础上，结合中国国情，提出相应的政策建议，希冀能为缓解中国经济发展过程中的老龄化困境尽绵薄之力。

第三章

世界及中国的人口老龄化

第一节　世界的人口老龄化

近年来，在低生育率和不断延长的平均预期寿命的共同作用下，全球范围的人口老龄化进程明显加快，已然成为人类社会的共同问题，只是不同国家或地区人口老龄化的速度、时间、水平不同而已。

一、世界人口老龄化的发展现状和趋势

纵观世界人口老龄化的发展历程，1851 年法国成为世界上最早步入人口老龄化的国家，该年法国 60 岁及以上老年人口占总人口的比重达 10%。自此以后，在低生育率和不断延长的平均预期寿命的共同推动下，世界各国的人口老龄化进程不断加快，到 20 世纪六七十年代，几乎所有的西方国家都相继步入了老龄化社会。进入 21 世纪后，全世界 60 岁及以上人口以每年 3%的速度增加，截至 2017 年，全世界 60 岁及以上的老年人口高达 9. 62 亿，占世界总人口的比重高达 13%，这意味全球范围进入了老龄化社会。

根据联合国的推算，21 世纪前 50 年将是全球人口老龄化迅速加剧的时期，其平均增长速度达 2. 4%，是 20 世纪后 50 年平均值的 3. 5 倍，更是远高于同期人口增长速度。按此速度，到 2050 年，全世界老年人口数量将达 20. 2 亿，人口老龄化的比率将达 21. 15%。这会深刻改变世界经济社会发展的人口基础，并给传统的经济社会发展模式带来严峻挑战。低生育率和低死亡率引致的平均预期寿命的延长是全球老龄化加速的主要原因。

二、世界人口老龄化的特征

（一）人口老龄化区域发展不平衡

虽然人口老龄化是全球性问题，但各个地区之间存在明显差异。欧洲是目前全球人口老龄化水平最高的地区，2017 年，欧洲人口老龄化率达到了 25%，预计 2050 年将升至 28.6%，而希腊、匈牙利等国将超过 30%。目前全球人口老龄化水平高于和等于发达国家平均水平的国家有 27 个，除日本外，其余均为欧洲国家。仅次于欧洲的是北美洲，其人口老龄化率达 20.7%，大洋洲为 16.4%，亚洲为 11.0%，但亚洲的日本和韩国 2017 年 65 岁及以上老人占总人口的比重分别达 27.7%和 14.3%，其中日本的人口老龄化率居全球之首，而最低的非洲人口老龄化率仅为 5.5%。

（二）人口高龄化趋势日益明显

在人口老龄化趋势日益加剧的同时，人口高龄化趋势越发凸显，人口高龄化是指 80 岁及以上老年人口占 60 岁及以上老年人口的比重，其中发达国家最为明显，其原因在于平均预期寿命的提高。根据联合国的推测，1950 年发达国家平均预期寿命为 64 岁，2017 年达 78 岁，21 世纪中期将达 83 岁，人口高龄化水平随之增加，1950 年为 8.5%，2050 年将高达 29.6%。从整体上看，发展中国家的人口高龄化水平不及发达国家，但高龄化趋势仍十分明显，1950 年为 5.7%，2050 年将升至 26.2%。与一般老年人相比，高龄老年人中失能人群更多，是真正需要照料和看护的人群，该人群比例的提升将给社会经济发展带来极大挑战。

（三）人口老龄化程度与经济发展水平呈正相关关系，先富后老是各国普遍的发展规律

目前，人口老龄化程度较高的国家基本分布在欧洲和东亚地区，而欧洲又以西欧和北欧为主，东亚主要是日本。这些国家如日本、丹麦、瑞典、荷兰、德国等虽然人口老龄化程度高，但其人均国内生产总值与人均

收入也较高，如上述国家的人均国内生产总值均超过 3.5 万美元，经济发展水平较高。客观地看，人口老龄化是经济社会发展到一定程度的必然产物，在经济社会发展的过程中，人们的生活水平日益提高，医疗水平不断进步，社会保障体系日渐完善，这才使得人口出生率不断下降和预期寿命延长，因此，先富后老是普遍现象。利用 2016 年世界上 200 多个国家人均 GDP 与 65 岁及以上老人占总人口的比重做成的散点图，可以发现二者呈现较强的正相关性，即人均 GDP 越高，经济越发达的国家，人口老龄化程度越严重（见图 3-1）。美国和日本分别于 1944 年和 1970 年 65 岁及以上老年人口占比达 7%，但当时两国的人均 GNP 分别达 1392 美元和 1940 美元，世界范围的人口老龄化达 7%的年份为 2001 年，而当时人均 GNP 已达 5170 美元。相比之下，中国 2001 年 65 岁及以上人口占比达 7%，当时中国的人均 GNP 仅为 840 美元，属于典型的“未富先老”，不过随着近年来中国经济的快速发展，“边富边老”的特征日益明显。

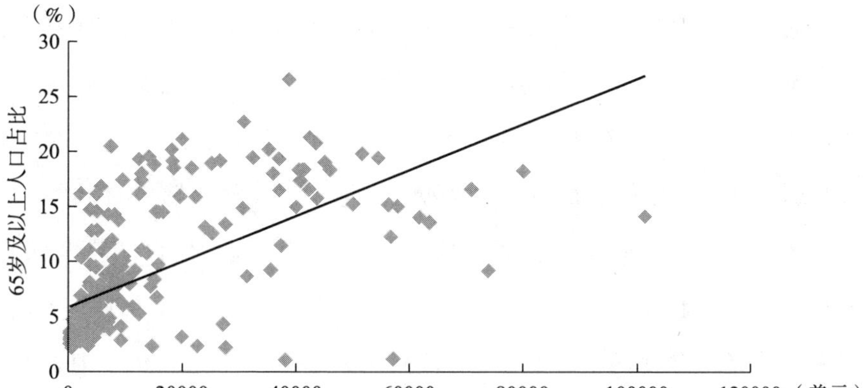

图 3-1　2016 年全球主要国家人口老龄化程度与人均 GDP

资料来源：世界银行数据库。

第二节　中国的人口老龄化

在世界人口结构普遍趋于老龄化的进程中，中国人口老龄化程度也在逐年攀升，中国人口结构变化既有与世界相同之处，也有其自身特点。

一、中国人口老龄化的发展现状

随着经济增长、社会发展及计划生育政策的实施，中国人口再生产实现了历史性转变，人口再生产类型由“高出生率、低死亡率、高增长率”向“低出生率、低死亡率、低增长率”转变，中国人口年龄结构也随之发生了显著改变。总人口按年龄可以分成三类：少儿人口（0~14 岁）、劳动人口（15~64 岁）及老年人口（64 岁以上），衡量人口结构可以用少儿抚养比、老年抚养比和总抚养比三个指标表示。1970 年以来中国三类抚养比呈现出不同特征，少儿抚养比先下降后略微上升，老年抚养比则逐年上升。1970 年以来，随着生育率的下降，中国少儿抚养比显著下降，由 72. 22%下降至 2012 年的最低点 23. 99%，此后，随着计划生育政策的调整，“单独二孩”政策及“全面二孩”政策逐步实施，生育率略有回升，少儿抚养比同步上升，2018 年升至 24. 75%。与少儿抚养比持续下降相反的是中国老年抚养比的逐年提升，1970 年仅为 6. 73%，2018 年则上升至 15. 72%。受少儿抚养比与老年抚养比变化的影响，中国人口总抚养比呈现“先降后升”的特征。由表 3-1 可以看出，1970—2010 年，受少儿抚养比下降的影响，人口总抚养比也趋于下降，由 1970 年的 78. 95%下降至 2010 年的 35. 59%，此后，少儿抚养比趋于稳定，而老年抚养比上升导致总抚养比提高，2018 年，中国人口总抚养比提升至 40. 47%。

表 3-1　1970—2018 年中国人口结构特征

年份	少儿抚养比	老年抚养比	总抚养比	65 岁及以上人口总数	65 岁及以上人口占比
1970	72.22	6.73	78.95	30776130	3.76
1975	70.86	7.32	78.18	37646803	4.11
1980	59.90	7.89	67.79	46155588	4.70
1985	47.96	8.34	56.30	56060035	5.33
1990	43.85	8.62	52.47	64161215	5.65
1995	41.27	9.28	50.55	74232245	6.16
2000	35.97	10.09	46.07	87228408	6.91
2001	34.56	10.23	44.79	89904561	7.07
2002	32.74	10.35	43.09	92618409	7.23
2003	30.75	10.45	41.19	95329636	7.40
2004	28.93	10.54	39.47	97906483	7.55
2005	27.47	10.63	38.10	100318362	7.69
2006	26.43	10.74	37.17	102653405	7.83
2007	25.58	10.86	36.44	104885006	7.96
2008	24.95	11.00	35.95	107146225	8.09
2009	24.50	11.17	35.67	109596498	8.23
2010	24.20	11.39	35.59	112370608	8.40
2011	24.02	11.66	35.67	115488499	8.59
2012	23.99	11.95	35.94	118745097	8.79
2013	24.08	12.30	36.39	122435695	9.02
2014	24.22	12.75	36.97	127003874	9.31
2015	24.35	13.32	37.67	132681231	9.68
2016	24.52	14.03	38.55	139560890	10.12
2017	24.66	14.85	39.51	147532179	10.64
2018	24.75	15.72	40.47	155895548	11.19

注：表中数据除 65 岁及以上人口总数外，其余均为百分数。

资料来源：世界银行数据库。

1970 年以来，受出生率降低和预期寿命延长的影响，中国老年人口规模和占比逐年提高。1970 年，我国 65 岁及以上老年人仅有 3000 万人，2018 年上升至 1.56 亿人，年均增长率 3.4%，远高于总人口年均 1.1%的增长率。老年人口占总人口比重也在同步提升，由 1970 年的 3.76%上升至

2018 年的 11.19%。近 50 年来的人口老龄化进程呈现不同特点，2014 年以前，中国老年人口规模上升比较平稳，年均增长率为 3.2%，但 2014 年以后，老年人口数量上升较快，2015 年较 2014 年上升了 4.47%，2017 年增长率为 5.71%，受第一代"婴儿潮"影响，2025 年前，我国老年人口规模都将保持快速上升趋势。2017 年，我国老年人口数量占世界老年人口数量的 1/5，中国的人口老龄化关系到世界的人口老龄化进程，庞大的老年人口数量给中国经济、社会、政治、文化、科技等方面带来了较大影响，中国养老、医疗、社会保障等方面的压力越来越大。

二、中国人口老龄化的成因

从人口老龄化快速发展的成因看，中国人口老龄化既是经济社会发展的自然结果，也是人为因素如计划生育政策推行的产物。

（一）经济社会发展的自然结果

世界范围的经验研究表明，人口结构转变的主要推动力是经济增长和社会发展。欧美发达国家及亚洲的韩国、新加坡等国在未实施政府强制性人口政策时，人口出生率均出现了下降。印度由于经济增速较缓，其人口结构转变过程也相对缓慢。根据全球 200 多个国家 2017 年人口出生率与人均 GDP（现价美元）的数据（见图 3-2），可以看出人口出生率与人均 GDP 呈负相关关系，即人均 GDP 越高，人口出生率越低。

中国的改革开放带来了经济的快速发展，以 2010 年不变价美元计算，我国人均 GDP 由 1970 年的 229 美元上升至 2017 年的 7308 美元，经济的快速发展改变了女性受教育程度、女性就业机会及待遇等，进而改变了女性的生育意愿，人口出生率相应地也由 1970 年的 33.43‰下降至 2017 年的 12.43‰（见图 3-3）。蔡昉（2010）在其研究中指出："这个事实验证了经济学家和人口学家关于人口转变规律所取得的学术共识：三个主要的人口转变阶段的依次更替，是经济和社会发展的结果。"因此，我国人口出生率的降低是经济社会发展的必然产物。

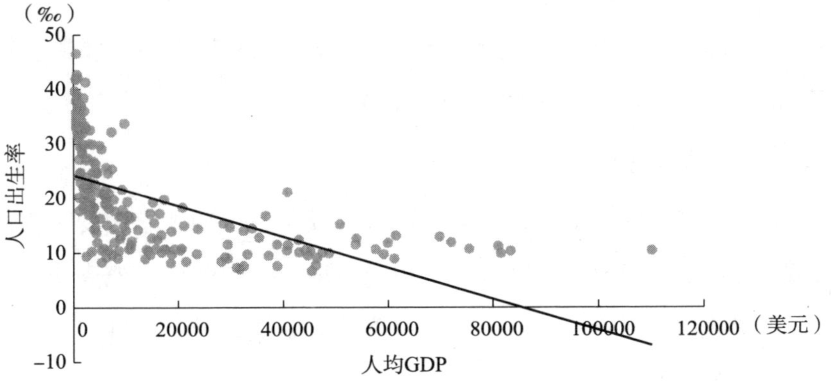

图 3-2　2017 年世界上大多数国家人口出生率与人均 GDP

资料来源：世界银行数据库。

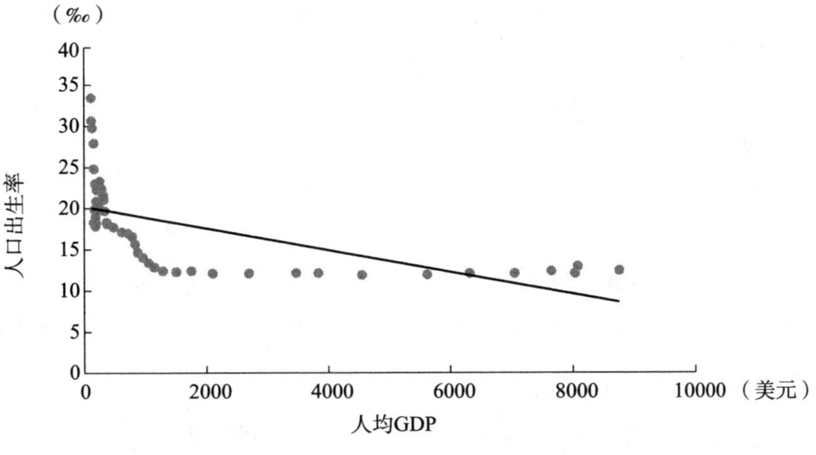

图 3-3　1970—2017 年我国人口出生率与人均 GDP

资料来源：世界银行数据库。

（二）计划生育政策的推行

人口结构转变是人口再生产行为的直接结果，但在中国，促使人口年龄结构转变的还有人为因素即计划生育政策。该政策的实施加速了中国人口结构转变，使中国在短期内完成了欧美国家需要上百年时间才能完成的人口转变历程。20 世纪 70 年代，面对规模庞大且增长迅速的人口数量，中国政府审时度势地推行了堪称世界上最严格的计划生育政策，实现了对出生率的有效控制，使得中国人口自然增长率下降。1990 年我国的人口生育率较 1964 年下降了 65.53%，少年人口比重下降了 31.97%，老年人口比重则提高了 56.46%，而同期发达国家总和生育率下降幅度为 14.94%~48.84%。

（三）生育意愿的改变

生育率受多种因素影响，其中，由经济发展、社会观念转变引发的生育意愿转变是重要因素。根据人口学相关原理，生育率或多或少受经济收入、文化观念及家庭习俗的影响，而经济发展、社会进步因素对于家庭生育观念的影响尤为显著。

三、中国人口老龄化的特征

中国人口老龄化进程在遵循人口变动基本规律的基础上，也表现出自身的一些特点。

（一）中国人口老龄化速度快

世界银行数据库显示，1960 年，中国 65 岁及以上人口仅有 2470 万，2000 年增长至 8723 万，2018 年则高达 1.39 亿，1960—2018 年增长率高达 461%。老年人口总规模增长的同时，65 岁及以上人口占总人口的比重也随之增加，由 1960 年的 3.7%上升至 2018 年的 11.19%，尤其是 2009 年以来，中国人口老龄化增长速度呈逐年加快趋势。

与世界人口老龄化进程相比，中国人口老龄化进程速度更快。1960 年以来，中国 65 岁及以上老年人口规模一直位于世界前列且远远高于其他国家，但由于中国人口基数相对较大，所以老年人口占比在 2000 年以前一直低于 7%，不足以给经济社会发展带来困扰。但 1960 年以来中国老年人口占比变化较大，增长速度较快。1960 年，中国老年人口占比在世界银行统计的 213 个国家中排名第 106 位，属于中下等水平，低于世界平均水平的 4.97%。到 1990 年，中国老年人口占比为 5.65%，排名升至第 77 位，略低于世界平均水平的 6.15%。而 2017 年中国老年人口占比为 10.64%，世界排名升至第 67 位，高于世界平均水平的 8. 69%。自 1966 年后，中国 65 岁及以上人口占比增长率均高于世界平均水平（见图 3-4），1960—2017 年中国 65 岁及以上人口占比增长率平均值为 1. 88%，而世界平均值为 0. 98%。

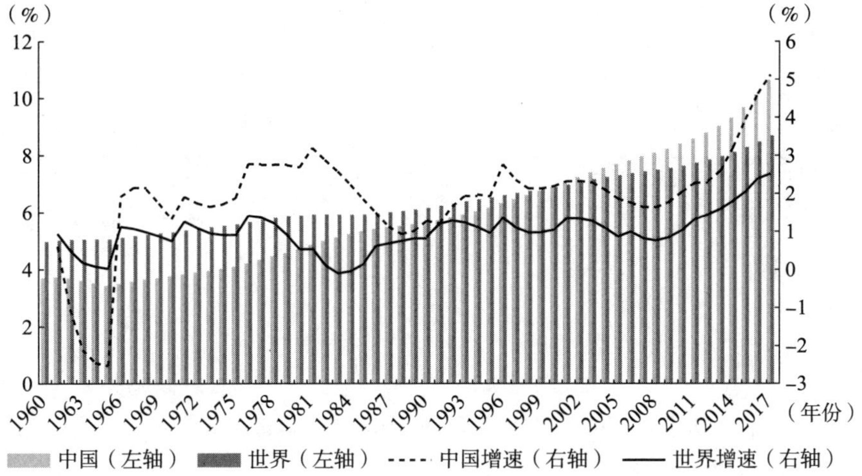

图 3-4　1960—2017 年世界及中国 65 岁及以上人口占比及增速

资料来源：世界银行数据库。

若对世界人口老龄化进程做一横向比较，亦能发现中国人口老龄化的发展速度之快。2016 年，与中国老龄化程度相当的国家有阿根廷（10. 06%）、泰国（10. 95%）、毛里求斯（10. 44%）、摩尔多瓦（10. 33%）等。对比 2016 年老龄化程度排在中国之前的 59 个国家，统计其 2000—2016 年老年人口占比增长率，可以发现中国老年人口占比增长率在 59 个国家中排名第 11 位，老年人口增长速度高于法国、西班牙等发达国家（见图 3-5）。

（二）老年人口尤其是高龄老年人口女性数量大于男性

长期以来，中国人口中男性数量大于女性，2017 年中国总人口中男女比例为 1. 0481 ∶ 1，男性人口比女性人口多 3266 万人。但受男女生理特征不同、男性抽烟喝酒比例高于女性、年轻时男性的工作压力大于女性等因素影响，女性平均寿命高于男性，所以，长期以来中国 60 岁及以上人口中女性人口总数大于男性（见图 3-6）。

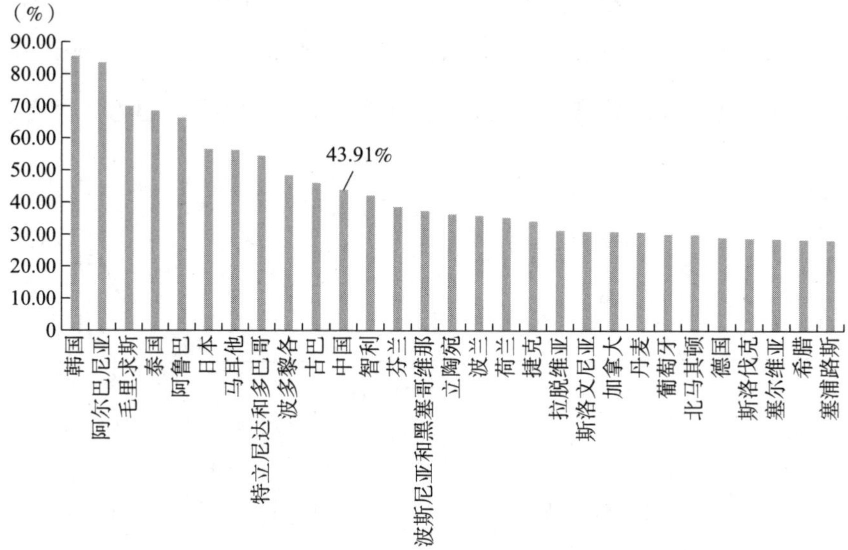

图 3-5　2000—2016 年部分国家老年人口占比增长率

资料来源：笔者根据世界银行数据库数据整理。

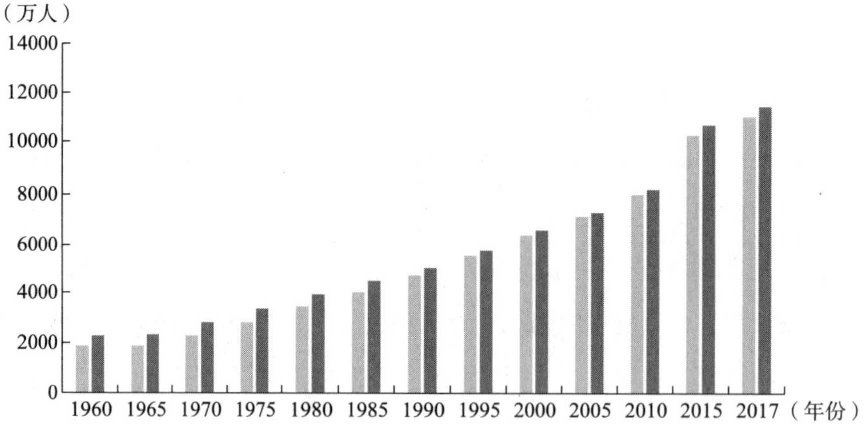

图 3-6　1960—2017 年中国 60 岁及以上男、女数量对比

资料来源：世界银行数据库。

若对 60 岁及以上每个年龄段的男女总数进行统计，会发现高龄群体中男女差别尤其明显。按联合国惯例，对 60 岁及以上人口进行划分，60~69 岁的称为低龄老年人，70~79 岁的称为中龄老年人，80 岁及以上的称为高龄老年人。我国中龄老年人和高龄老年人中，女性与男性比率的差异尤其显著。1960 年，我国 80 岁及以上女性人口为 94 万人，男性为 37 万人，女性数量是男性的 2.54 倍，相差 57 万人，到 2017 年，女性为 1353 万人，男性为 1020 万人，女性数量是男性的 1.33 倍，相差 333 万人。虽然高龄老年人口男女比例差距逐渐缩小，但规模仍在增大（见图 3-7）。

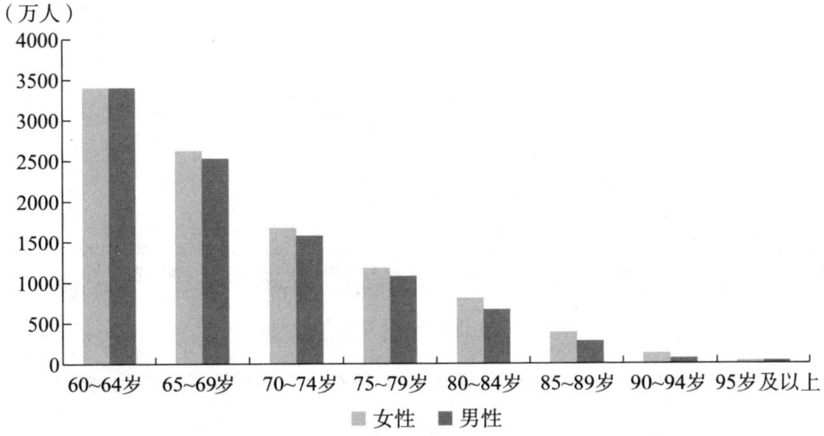

图 3-7　2017 年中国按性别统计各年龄段人口数量

资料来源：《中国人口和就业统计年鉴》（2018）。

（三）高龄老年人口占比逐年增加

随着人口预期寿命的增加，中国高龄老年人口占比逐年增加。1960 年，中国 80 岁及以上女性占女性总人口的比重仅为 0.29%，远低于同期世界平均水平 0.74%，男性占比更低，仅为 0.11%，同期世界平均水平为 0.44%。其主要原因在于当时中国经济发展水平相对落后，医疗保健等基础设施不完善，部分疾病不能得到有效治疗，加上 1958—1961 年是我国国民经济发生严重困难时期，粮食减产导致大饥荒，人们吃不饱饭，所以高龄老年人占比较少。改革开放后，中国经济经历多年快速发展，人民生活水平得以逐步改善，医疗卫生、基础保健等设施也极大改善，人均寿命提高较快。2017 年，中国 80 岁及以上女性占女性总人口比重已达 2.19%，接近世界平均水平 2.28%，高于中低等收入国家（见图 3-8）。老年人中的低龄人口有些还能参加社会劳动，创造社会财富，但高龄老年人几乎不具备劳动能力，生活以养老为主，这也给社会保险、医疗保障、养老服务等带来了新的挑战。

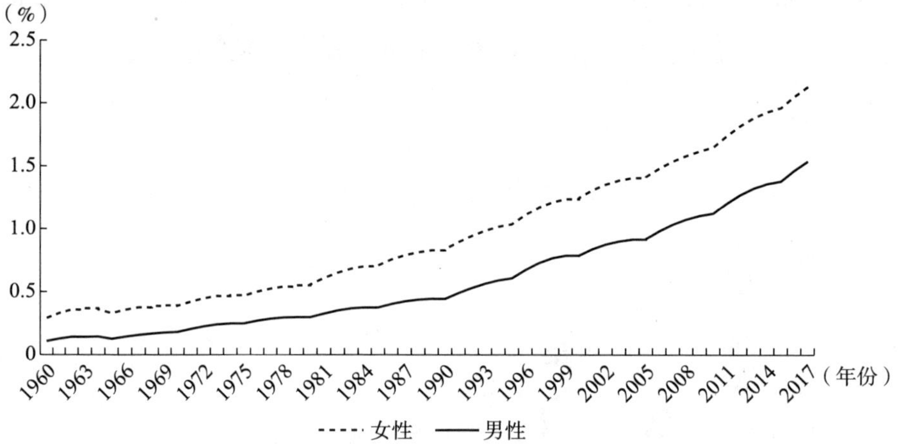

图 3-8　1960—2017 年中国 80 岁及以上男女分别占男女总人口比重变化

资料来源：世界银行数据库。

（四）人口老龄化程度先于经济发展，未富先老

西方发达国家的人口老龄化过程是在工业化、城市化逐渐完成的基础上自发完成的。经济的快速发展提高了社会保障能力，降低了人口出生率和人口死亡率，加之医疗条件大为改善，平均预期寿命延长，造成人口年龄结构逐步老化。而中国人口生育率降低的重要原因是推行计划生育政策。中国在综合国力尚不强大的情况下，面对日益严峻的人口压力，审时度势地推行计划生育政策，使得人口出生率以高于正常水平的速度迅速下降，人口老龄化程度也快速加深。2016 年，中国 65 岁及以上人口占比在世界排名第 67 位，但中国人均 GDP 仅为 8123 美元，位于世界第 93 位。

对比 2016 年与中国人口老龄化程度相似的国家，除泰国人均 GDP 低于中国外，阿根廷、新加坡、毛里求斯等国家人均 GDP 均高于中国。与韩国、日本等国家相比，人口老龄化程度相同时，中国的人均 GDP 与其差别更为显著，韩国在 2009 年时，老龄化程度为 10.3%，但其人均 GDP 已达

18291 美元；日本在 1985 年时，人口老龄化程度为 10.11%，但其人均 GDP 为 11599 美元。

（五）区域之间人口老龄化差异悬殊

受经济发展水平及地理位置、气候差异等因素的影响，中国人口老龄化地区之间差异较大，大致呈现“东高西低”的状态。1990 年，中国老年人口占比为 5.8%，但上海以 10.32%领跑全国，是最年轻地区西藏的三倍左右，1990 年，中国上海、天津、北京三个直辖市及浙江省率先步入老龄化社会。2017 年，重庆市以 14.27%超越上海，成为中国最年老的地区。人口老龄化较高的地区主要集中在华东及川渝地区，重庆、上海、辽宁、江苏、四川是人口老龄化程度最高的五个省市。2017 年除西藏外，国内其他省份全部步入老龄化社会。按地区统计，东北地区老龄化程度增速较快，东部沿海地区最早步入老龄化社会，但是增速较缓。2017 年，东北三省老年人口占比为 12.8%，其次为东部地区（11.47%）和中部地区（11.11%），西部地区最为年轻，老年人口占比为 9.24%（见图 3-9）。

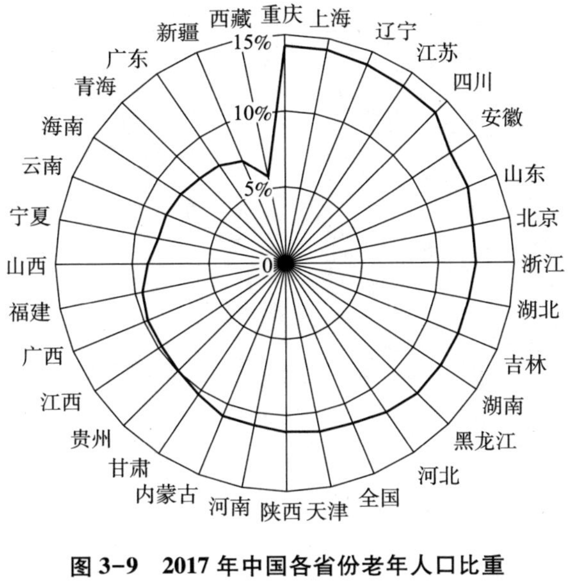

图 3-9　2017 年中国各省份老年人口比重

资料来源：《中国人口和就业统计年鉴》（2018）。

我国不同区域之间老龄化差异主要是由经济发展水平、气候及生存环境差异引起的。一方面，经济发展水平较高的地区人口出生率低且预期寿命较长，而经济落后地区的年轻人更愿意到经济发达地区就业落户。另一方面，中国幅员辽阔，不同区域之间气候差异较大，年轻人择业更愿意选择气候适宜的地区。虽然不同区域之间人口老龄化程度存在显著差异，但全国的人口老龄化总体水平呈现出稳步上升态势。

第四章

人口老龄化对进出口贸易结构的影响机制

——理论模型

本章通过建立人口老龄化对进出口贸易结构影响的理论模型，为后文的进一步研究奠定理论基础。以往学者们多从宏观层面研究人口老龄化对进出口的影响，从老年人口占比增加对进出口总量、国际收支平衡的影响等方面展开研究。本章的模型试图从微观层面研究人口老龄化对进出口贸易结构的影响。将一国进出口产品分为资本密集型和劳动密集型两大类，按 Lall（2000）的分类，鞋靴衣帽雨伞等产品属于劳动密集型产品，机电设备、航空器、钢铁、船舶、汽车等属于资本密集型产品。因此，本书的 OLG 模型中也包含两类商品：资本密集型产品和劳动密集型产品，而一般的 OLG 模型中只包含一种商品，这正是模型求解的难点所在。

Sayan（2005，2004）、Natio 和 Zhao（2009）的研究为该类问题的研究提供了突破口，本书的模型欲在 Sayan（2005）模型的基础上加以改进。Sayan 构建了一个 2×2×2×2，即两类产品，两类生产要素，两个地区，两个时期的 OLG 模型，引入人口增长率表示人口老龄化程度。a 地区人口增长率低，老龄化程度高，b 地区人口增长率高，老龄化程度低。封闭条件下，设资本密集型产品价格为基准价格，Sayan 证明了劳动密集型产品相对价格 p 与该地区人口增长率 n 呈负相关关系，即 $\frac{dp}{dn}<0$，人口增长率低的地区，劳动密集型产品价格高，即人口老龄化程度高的地区，劳动密集型产品价格相对偏高，而资本密集型产品价格较低，因此，自由贸易时该地区将出口资本密集型产品而进口劳动密集型产品。

Sayan（2005）理论模型中求消费者效用最大化的模型为：

$$\max U_t = C_t^{\mu} C_{t+1}^{1-\mu}，\quad C_t = C_{1yt}^{\theta} C_{1-\theta} 2yt，\quad C_{t+1} = C_{1ot+1}^{\theta} C_{2ot+1}^{1-\theta}$$

$$\text{s. t. } C_{1yt}+p_tC_{2yt}+\frac{C_{1ot+1}+p_{t+1}C_{2ot+1}}{1+r_{t+1}}=w_t$$

资本迭代公式为：

$$K_{t+1}=N_ts_t=\frac{(1-\mu)\ w_t}{n+1}$$

Sayan（2005）模型中设定代表性个人只存活两期：年轻期和老年期，而且全部存活两期，老年期结束时所有老年人死亡。该模型的缺陷是在考虑人口老龄化的影响因素时，只使用了人口出生率，而未考虑预期寿命，模型假设所有时期人的预期寿命不变。第二次世界大战结束后，随着世界医疗环境和技术的普遍改善，人口死亡率下降，预期寿命得以提高。由于老年人不工作，大多依靠年轻时的储蓄生活，所以预期寿命提高将增加年轻时的储蓄，提高该地区总储蓄，进而提高资本存量，有利于资本密集型产品的生产。人口出生率降低仅能解释劳动密集型产品价格上升，竞争力减弱，而引入预期寿命后将能更好地解释资本密集型产品价格降低，竞争力提升，因此模型中既包含人口增长率又包含预期寿命将能更全面地解释人口老龄化对进出口结构的影响。为适应实际情况，特别是我国的情况，本书对模型做了以下改进：

第一，为了更全面地分析人口老龄化，在模型中加入了预期寿命，使确定性二期模型改为不确定性三期模型。

第二，考虑到中国的实际情况，在加入预期寿命的模型的基础上加入了反映技术程度的变量，使之更容易解释中国进口结构的变化。

第三，在加入预期寿命模型的基础上，加入了反映老年人与年轻人消费偏好不同的参数，在进一步扩展了的模型下分析人口老龄化对国际贸易的影响。

第一节　模型假定

本书将构建一个三期 OLG 模型，引入人口增长率和老年人预期存活率，解释这两个因素对一国产品进出口结构的影响。

假设有两个地区 a 和 b，除人口增长率和老年人预期存活率不同外，两地区生产技术、消费者偏好以及初始资源状况完全相同，人口增长率和老年人预期存活率均为外生。所以在模型构建中省略表示地区的上标，也不至于引起混淆。

假设每个地区都采用道格拉斯生产函数，利用劳动和资本两种生产要素生产两种产品：资本密集型产品和劳动密集型产品。资本密集型产品的生产过程中，其资本/劳动高于劳动密集型产品。不失一般性：假设商品 1 为资本密集型产品，商品 2 为劳动密集型产品，商品 1 可以用于投资和消费，商品 2 仅用于消费。为计算方便，假设商品 1 为货币计价标准，价格为 1，t 时期商品 2 的相对价格设为 p_t。两地区人均工资、人均资本、资本价格等均为内生，人口出生率和预期存活率为外生，两地区内生变量初始值相同，但外生变量不同。由于人口出生率及预期存活率的不同，从第一期开始，两地区的资源状况逐渐拉开差距，直至稳态。均衡时期两地区的资源差距以及走向稳态过程中两地区的资源变化均通过后文的模拟实验给出，模拟结果更为直观和形象。

假设每个地区的人们均存活三期：年轻期、老年期和超老年期。年轻期人们养育孩子和工作，假设某地区平均每个人生育 $n+1$ 个孩子，则该地区人口增长率为 n；同时，年轻人要工作，向厂商贡献劳动力，获取工资用于消费和储蓄。假设社会无失业，每个年轻人都工作，劳动参与率为 1，老年期和超老年期不工作，只消费年轻期的储蓄和利息。年轻期的人全部存活至老年期，但老年期结束时只有一部分人继续存活至超老年期，假设

存活概率为 M，则死亡率为 $1-M$，超老年期结束时花光所有储蓄，假设不存在代际转移。

第二节　封闭经济模型

一、消费者

设 c_t，d_t，e_t 分别为 t 期存活的年轻人、老年人和超老年人的消费，效用函数为对数函数，则 $\ln c_t$ 为 t 期年轻人的效用，$\ln d_{t+1}$ 为 $t+1$ 期存活的老年人的效用，$\ln e_{t+2}$ 为 $t+2$ 期存活的超老年人的效用。

与 Sayan（2005）的确定性模型不同，由于生存概率 M 的加入，模型变成了不确定性模型，我们得到 t 世代出生的人其一生的期望效用为：

$$(1-M)\left(\ln c_t+\frac{1}{\rho+1}\ln d_{t+1}\right)+M\left[\ln c_t+\frac{1}{\rho+1}\ln d_{t+1}+\frac{1}{(\rho+1)^2}\ln e_{t+2}\right]$$

ρ 为贴现率，$0<\rho<1$，为方便书写，设 $\xi=\dfrac{1}{\rho+1}$，$0<\xi<1$，每一期的消费均由两种商品组成，即商品 1 和商品 2，假设年轻人与老年人消费偏好相同，设均为 θ，$c_t=c_{1t}^{\theta}c_{2t}^{1-\theta}$，$d_{t+1}=d_{1t+1}^{\theta}d_{2t+1}^{1-\theta}$，$e_{t+2}=e_{1t+2}^{\theta}e_{2t+2}^{1-\theta}$，$0<\theta<1$。后文将取消这一假定，扩展该模型，分析年轻人和老年人消费偏好不同的情况。消费者期望效用为：

$$\begin{aligned}E(U_t)&=(1-M)(\ln c_t+\xi\ln d_{t+1})+M(\ln c_t+\xi\ln d_{t+1}+\xi^2\ln e_{t+2})\\&=\ln c_t+\xi\ln d_{t+1}+M\xi^2\ln e_{t+2}\\&=\ln c_{1t}^{\theta}c_{2t}^{1-\theta}+\xi\ln d_{1t+1}^{\theta}d_{2t+1}^{1-\theta}+M\xi^2\ln e_{1t+2}^{\theta}e_{2t+2}^{1-\theta}\\&=\theta\ln c_{1t}+(1-\theta)\ln c_{2t}+\xi\theta\ln d_{1t+1}+\xi(1-\theta)\ln d_{2t+1}+M\xi^2\theta\ln e_{1t+2}+M\xi^2(1-\theta)\ln e_{2t+2}\end{aligned}$$

消费者的唯一收入是年轻时期的工资，工资用于两部分：年轻时期的消费和储蓄，而老年期和超老年期的消费仅依靠年轻时期的储蓄和利息。为此，构建消费者效用最大化模型如下：

$$\max_{\{c_{1t},c_{2t};d_{1t+1},d_{2t+1};e_{1t+2},e_{2t+2}\}}\{E(U_t)\}$$

$$s.t.\ c_{1t}+p_tc_{2t}=w_t-s_t$$

$$d_{1t+1}+p_{t+1}d_{2t+1}=\lambda(1+r_{t+1})s_t$$

$$e_{1t+2}+p_{t+2}e_{2t+2}=(1-\lambda)(1+r_{t+1})(1+r_{t+2})s_t$$

式中各符号含义为：

c_{it}——t 时期存活的年轻人对第 i 种产品的消费，$i=1$，2；

d_{it+1}——$t+1$ 时期存活的老年人对第 i 种产品的消费，$i=1$，2；

e_{it+2}——$t+2$ 时期存活的超老年人对第 i 种产品的消费，$i=1$，2；

w_t——t 期人均工资；

s_t——t 期每个年轻人的储蓄；

r_t——t 期利率；

$\xi=\dfrac{1}{\rho+1}$，ρ 为贴现率；

p_t——t 期第 2 种产品即劳动密集型产品的相对价格，资本密集型产品的价格为计价标准，其价格设为 1；

M——生存概率，老年期结束时只有一部分人以概率 M 存活至超老年期；

θ——消费偏好，此处假设年轻人和老年人消费偏好相同，均为 θ；

λ——收入分配因子。

用拉格朗日方程求解上述最大化问题，构建拉格朗日方程：

$$L=\theta\ln c_{1t}+(1-\theta)\ln c_{2t}+\xi\theta\ln d_{1t+1}+\xi(1-\theta)\ln d_{2t+1}+M\xi^2\theta\ln e_{1t+2}+$$
$$M\xi^2(1-\theta)\ln e_{2t+2}+\zeta_1[\lambda(1+r_{t+1})s_t-(d_{1t+1}+p_{t+1}d_{2t+1})]$$
$$+\zeta_2[(1-\lambda)(1+r_{t+1})(1+r_{t+2})s_t-(e_{1t+2}+p_{t+2}e_{2t+2})]$$

将 $s_t=w_t-$（$c_{1t}+p_tc_{2t}$）代入上式，并求导得：

$$\frac{\partial L}{\partial c_{1t}}=\frac{\theta}{c_{1t}}-\zeta_1\lambda(1+r_{t+1})-\zeta_2(1-\lambda)(1+r_{t+1})(1+r_{t+2})=0$$

$$\frac{\partial L}{\partial c_{2t}}=\frac{1-\theta}{c_{2t}}-\zeta_1\lambda(1+r_{t+1})p_t-\zeta_2(1-\lambda)(1+r_{t+1})(1+r_{t+2})p_t=0$$

$$\frac{\partial L}{\partial d_{1t+1}}=\frac{\xi\theta}{d_{1t+1}}-\zeta_1=0$$

$$\frac{\partial L}{\partial d_{2t+1}}=\frac{\xi(1-\theta)}{d_{2t+1}}-p_{t+1}\zeta_1=0$$

$$\frac{\partial L}{\partial e_{1t+2}}=M\frac{\xi^2\theta}{e_{1t+2}}-\zeta_2=0$$

$$\frac{\partial L}{\partial e_{2t+2}}=M\frac{\xi^2(1-\theta)}{e_{2t+2}}-\zeta_2 p_{t+2}=0$$

$$\frac{\partial L}{\partial \zeta_1}=\lambda(1+r_{t+1})(w_t-c_{1t}-p_t c_{2t})-(d_{1t+1}+p_{t+1}d_{2t+1})=0$$

$$\frac{\partial L}{\partial \zeta_2}=(1-\lambda)(1+r_{t+1})(1+r_{t+2})(w_t-c_{1t}-p_t c_{2t})-e_{1t+2}-p_{t+2}e_{2t+2}=0$$

$$\frac{\partial L}{\partial \lambda}=\zeta_1(1+r_{t+1})(w_t-c_{1t}-p_t c_{2t})-\zeta_2(1+r_{t+1})(1+r_{t+2})(w_t-c_{1t}-p_t c_{2t})=0$$

联立以上 9 个方程并求解，得到以下各值：

$$c_{1t}=\theta\mu w \tag{4-1}$$

$$c_{2t}=(1-\theta)\mu w_t\frac{1}{p_t} \tag{4-2}$$

$$d_{1t+1}=\lambda(1+r_{t+1})(1-\mu)\theta w_t \tag{4-3}$$

$$d_{2t+1}=\lambda(1+r_{t+1})(1-\mu)(1-\theta)w_t\frac{1}{p_{t+1}} \tag{4-4}$$

$$e_{1t+2}=(1-\lambda)(1+r_{t+1})(1+r_{t+2})(1-\mu)\theta w_t \tag{4-5}$$

$$e_{2t+2}=(1-\lambda)(1+r_{t+1})(1+r_{t+2})(1-\theta)(1-\mu)w_t\frac{1}{p_{t+2}} \tag{4-6}$$

$$\mu=\frac{1}{1+\xi(1+M\xi)}$$
$$\lambda=\frac{1}{1+M\xi} \tag{4-7}$$

二、厂商

a，b 两地区厂商利用劳动（L）和资本（K）两种生产要素生产资本密集型产品（商品 1）和劳动密集型产品（商品 2），生产过程为规模报酬不变的道格拉斯生产函数，t 期第 i 种产品的人均产量分别为：

$$x_{1t}=k_{1t}^{\alpha}l_{1t}^{1-\alpha}$$

$$x_{2t}=k_{2t}^{\beta}l_{2t}^{1-\beta}$$

其中，$x_{it}=X_{it}/N_t$，$k_{it}=K_{it}/N_t$，$l_{it}=L_{it}/N_t$ 分别为第 i 种产品的人均产量，投入第 i 种产品的人均资本和人均劳动，N_t 为 t 期总人口。

$$k_{1t}+k_{2t}=k_t,\ l_{1t}+l_{2t}=\bar{l}=1$$

k_t 为该地区的人均资本，$\bar{l}$ 为劳动参与率，此处假设为 1，下文将放松这一假定。

因假设商品 1 为资本密集型产品，商品 2 为劳动密集型产品，所以 $\alpha>\beta$。

t 时期，商品 i 为厂商带来的利润为：$\Pi_{it}=p_i x_{it}-r_t k_{it}-w_t l_{it}$，厂商目标为总利润最大化。构建厂商效用模型如下：

$$\max_{\{k_{1t},k_{2t},l_{1t},l_{2t}\}}\begin{cases}\Pi_{1t}=k_{1t}^{\alpha}l_{1t}^{1-\alpha}-r_t k_{1t}-w_t l_{1t}\\ \Pi_{2t}=p_t k_{2t}^{\beta}l_{2t}^{1-\beta}-r_t k_{2t}-w_t l_{2t}\end{cases}\tag{4-8}$$

$$\text{s. t. } k_{1t}+k_{2t}=k_t,\ l_{1t}+l_{2t}=\bar{l}=1;\ k_{1t}\geqslant 0,\ k_{2t}\geqslant 0,\ l_{1t}\geqslant 0,\ l_{2t}\geqslant 0\tag{4-9}$$

计算上述最优化问题：

式（4-8）对 k_{1t}，l_{1t}分别求导得：

$$r_t=\alpha k_{1t}^{\alpha-1}l_{1t}^{1-\alpha}=\alpha\left(\frac{k_{1t}}{l_{1t}}\right)^{\alpha-1}$$

$$w_t=(1-\alpha)\ k_{1t}^{\alpha}l_{1t}^{-\alpha}=(1-\alpha)\ \left(\frac{k_{1t}}{l_{1t}}\right)^{\alpha}$$

式（4-9）对 k_{2t}，l_{2t}分别求导得：

$$r_t=\beta p_t k_{2t}^{\beta-1}l_{2t}^{1-\beta}=\beta p_t(\frac{k_{2t}}{l_{2t}})^{\beta-1}$$

$$w_t=(1-\beta)p_t k_{2t}^{\beta}l_{2t}^{-\beta}=(1-\beta)p_t(\frac{k_{2t}}{l_{2t}})^{\beta}$$

以上四式合并并化简得：

$$\alpha(\frac{k_{1t}}{l_{1t}})^{\alpha-1}=\beta p_t(\frac{k_{2t}}{l_{2t}})^{\beta-1} \tag{4-10}$$

$$(1-\alpha)(\frac{k_{1t}}{l_{1t}})^{\alpha}=(1-\beta)p_t(\frac{k_{2t}}{l_{2t}})^{\beta} \tag{4-11}$$

整理得：

$$\frac{l_{2t}}{k_{2t}}=\frac{\alpha}{1-\alpha}\frac{1-\beta}{\beta}\frac{l_{1t}}{k_{1t}} \tag{4-12}$$

将式（4-12）代入式（4-10）并整理得：

$$l_{1t}=p_t^{1/(\beta-\alpha)}\ (\frac{\beta}{\alpha})^{\beta/(\beta-\alpha)}\ (\frac{1-\beta}{1-\alpha})^{(1-\beta)/(\beta-\alpha)}k_{1t} \tag{4-13}$$

将式（4-13）代入式（4-12）得：

$$l_{2t}=p_t^{1/(\beta-\alpha)}(\frac{\beta}{\alpha})^{\alpha/(\beta-\alpha)}(\frac{1-\beta}{1-\alpha})^{(1-\alpha)/(\beta-\alpha)}k_{2t} \tag{4-14}$$

由式（4-13）、式（4-14）及 $k_{1t}+k_{2t}=k_t$，$l_{1t}+l_{2t}=\bar{l}=1$ 得：

$$k_{1t}=\frac{-\varepsilon k_t+\delta\varepsilon p_t^{1/(\alpha-\beta)}}{\delta-\varepsilon} \tag{4-15}$$

$$k_{2t}=\frac{\delta k_t-\delta\varepsilon p_t^{1/(\alpha-\beta)}}{\delta-\varepsilon} \tag{4-16}$$

$$l_{1t}=\frac{\delta-k_t p_t^{1/(\beta-\alpha)}}{\delta-\varepsilon} \tag{4-17}$$

$$l_{2t}=\frac{-\varepsilon+k_t p_t^{1/(\beta-\alpha)}}{\delta-\varepsilon} \tag{4-18}$$

其中，$\delta=\ (\frac{\beta}{\alpha})^{\alpha/(\alpha-\beta)}\ (\frac{1-\beta}{1-\alpha})^{(1-\alpha)/(\alpha-\beta)}$

$\varepsilon=\ (\frac{\beta}{\alpha})^{\beta/(\alpha-\beta)}\ (\frac{1-\beta}{1-\alpha})^{(1-\beta)/(\alpha-\beta)}$

从而解出：

$$r_t=\alpha\varepsilon^{\alpha-1}p_t^{(\alpha-1)/(\alpha-\beta)}=\beta\delta^{\beta-1}p_t^{(\alpha-1)/(\alpha-\beta)} \tag{4-19}$$

$$w_t=(1-\alpha)\varepsilon^{\alpha}p_t^{\alpha/(\alpha-\beta)}=(1-\beta)\delta^{\beta}p_t^{\alpha/(\alpha-\beta)} \tag{4-20}$$

$$x_{1t}=l_{1t}\varepsilon^{\alpha}p_t^{\alpha/(\alpha-\beta)} \tag{4-21}$$

$$x_{2t}=l_{2t}\delta^{\beta}p_t^{\beta/(\alpha-\beta)} \tag{4-22}$$

三、均衡

均衡指系统供需平衡，主要指要素市场均衡和产品市场均衡。

1. 要素市场均衡

要素市场均衡指生产要素的总供给等于总需求。由于厂商仅使用资本和劳动两种生产要素进行生产，要素市场均衡即劳动力市场与资本市场均衡。

劳动力市场均衡指劳动力的需求量等于供给量，所有劳动力均能就业，厂商需要使用的劳动力均能得到满足。由于模型假设社会无失业，每个年轻人均无保留地供给一单位劳动力，所以劳动力供给量为当期年轻人数量 N_t，劳动力需求量为生产两种产品的厂商需要雇佣的劳动力数量 $L_{1t}+L_{2t}$，均衡时应满足：

$$L_{1t}+L_{2t}=N_t=(1+n)N_{t-1}$$

资本市场的供给量为上一期年轻人的总储蓄 $N_{t-1}s_{t-1}$，需求量则为生产两类产品的厂商所需要使用的资本总量 $K_t=K_{1t}+K_{2t}$，假设每期资本完全折旧，则资本市场均衡要求每期厂商使用的总资本等于上一期所有消费者的总储蓄：

$$K_{t+1}=N_ts_t=N_t(w_t-c_{1t}-p_tc_{2t})$$

则：$k_{t+1}=\dfrac{N_ts_t}{N_{t+1}}$

利用式（4-1）、式（4-2）求解 s_t：

$$s_t = w_t - c_{1t} - p_t c_{2t} = w_t - \mu w_t = (1-\mu) w_t$$

由式（4-20）及 $N_{t+1} = (n+1) N_t$ 转换上式得：

$$k_{t+1} = \frac{N_t s_t}{N_{t+1}} = \frac{s_t}{n+1} = \frac{(1-\mu) w_t}{n+1} = \frac{(1-\mu)(1-\alpha)\varepsilon^{\alpha} p_t^{\alpha/(\alpha-\beta)}}{n+1}$$

$$= \frac{1}{n+1} \frac{\xi(1+M\xi) w_t}{1+\xi(1+M\xi)} \tag{4-23}$$

$$= \frac{\xi(1+M\xi)(1-\alpha)\varepsilon^{\alpha} p_t^{\alpha/(\alpha-\beta)}}{1+\xi(1+M\xi)} \frac{1}{n+1}$$

2. 产品市场均衡

产品市场均衡要求满足市场出清条件，即厂商生产的商品 1 和商品 2 的数量恰好等于消费市场需求量。商品 1 为资本密集型产品，既可消费又可投资，因此商品 1 的生产数量等于本期消费量与转化为下一期投资品的数量之和，本期消费量由本期年轻人、老年人以及超老年人等三类人群的消费量组成；商品 2 为劳动密集型产品，只能用于消费，所以市场均衡要求商品 2 的产量等于消费量，即：

$$X_{1t} = N_t c_{1t} + N_{t-1} d_{1t} + MN_{t-2} e_{1t} + K_{t+1} \tag{4-24}$$

$$X_{2t} = N_t c_{2t} + N_{t-1} d_{2t} + MN_{t-2} e_{2t} \tag{4-25}$$

由瓦尔拉斯定理可知，当一个条件成立时，另一个自动成立，因此只需整理其中一式即可。

整理式（4-25）：

$$x_{2t} = c_{2t} + \frac{d_{2t}}{n+1} + M \frac{e_{2t}}{(n+1)^2}$$

将式（4-22）、式（4-2）、式（4-4）、式（4-6）代入上式得：

$$k_{2t}^{\beta} l_{2t}^{1-\beta} = (1-\theta)\mu w_t \frac{1}{p_t} + \frac{1}{n+1}\lambda(1+r_t)(1-\mu)(1-\theta) w_{t-1} \frac{1}{p_t} + \frac{M}{(n+1)^2}$$

$$(1-\lambda)(1+r_{t-1})(1+r_t)(1-\mu)(1-\theta) w_{t-2} \frac{1}{p_t} \tag{4-26}$$

四、稳态

当经济处于稳态时，$p_t=p_{t-1}=\cdots=p$，$w_t=w_{t-1}=\cdots=w$，省略各变量 t 下标，稳态时各变量值为：

$$w=(1-\alpha)\varepsilon^{\alpha}p^{\alpha/(\alpha-\beta)}=(1-\beta)\delta^{\beta}p^{\alpha/(\alpha-\beta)} \tag{4-27}$$

$$r=\alpha\varepsilon^{\alpha-1}p^{(\alpha-1)/(\alpha-\beta)}=\beta\delta^{\beta-1}p^{(\alpha-1)/(\alpha-\beta)} \tag{4-28}$$

$$x_1=l_1\varepsilon^{\alpha}p^{\alpha/(\alpha-\beta)} \tag{4-29}$$

$$x_2=l_2\delta^{\beta}p^{\beta/(\alpha-\beta)} \tag{4-30}$$

$$c_1=\theta\mu w \tag{4-31}$$

$$c_2=(1-\theta)\mu w\frac{1}{p} \tag{4-32}$$

$$d_1=\lambda(1+r)(1-\mu)\theta w \tag{4-33}$$

$$d_2=\lambda(1+r)^2(1-\mu)(1-\theta)w\frac{1}{p} \tag{4-34}$$

$$e_1=(1-\lambda)(1+r)^2(1-\mu)\theta w \tag{4-35}$$

$$e_2=(1-\lambda)(1+r)(1-\mu)(1-\theta)w\frac{1}{p} \tag{4-36}$$

$$k=\frac{1}{n+1}(1-\mu)(1-\beta)\delta^{\beta}p^{\alpha/(\alpha-\beta)} \tag{4-37}$$

$$x_2=(1-\theta)\mu w\frac{1}{p}+\frac{1}{n+1}\lambda(1+r)(1-\mu)(1-\theta)w\frac{1}{p}+\frac{M}{(n+1)^2}(1-\lambda)(1+r)^2(1-\mu)(1-\theta)w\frac{1}{p} \tag{4-38}$$

五、稳态性质

命题 1：当经济处于稳态时，高人口出生率的地区其劳动密集型产品的相对价格较低，即$\frac{dp}{dn}<0$。

证明：将式（4-22）代入式（4-38）化简得：

$$(\frac{k_2}{l_2})^{\beta} l_2=(1-\theta)\mu w\frac{1}{p}+\frac{1}{n+1}\lambda(1+r)(1-\mu)(1-\theta)w\frac{1}{p}+\frac{M}{(n+1)^2}(1-\lambda)(1+r)^2$$

$$(1-\mu)(1-\theta)w\frac{1}{p}$$

$$=(1-\theta)w\frac{1}{p}\left[\mu+\frac{1}{n+1}\lambda(1+r)(1-\mu)+\frac{M}{(n+1)^2}(1-\lambda)(1+r)^2(1-\mu)\right]$$

$$=(1-\theta)p(1-\beta)(\frac{k_2}{l_2})^{\beta}\frac{1}{p}\left[\mu+\frac{1}{n+1}\lambda(1+r)(1-\mu)+\frac{M}{(n+1)^2}(1-\lambda)(1+r)^2(1-\mu)\right]$$

继续化简得：

$$l_2=(1-\theta)(1-\beta)\mu\left[1+\frac{1}{n+1}(1+r)\xi+\frac{M^2\xi^2}{(n+1)^2}(1+r)^2\right] \quad (4-39)$$

由前文计算知，稳态时 k，w，r 的值分别为：

$$k=\frac{\xi(1-\alpha)\varepsilon^{\alpha}}{1+\xi(1+M\xi)}\frac{1}{n+1}(1+M\xi)p^{\alpha/(\alpha-\beta)}$$

$$w=(1-\beta)pk_2^{\beta}l_2^{-\beta}=p(1-\beta)(\frac{k_2}{l_2})^{\beta}=(1-\alpha)\varepsilon^{\alpha}p^{\alpha/(\alpha-\beta)}=(1-\beta)\delta^{\beta}p^{\alpha/(\alpha-\beta)}$$

$$r=\alpha\varepsilon^{\alpha-1}p^{(\alpha-1)/(\alpha-\beta)}=\beta\delta^{\beta-1}p^{(\alpha-1)/(\alpha-\beta)}$$

式（4-39）两端对 n 求微分得：

$$\left\{(1-\theta)(1-\beta)\mu\frac{1}{n+1}\left[\xi+\frac{2M^2\xi^2}{n+1}(1+r)\right]\frac{dr}{dp}-\frac{dl_2}{dp}\right\}\frac{dp}{dn}$$

$$=(1-\theta)(1-\beta)\mu\left[\frac{1}{(n+1)^2}(1+r)\xi+\frac{2M^2\xi^2}{(n+1)^3}(1+r)^2\right]dn+\frac{dl_2}{dk}\frac{dk}{dn} \quad (4-40)$$

$$\frac{dr}{dp}=\beta\delta^{\beta-1}\frac{\alpha-1}{\alpha-\beta}p^{(\alpha-1)/(\alpha-\beta)-1}$$

因 $0<\beta<\alpha<1$，所以$\frac{dr}{dp}<0$

$$\frac{dl_2}{dp}=\frac{1}{\beta-\alpha}\frac{k_tp_t^{1/(\beta-\alpha)-1}}{\delta-\varepsilon}$$

$$\frac{\delta}{\varepsilon}=\frac{(\frac{\beta}{\alpha})^{\alpha/(\alpha-\beta)}\ (\frac{1-\beta}{1-\alpha})^{(1-\alpha)/(\alpha-\beta)}}{(\frac{\beta}{\alpha})^{\beta/(\alpha-\beta)}\ (\frac{1-\beta}{1-\alpha})^{(1-\beta)/(\alpha-\beta)}}=\frac{\beta}{\alpha}\cdot\frac{1-\alpha}{1-\beta}=\frac{\frac{1}{\alpha}-1}{\frac{1}{\beta}-1}$$

因 $\beta<\alpha$，所以$\frac{1}{\beta}>\frac{1}{\alpha}$，$\frac{1}{\beta}-1>\frac{1}{\alpha}-1$，$\frac{\delta}{\varepsilon}<1$，即 $\delta<\varepsilon$，所以 $\delta-\varepsilon<0$。

又因 $\beta-\alpha<0$，所以$\frac{dl_2}{dp}>0$，$-\frac{dl_2}{dp}<0$。

又因 $\xi+\frac{2M^2\xi^2}{n+1}$（$1+r$）$>0$，故式（4-40）左侧大括号内部分为负。

右侧：$\frac{dl_2}{dk}\cdot\frac{dk}{dn}=-\frac{p_t^{1/(\beta-\alpha)}}{\delta-\varepsilon}\frac{\xi}{1+\xi}\frac{(1-\alpha)\ \varepsilon^{\alpha}}{(1+M\xi)}\frac{1}{(n+1)^2}(1+M\xi)\ p^{\alpha/(\alpha-\beta)}>0$

又因（$1-\theta$）（$1-\beta$）$\mu\left[\frac{1}{(n+1)^2}(1+r)\ \xi+\frac{2M^2\xi^2}{(n+1)^3}(1+r)^2\right]>0$，故右侧值大于0。

因此，$\frac{dp}{dn}<0$。

人口出生率高的地区，其年轻人占比较高，相比于出生率低的地区，其劳动力供应充足，劳动力价格较低，因此，较多地使用劳动力这一生产要素生产的劳动密集型产品的价格也低。

命题 2：当经济处于稳态时，高的老年人预期存活率的地区其劳动密集型产品的相对价格也高，即$\frac{dp}{dM}>0$。

证明：

把$\mu=\frac{1}{1+\xi(1+M\xi)}$代入式（4-39）得：

$$l_2=(1-\theta)(1-\beta)\frac{1}{1+\xi(1+M\xi)}\left[1+\frac{1}{n+1}(1+r)\ \xi+\frac{1}{(n+1)^2}(1+r)^2M^2\xi^2\right] \tag{4-41}$$

求式（4-41）对 M 的全微分得：

$$\left\{(1-\theta)(1-\beta)\frac{1}{1+\xi(1+M\xi)}\frac{1}{n+1}\left[\xi+\frac{2M^2\xi^2}{n+1}(1+r)\right]\frac{dr}{dp}-\frac{dl2}{dp}\right\}\frac{dp}{dM}$$

$$=(1-\theta)(1-\beta)\frac{\xi^2}{[1+\xi(1+M\xi)]^2}\left[1+\frac{1}{n+1}(1+r)\xi+\frac{M^2\xi^2}{(n+1)^2}(1+r)^2\right]$$

$$-(1-\theta)(1-\beta)\frac{1}{1+\xi(1+M\xi)}\frac{2M\xi^2}{(n+1)^2}(1+r)^2+\frac{dl_2}{dk}\frac{dk}{dM} \tag{4-42}$$

由命题1的证明过程可知，式（4-42）左侧大括号内部分小于0，所以下面只需判断式（4-42）右侧的符号。

$$\frac{dl_2}{dk}\frac{dk}{dM}=-\frac{p_t^{1/(\beta-\alpha)}}{\delta-\varepsilon}\frac{\xi^3(1-\alpha)\varepsilon^\alpha}{[1+\xi(1+M\xi)]^2}\frac{1}{(n+1)}(1+M\xi)p^{\alpha/(\alpha-\beta)}+\frac{p_t^{1/(\beta-\alpha)}}{\delta-\varepsilon}\frac{\xi(1-\alpha)\varepsilon^\alpha}{1+\xi(1+M\xi)}\frac{1}{(n+1)}\xi p^{\alpha/(\alpha-\beta)}$$

$$=\frac{p_t^{1/(\beta-\alpha)}}{\delta-\varepsilon}\left[\frac{-\xi^2k}{1+\xi(1+M\xi)}+k\frac{1}{1+M\xi}\right]$$

$$=\frac{p^{1/(\beta-\alpha)}k\xi}{\delta-\varepsilon}\left[\frac{-\xi}{1+\xi(1+M\xi)}+\frac{1}{\xi(1+M\xi)}\right] \tag{4-43}$$

中括号内部分：

$$\frac{-\xi}{1+\xi(1+M\xi)}+\frac{1}{\xi(1+M\xi)}=\frac{-\xi^2(1+M\xi)+1+\xi(1+M\xi)}{[1+\xi(1+M\xi)]\xi(1+M\xi)}$$

$$=\frac{-\xi^2-M\xi^3+1+\xi+M\xi^2}{[1+\xi(1+M\xi)]\xi(1+M\xi)}=\frac{(\xi-\xi^2)+M\xi(\xi-\xi^2)+1}{[1+\xi(1+M\xi)]\xi(1+M\xi)}$$

$$=\frac{(\xi-\xi^2)(1+M\xi)+1}{[1+\xi(1+M\xi)]\xi(1+M\xi)}$$

因 $0<\xi<1$，所以 $\xi^2<\xi$，$\xi-\xi^2>0$，上式大于0。

又因 $\delta-\varepsilon<0$，p，k，$\xi>0$，所以$\frac{dl_2}{dk}\frac{dk}{dM}<0$。

右侧剩余部分为：

$$(1-\theta)(1-\beta)\frac{\xi^2}{[1+\xi(1+M\xi)]^2}\left[1+\frac{1}{n+1}(1+r)\xi+\frac{M^2\xi^2}{(n+1)^2}(1+r)^2\right]-$$

$$(1-\theta)(1-\beta)\frac{1}{1+\xi(1+M\xi)}\frac{2M\xi^2}{(n+1)^2}(1+r)^2$$

$$=\frac{(1-\theta)(1-\beta)\xi^2}{[1+\xi(1+M\xi)]^2(n+1)^2}\{(n+1)^2+(n+1)(1+r)\xi+M^2\xi^2(1+r)^2-2M(1+$$

$r)^2[1+\xi(1+M\xi)]\}$

大括号内：

$$(n+1)^2+(n+1)(1+r)\xi+M^2\xi^2(1+r)^2-2M(1+r)^2[1+\xi(1+M\xi)]$$

$$=(n+1)^2-2M(1+r)^2+(n+1)(1+r)\xi-M^2\xi^2(1+r)^2-2M(1+r)^2\xi$$

假设 $M>0.5$，且 $1+r>1+n$，则 $(n+1)^2-(1+r)^2 2M<(n+1)^2-(1+r)^2<0$，

$(n+1)(1+r)\xi<(1+r)^2\xi<2M(1+r)^2\xi$

$$(n+1)(1+r)\xi-M^2\xi^2(1+r)^2-2M(1+r)^2\xi<(n+1)(1+r)\xi-2M(1+r)^2\xi<0 \quad (4-44)$$

所以式（4-44）右侧前几项和小于 0。

因 $\frac{dl_2}{dk}\frac{dk}{dM}<0$，故式（4-44）右侧<0，又因左侧大括号内小于 0，所以 $\frac{dp}{dM}>0$。

世界银行数据库显示，2007 年日本 60 岁及以上总人口约为 3570 万人，而到 2017 年日本 70 岁及以上总人口约为 2500 万人，60 岁及以上老人存活到 70 岁以上的比率为 70%，我国 60 岁及以上老人存活到 70 岁的比率也约为 70%，所以上文中 $M>0.5$ 的假设可行。2018 年，我国银行利率约为 2%，而出生率仅为 1%，所以 $1+r>1+n$ 的假设也可行。

当经济处于稳态时，老年人预期存活率高，预期寿命延长，按生命周期理论，年轻时期将增加储蓄以应对更长的老年期的生活，储蓄率上升，资本存量增加。相较于存活率较低地区，该地区资本价格较低，因此，资本密集型产品价格较低，劳动密集型产品相对价格提高。

由命题 1 和命题 2 可知，一地区人口出生率越低或老年人预期寿命越高，则该地区劳动密集型产品相对价格越高，而资本密集型产品相对价格越低，根据要素禀赋理论，则该地区在资本密集型产品的生产和出口方面具有优势。而低的人口出生率和高的预期寿命都将导致该地区老年人口占比增多，人口老龄化程度提升，由此得出以下命题：

命题 3：人口老龄化程度高的地区资本密集型产品具有较低的相对价格，而年轻地区劳动密集型产品具有较低的相对价格。

六、稳态时人口增长率 n 对其他变量的影响

命题 4：经济处于稳态时，人口出生率 n 越高：

（1）人均工资 w 越低，即$\frac{dw}{dn}<0$

（2）储蓄率 s 越低，即$\frac{ds}{dn}<0$

（3）人均资本 k 越低，即$\frac{dk}{dn}<0$

（4）资本价格 r 越高，即$\frac{dr}{dn}>0$

（5）年轻人的消费 c_1，c_2 越低，即$\frac{dc_1}{dn}<0$，$\frac{dc_2}{dn}<0$

证明：

（1）$\frac{dw}{dn}=(1-\alpha)\varepsilon^{\alpha}\frac{\alpha}{\alpha-\beta}p^{\alpha/(\alpha-\beta)-1}\frac{dp}{dn}<0$

（2）$s=(1-\mu)w$

$$\frac{ds}{dn}=(1-\mu)\frac{dw}{dn}<0$$

（3）$\frac{dk}{dn}=\frac{\xi(1-\alpha)\varepsilon^{\alpha}}{1+\xi(1+M\xi)}\left[\frac{-(1+M\xi)p^{\alpha/(\alpha-\beta)}}{(n+1)^2}-M^2\xi\frac{2}{(n+1)^3}p^{\alpha/(\alpha-\beta)}\right]<0$

（4）$\frac{dr}{dn}=\alpha\varepsilon^{\alpha-1}\frac{\alpha-1}{\alpha-\beta}p^{(\alpha-1)/(\alpha-\beta)-1}\frac{dp}{dn}>0$

（5）$\frac{dc_1}{dn}=\theta\mu\frac{dw}{dn}<0$

$$\frac{dc_2}{dn}=(1-\theta)\mu\alpha\varepsilon^{\alpha-1}\frac{\beta}{\alpha-\beta}p^{\beta/(\alpha-\beta)-1}\frac{dp}{dn}<0$$

若一地区 n 较大，即该地区人口出生率较高，则该地区年轻人口占比

较高，老年人口占比较低，社会老龄化程度低。在此背景下，该地区劳动力供给增加，劳动力价格降低。由于工资收入是家庭收入的主要来源，所以较低的劳动力价格降低了家庭总收入，又由于较高的人口出生率增加了家庭的抚养负担，家庭消费增加，进一步降低了家庭储蓄率，所以，社会总储蓄减少，社会资本存量减少，人均资本降低，资本价格上升。

命题 5：老年人和超老年人的消费与 n 的关系不确定，取决于 α，β 和 r 的关系。

证明：

$$d_1=\lambda(1+r)(1-\mu)\theta w$$

$$=\lambda(1-\mu)\theta(1+\beta\delta^{\beta-1}p^{(\alpha-1)/(\alpha-\beta)})(1-\beta)\delta^{\beta}p^{\alpha/(\alpha-\beta)}$$

$$=\lambda(1-\mu)\theta(1-\beta)\delta^{\beta}(1+r)p^{\alpha/(\alpha-\beta)}$$

$$\frac{dd_1}{dn}=\lambda(1-\mu)\theta(1-\beta)\delta^{\beta}\left[\frac{\alpha-1}{\alpha-\beta}\beta\delta^{\beta-1}p^{(\beta-1)/(\alpha-\beta)}p^{\alpha/(\alpha-\beta)}+(1+r)\frac{\alpha}{\alpha-\beta}p^{\beta/(\alpha-\beta)}\right]\frac{dp}{dn}$$

$$=\lambda(1-\mu)\theta(1-\beta)\delta^{\beta}\frac{1}{\alpha-\beta}p^{\beta/(\alpha-\beta)}[(\alpha-1)r+\alpha(1+r)]\frac{dp}{dn}$$

$$=\lambda(1-\mu)\theta(1-\beta)\delta^{\beta}\frac{1}{\alpha-\beta}p^{\beta/(\alpha-\beta)}[\alpha+(2\alpha-1)r]\frac{dp}{dn}$$

$\lambda(1-\mu)\theta(1-\beta)\delta^{\beta}\frac{1}{\alpha-\beta}>0$，$\frac{dp}{dn}<0$，所以$\frac{dd_1}{dn}$的符号取决于 $\alpha+(2\alpha-1)r$ 的符号。

$$\frac{dd_1}{d_n}\begin{cases}>0, & if\alpha+(2\alpha-1)r<0\\<0, & if\alpha+(2\alpha-1)r>0\end{cases}$$

$$d_2=\lambda(1+r)(1-\mu)(1-\theta)w\frac{1}{p}$$

$$=\lambda(1-\mu)(1-\theta)(1-\beta)\delta^{\beta}(1+r)p^{\beta/(\alpha-\beta)}$$

$$\frac{dd_2}{dn}=(1-\lambda)(1-\mu)(1-\theta)(1-\beta)\delta^{\beta}\left[\frac{\alpha-1}{\alpha-\beta}\beta\delta^{\beta-1}p^{(\beta-1)/(\alpha-\beta)}p^{\beta/(\alpha-\beta)}+(1+r)\frac{\beta}{\alpha-\beta}p^{(2\beta-\alpha)/(\alpha-\beta)}\right]\frac{dp}{dn}$$

$$=\lambda(1-\mu)(1-\theta)(1-\beta)\delta^{\beta}\frac{1}{\alpha-\beta}p^{(2\beta-\alpha)/(\alpha-\beta)}[(\alpha-1)r+(1+r)\beta]\frac{dp}{dn}$$

同理，$\frac{dd_2}{dn}$的符号取决于$\beta+(\alpha+\beta-1)r$的符号。

$$\frac{dd_2}{d_n}\begin{cases}>0, & if\beta+(\alpha+\beta-1)r<0\\<0, & if\beta+(\alpha+\beta-1)r>0\end{cases}$$

$$e_1=(1-\lambda)(1+r)^2(1-\mu)\theta w=(1-\lambda)(1-\mu)\theta(1-\beta)\delta^\beta(1+r)^2p^{\alpha/(\alpha-\beta)}$$

$$\frac{de_1}{dn}=(1-\lambda)(1-\mu)\theta(1-\beta)\delta^\beta\left[2(1+r)\frac{dr}{dp}\cdot\frac{dp}{dn}p^{\alpha/(\alpha-\beta)}+(1+r)^2\frac{dp}{dn}\right]$$

$$=(1-\lambda)(1-\mu)\theta(1-\beta)\delta^\beta\left[2(1+r)\beta\delta^{\beta-1}\frac{\alpha-1}{\alpha-\beta}p^{(\beta-1)/(\alpha-\beta)}p^{\alpha/(\alpha-\beta)}+\right.$$

$$\left.(1+r)^2\frac{\alpha}{\alpha-\beta}p^{\beta/(\alpha-\beta)}\right]\frac{dp}{dn}$$

$$=(1-\lambda)(1-\mu)\theta(1-\beta)\delta^\beta\frac{1}{\alpha-\beta}p^{\beta/(\alpha-\beta)}[2(1+r)(\alpha-1)r+(1+r)^2\alpha]\frac{dp}{dn}$$

因$(1-\lambda)(1-\mu)\theta(1-\beta)\delta^\beta\frac{1}{\alpha-\beta}p^{\beta/(\alpha-\beta)}>0$，$\frac{dp}{dn}<0$，故：

$$\frac{de_1}{dn}\begin{cases}>0, & if\alpha(1+r)^2+2(\alpha-1)(1+r)r<0\\<0, & if\alpha(1+r)^2+2(\alpha-1)(1+r)r>0\end{cases}$$

$$e_2=(1-\lambda)(1-\mu)(1+r)^2(1-\theta)w\frac{1}{p}=(1-\lambda)(1-\mu)(1-\theta)(1-\beta)$$

$$\delta^\beta(1+r)^2p^{\beta/(\alpha-\beta)}$$

$$\frac{de_2}{dn}=(1-\lambda)(1-\mu)(1-\theta)(1-\beta)\delta^\beta\left[2(1+r)\frac{\alpha-1}{\alpha-\beta}\beta\delta^{\beta-1}p^{(\beta-1)/(\alpha-\beta)}p^{\beta/(\alpha-\beta)}+\right.$$

$$\left.(1+r)^2\frac{\beta}{\alpha-\beta}p^{(2\beta-\alpha)/(\alpha-\beta)}\right]\frac{dp}{dn}$$

$$=(1-\lambda)(1-\mu)(1-\theta)(1-\beta)\delta^\beta\frac{1}{\alpha-\beta}p^{(2\beta-\alpha)/(\alpha-\beta)}[2(1+r)(\alpha-1)r+$$

$$(1+r)^2\beta]\frac{dp}{dn}$$

因$(1-\lambda)(1-\mu)(1-\theta)(1-\beta)\delta^\beta\frac{1}{\alpha-\beta}p^{(2\beta-\alpha)/(\alpha-\beta)}>0$，$\frac{dp}{dn}<0$，故：

$$\frac{de_2}{dn}\begin{cases}>0, & if\beta(1+r)^2+2(\alpha-1)(1+r)r<0\\<0, & if\beta(1+r)^2+2(\alpha-1)(1+r)r>0\end{cases}$$

七、老年人预期存活率对其他变量的影响

命题 6：当经济处于稳态时，老年人预期存活率越高，则：

（1）人均工资 w 越高，即$\frac{dw}{dM}>0$

（2）储蓄率 s 越高，即$\frac{ds}{dM}>0$

（3）人均资本 k 越高，即$\frac{dk}{dM}>0$

（4）资本价格 r 越低，即$\frac{dr}{dM}<0$

（5）年轻人的消费越低，即$\frac{dc_1}{dM}<0$，$\frac{dc_2}{dM}<0$

证明：

（1）$\frac{dw}{dM}=(1-\beta)\delta^{\beta}\frac{\alpha}{\alpha-\beta}p^{\beta/(\alpha-\beta)}\frac{dp}{dM}>0$

（2）$\mu=\frac{1}{1+\xi(1+M\xi)}$

$$s=(1-u)w=\left[1-\frac{1}{1+\xi(1+M\xi)}\right]w$$

$$\frac{ds}{dM}=\frac{\xi^2}{[1+\xi(1+M\xi)]^2}w+\left[1-\frac{1}{1+\xi(1+M\xi)}\right]\frac{dw}{dM}$$

$$=\frac{\xi^2}{[1+\xi(1+M\xi)]^2}(1-\alpha)\varepsilon^{\alpha}p^{\alpha/(\alpha-\beta)}+\left[1-\frac{1}{1+\xi(1+M\xi)}\right](1-\alpha)\varepsilon^{\alpha}$$

$$\frac{\alpha}{\alpha-\beta}p^{\beta/(\alpha-\beta)}\frac{dp}{dM}>0$$

（3）$\frac{dk}{dM}=\frac{1}{n+1}\frac{ds}{dM}>0$

（4）$\frac{dr}{dM}=\beta\delta^{\beta-1}\frac{\alpha-1}{\alpha-\beta}p^{(\beta-1)/(\alpha-\beta)}\frac{dp}{dM}<0$

（5）将μ和λ代入得：$c_1=\theta\mu w=\theta\frac{1}{1+\xi(1+M\xi)}w$

$$\frac{dc_1}{dM}=-\theta w\frac{\xi^2}{[1+\xi(1+M\xi)]^2}<0$$

$$c_2=(1-\theta)\mu w\frac{1}{p}=(1-\theta)w\frac{1}{p}\frac{1}{1+\xi(1+A\xi)}$$

$$\frac{dc_2}{dM}=(1-\theta)w\left[-\frac{1}{p^2}\frac{dp}{dM}\frac{1}{1+\xi(1+M\xi)}-(1-\theta)w\frac{1}{p}\frac{\xi^2}{[1+\xi(1+M\xi)]^2}\right]<0$$

一个地区老年人存活率越高，则该地区老年人预期寿命越长，老年人占比增加，老龄化程度提高。在此背景下，年轻劳动力供给相对降低，劳动力工资提高。同时由于老年人预期存活率高，由生命周期理论可知，为应对更长时期的退休后的老年生活，年轻人会在工作期增加储蓄，减少消费，进而提升社会总资本与人均资本，资本价格随之下降。

命题 7：老年人与超老年人的消费与 M 的关系不确定，取决于 α，β 和 r 的关系。

$$d_1=\lambda(1+r)(1-\mu)\theta w=\theta(1+r)w\frac{\xi}{1+\xi(1+M\xi)}$$

$$=\theta[1+\beta\delta^{\beta-1}p^{(\alpha-1)/(\alpha-\beta)}](1-\beta)\delta^{\beta}p^{\alpha/(\alpha-\beta)}\frac{\xi}{1+\xi(1+M\xi)}$$

$$=\theta(1-\beta)\delta^{\beta}\left[p^{\alpha/(\alpha-\beta)}\frac{\xi}{1+\xi(1+M\xi)}+\beta\delta^{\beta-1}p^{(2\alpha-1)/(\alpha-\beta)}\frac{\xi}{1+\xi(1+M\xi)}\right]$$

$$\frac{dd_1}{dM}=\theta(1-\beta)\delta^{\beta}\left\{\frac{\alpha}{\alpha-\beta}p^{\beta/(\alpha-\beta)}\frac{\xi}{1+\xi(1+M\xi)}-p^{\alpha/(\alpha-\beta)}\frac{\xi^3}{[1+\xi(1+M\xi)]^2}\right\}+\theta(1-\beta)\delta^{\beta}$$

$$\left\{\beta\delta^{\beta-1}\frac{2\alpha-1}{\alpha-\beta}p^{(\alpha+\beta-1)/(\alpha-\beta)}\frac{\xi}{1+\xi(1+M\xi)}\beta\delta^{\beta-1}p^{(2\alpha-1)/(\alpha-\beta)}\frac{\xi^3}{[1+\xi(1+M\xi)]^2}\right\}$$

$$=\theta(1-\beta)\delta^{\beta}\frac{\xi}{1+\xi(1+M\xi)}\left\{\frac{1}{\alpha-\beta}p^{\beta/(\alpha-\beta)}[\alpha+(2\alpha-1)r]-p^{\alpha/(\alpha-\beta)}\xi^2(1+r)\right\}$$

整理后，$\frac{dd_1}{dM}$的符号与$\left\{\frac{1}{\alpha-\beta}p^{\beta/(\alpha-\beta)}\left[\alpha+(2\alpha-1)r\right]-p^{\alpha/(\alpha-\beta)}\xi^2(1+r)\right\}$的符号相同。

$$\frac{dd_1}{dM}\begin{cases}>0 & \text{if}\left\{\frac{1}{\alpha-\beta}p^{\beta/(\alpha-\beta)}\left[\alpha+(2\alpha-1)r\right]-p^{\alpha/(\alpha-\beta)}\xi^2(1+r)\right\}>0\\ <0 & \text{if}\left\{\frac{1}{\alpha-\beta}p^{\beta/(\alpha-\beta)}\left[\alpha+(2\alpha-1)r\right]-p^{\alpha/(\alpha-\beta)}\xi^2(1+r)\right\}<0\end{cases}$$

其余从略。

第三节　两个国家之间的自由贸易

前文的分析是在一个国家自给自足的封闭经济情况下作出的，现在假设经济开放，研究两国之间进行自由贸易的情况。模型是大国开放经济模型，假设两个地区 a 和 b 是贸易伙伴，两地区初始资源禀赋、最初人口数量及消费偏好完全一致，但其人口增长率和老年人预期存活率不同。假设 a 地区是人口老龄化程度较高地区，其人口增长率较低且老年人预期存活率较高（$n^a<n^b$，$M^a>M^b$），则从第一期开始，两地区资源禀赋和劳动力结构就将有所不同，首先，人口出生率不同，b 地区年轻人较多，劳动力供应较为充裕；其次，由于只允许年轻人生育孩子，所以其后每一期 b 地区年轻人数量将会更多；最后，b 地区老年人预期存活率低，该地区老年人数量将低于 a 地区。因此，a 地区老年人占比将高于 b 地区，a 地区成为老龄化程度较高地区，b 地区成为年轻地区。

人口结构的变化将影响资源禀赋及产品相对价格，由命题 1、命题 2 和命题 3 可知，a 地区劳动密集型产品相对价格较高，资本密集型产品相对价格较低，而 b 地区劳动密集型产品相对价格较低，资本密集型产品相对价格较高。如图 4-1 所示，*RSa* 和 *RSb* 为 a、b 两地区相对供给曲线，横轴为劳动密集型产品的相对供给量，即劳动密集型产品产量与资本密集型产品产量之比，纵轴为劳动密集型产品的相对价格即劳动密集型产品与资本密集型产品价格之比。由于 a 地区老龄化程度高于 b 地区，a 地区资本丰富，劳动力短缺，所以 a 地区资本密集型产品的产量高于 b 地区，曲线 *RSa* 在 *RSb* 的左上侧。由于两地区消费偏好相同，两地区面临相同的相对需求曲线 *RD*。封闭时期 a 地区的均衡点位于点 1 处，劳动密集型产品的相对价格为 *P*1，b 地区的均衡点为点 3，均衡价格为 *P*3，*P*1>*P*3，因此，封闭时期均衡时 a 地区劳动密集型产品相对价格高于 b 地区。

当封闭条件被打破，两国之间允许发生贸易时，由于封闭时期均衡时 a 地区劳动密集型产品相对价格较高，资本密集型产品相对价格较低，所以 a 地区将向 b 地区出口资本密集型产品，而 b 地区向 a 地区出口劳动密集型产品，自由贸易均衡时两地区将具有相同的劳动密集型产品相对价格，其值将位于两地区贸易之前的相对价格之间，假设为点 2，此时相对价格为 *P*2。自由贸易时期由于各国或地区可以得到相比之前更低的价格，所以两地区均可获得贸易利益并改善各自的福利。

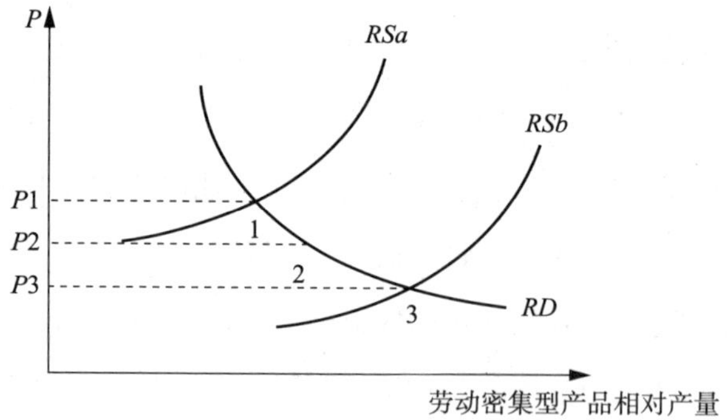

图 4-1　两地区相对价格及相对产量变化

命题 8：自由贸易时期，人口老龄化程度高的地区将出口资本密集型产品，进口劳动密集型产品，而年轻地区将出口劳动密集型产品，进口资本密集型产品。

随着 a 地区向 b 地区出口资本密集型产品和进口劳动密集型产品，

a 地区对资本需求增加，资本价格有所提高，同时，b 地区对劳动力需求增加，人均工资上升。

自由贸易时期，当市场均衡时，式（4-24）、式（4-25）不再成立。a 地区生产的产品 1 除了满足本地区人口消费外，还要出口 b 地区，b 地区消费的产品 1 由本地区生产的产品 1 和从 a 地区进口的产品组成。a 地区出口的产品 1 等于 b 地区进口的产品 1；b 地区出口的产品 2 等于 a 地区进口的产品 2，即下式成立：

$$X_{1t}^{a}-K_{t+1}^{a}-N_{t}^{a}c_{1t}^{a}-N_{t-1}^{a}d_{1t}^{a}-M^{a}N_{t-2}^{a}e_{1t}^{a}=N_{t}^{b}c_{1t}^{b}+N_{t-1}^{b}d_{1t}^{b}+M^{b}N_{t-2}^{b}e_{1t}^{b}+K_{t+1}^{b}-X_{1t}^{b} \tag{4-45}$$

$$N_{t}^{a}c_{2t}^{a}+N_{t-1}^{a}d_{2t}^{a}+M^{a}N_{t-2}^{a}e_{2t}^{a}-X_{2t}^{a}=X_{2t}^{b}-N_{t}^{b}c_{2t}^{b}-N_{t-1}^{b}d_{2t}^{b}-M^{b}N_{t-2}^{b}e_{2t}^{b} \tag{4-46}$$

此处 N_t^a，N_t^b 分别为 t 期 a、b 地区的年轻人口。假设初始时期即第 0 期，两地区均只有一个年轻人，则：

$$N_t^a=(1+n^a)N_{t-1}^a=(1+n^a)^t$$

$$N_t^b=(1+n^b)N_{t-1}^b=(1+n^b)^t$$

简化式（4-46）得：

$$N_t^a\left[c_{2t}^a+\frac{d_{2t}^a}{n^a+1}+\frac{M^ae_{2t}^a}{(1+n^a)^2}-x_{2t}^a\right]=N_t^b\left[x_{2t}^b-c_{2t}^b-\frac{d_{2t}^b}{n^b+1}-\frac{M^be_{2t}^b}{(1+n^b)^2}\right] \tag{4-47}$$

第四节 案例验证

为了证明模型设定的正确性，在实证分析之前，先通过一个案例来做一下简单验证。

上述理论模型假定两个地区除影响人口老龄化的主要因素人口出生率和老年人预期存活率不同外，其他条件完全相同，以考察人口老龄化对产品进出口结构的影响。实践中，笔者试图寻找满足以上理论模型的两个国家，最后发现以日本和韩国最为近似。日韩两国自然资源禀赋、生产技术水平、人口总数、经济发展水平等较为相近，但日本老龄化程度高于韩国，2017 年，日本 65 岁及以上人口占比达 27.05%，而韩国为 13.44%，韩国的老龄化程度仅为日本的一半左右。1989 年，日本对韩国出口产品中资本密集型与劳动密集型产品的比率为 9.72，而韩国对日本出口产品中二者之比仅为 1.08，2017 年这一数字分别上升至 11.03 和 6.33。1989—2017 年，日本对韩国出口产品中资本密集型产品与劳动密集型产品比率均高于韩国对日本，说明 1989—2017 年，日本更多地向韩国出口了资本密集型产品，而韩国更多地向日本出口了劳动密集型产品①（见图 4-2），而在此期间，日本人口老龄化程度均高于韩国。日韩两国之间的贸易说明人口老龄化程度高的国家更倾向于向年轻国家出口资本密集型产品而年轻国家向年老国家出口劳动密集型产品，这与命题 7 完全吻合。

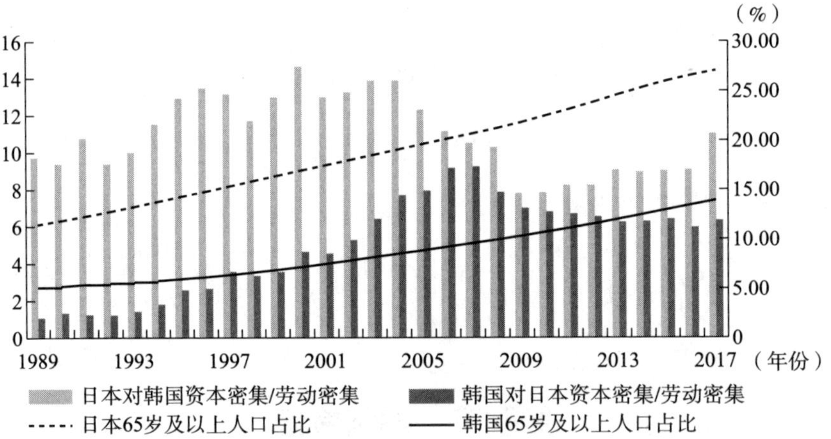

图 4-2　1989—2017 年日韩两国之间进出口结构与人口老龄化对比

资料来源：联合国贸易数据库，世界银行数据库。

另外，理论模型考察的是两个国家之间的贸易，但在全球化的今天，每个国家的贸易伙伴均遍布全球多个国家，为此，对比日韩两国对全球进出口产品结构。1989 年，日本对全球出口产品结构中，两种产品比率为

① 对资本密集型与劳动密集型产品分类参照第五章数据说明。

15.65，而韩国为 1.52；2017 年日本为 12.97，而韩国为 8.61；1989—2017 年，日本出口产品中资本密集型产品占比均高于韩国（见图 4-3）。最近几年，日本出口产品中资本密集型产品比率有所降低，这与日本老龄化程度过高，年轻人比例太低而导致其创新不足有一定关系。

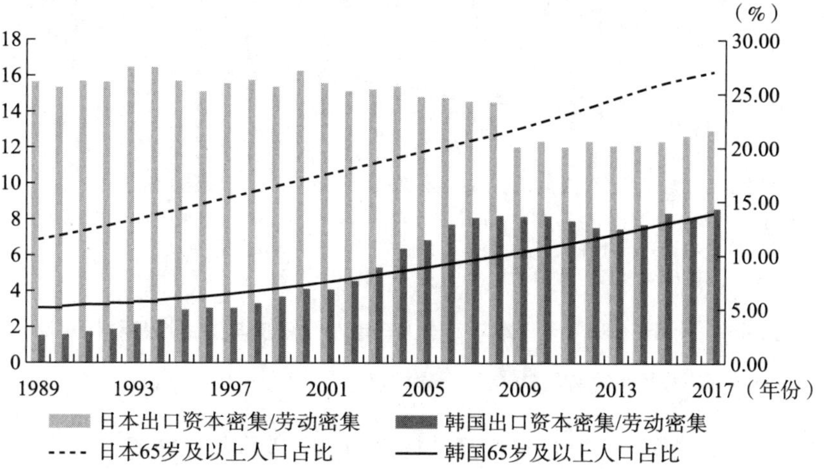

图 4-3　1989—2017 年日韩两国对世界出口产品结构与人口老龄化对比

资料来源：世界银行数据库，联合国贸易数据库。

进口方面，1989—2017 年，日本从全球进口产品中资本密集型产品与劳动密集型产品的比例均低于韩国，1989 年，日本进口产品中二者之比为 2.92，而韩国为 5.28；2017 年，日本上升至 4.79，韩国则上升至 7.82（见图 4-4），在此期间日本人口老龄化程度均高于韩国。由图 4-3 及图 4-4可知，近 30 年来，日本向全球出口了更多的资本密集型产品而进口了更多的劳动密集型产品，这也印证了本书理论模型的结论。

另外，在考察两国人口老龄化与出口产品结构之间的差别时，通过将日韩两国人口老龄化增长率的差与两国出口产品中资本密集型产品与劳动密集型产品之比的差放在一张图中，发现二者走势趋同，说明两国人口老龄化程度的变化与出口产品结构的变化有极强的正相关性（见图 4-5）。这意味着两国之间人口老龄化程度差别越大，其出口结构的差别就越大，当人口老龄

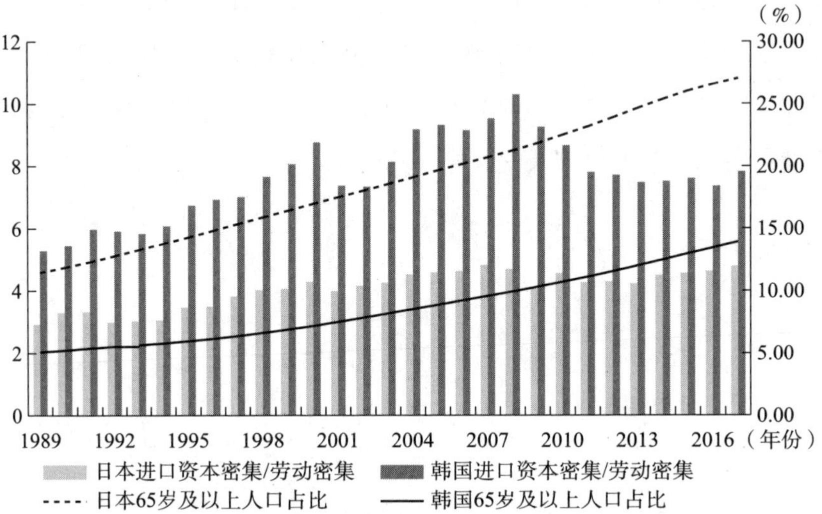

图 4-4 1989—2017 年日本与韩国人口老龄化程度与进口产品结构对比

资料来源：世界银行数据库，联合国贸易数据库。

化程度的差别减弱时，其出口产品结构之间的差别也趋于减弱。

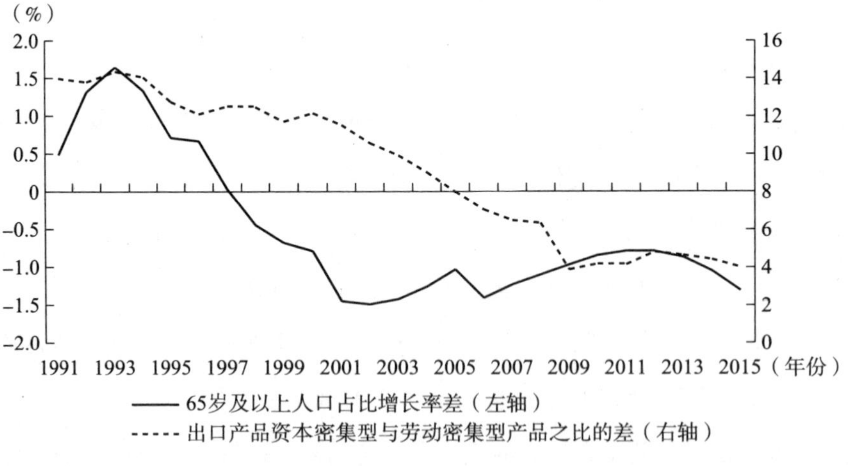

图 4-5 1991—2015 年日本与韩国人口老龄化增长率的差与出口产品结构的差对比

资料来源：世界银行数据库，联合国贸易数据库。

由以上日韩两国进出口结构与人口结构变化的数据可以看出，人口老龄化程度较高的日本相较于人口老龄化程度较低的韩国出口了更多的资本密集型产品而进口了更多的劳动密集型产品，但影响一国出口结构的因素较多，除了本书提出的人口结构外，一国经济发展水平、人力资本水平及研发能力等都将对出口结构产生影响，实践中去除以上因素后，人口结构是否仍对出口结构产生影响，下文将通过实证方式予以检验。

第五节　模型扩展

为简化问题，第二节的理论模型做了较多假设，为使理论模型更贴近现实，本部分逐渐放松第二节的部分假设，对基本理论模型做适当扩展。

一、扩展模型（一）——包含技术水平的理论模型

前文基本模型假设两地区生产技术水平完全一致，但事实上很难找到两个国家或地区生产技术水平完全一致。为此，放松技术水平一致的假定，假设两地区具有不同的技术水平，以考察技术对出口结构的影响，重新修改理论模型。

由于生产技术只对厂商生产能力产生影响，对消费者效用函数无影响，所以消费者效用函数不变，添加生产技术后的厂商生产函数修改如下：

$$x_{1t}=A_t k_{1t}^{\alpha} l_{1t}^{1-\alpha}$$

$$x_{2t}=k_{2t}^{\beta} l_{2t}^{1-\beta}$$

A_t 为该地区在 t 时期的平均技术水平。

厂商的利润最大化问题为：

$$\max_{\{k_{1t},k_{2t},l_{1t},l_{2t}\}}\begin{cases}\Pi_{1t}=A_t k_{1t}^{\alpha} l_{1t}^{1-\alpha}-r_t k_{1t}-w_t l_{1t}\\ \Pi_{2t}=p_t k_{2t}^{\beta} l_{2t}^{1-\beta}-r_t k_{2t}-w_t l_{2t}\end{cases}$$

$$\text{s. t. } k_{1t}+k_{2t}=k_t,\ l_{1t}+l_{2t}=\bar{l}=1;\ k_{1t}\geqslant 0,\ k_{2t}\geqslant 0,\ l_{1t}\geqslant 0,\ l_{2t}\geqslant 0$$

求解得：

$$k_{1t}=\frac{-\varepsilon k_t+\delta\varepsilon(\frac{p_t}{A_t})^{1/(\alpha-\beta)}}{\delta-\varepsilon}$$

$$k_{2t}=\frac{\delta k_t-\delta\varepsilon(\frac{p_t}{A_t})^{1/(\alpha-\beta)}}{\delta-\varepsilon}$$

$$l_{1t}=\frac{\delta-k_t(\frac{p_t}{A_t})^{1/(\beta-\alpha)}}{\delta-\varepsilon}$$

$$l_{2t}=\frac{-\varepsilon+k_t(\frac{p_t}{A_t})^{1/(\beta-\alpha)}}{\delta-\varepsilon}$$

$$r_t=A_t\alpha\varepsilon^{\alpha-1}(\frac{p_t}{A_t})^{(\alpha-1)/(\alpha-\beta)}=\beta\delta^{\beta-1}(\frac{p_t}{A_t})^{(\alpha-1)/(\alpha-\beta)}$$

$$w_t=A_t(1-\alpha)\varepsilon^{\alpha}(\frac{p_t}{A_t})^{\alpha/(\alpha-\beta)}=(1-\beta)\delta^{\beta}(\frac{p_t}{A_t})^{\alpha/(\alpha-\beta)}$$

$$x_{1t}=A_tl_{1t}\varepsilon^{\alpha}(\frac{p_t}{A_t})^{\alpha/(\alpha-\beta)}$$

$$x_{2t}=l_{2t}\delta^{\beta}(\frac{p_t}{A_t})^{\beta/(\alpha-\beta)}$$

均衡条件同前。

命题 9：当经济处于稳态时，技术水平较低的地区，其劳动密集型产品具有较低的相对价格。即：$\frac{dp}{dA}>0$。

证明：

式（4-39）为：

$$l_2=(1-\theta)(1-\beta)\mu\left[1+\frac{1}{n+1}(1+r)\xi+\frac{M^2\xi^2}{(n+1)^2}(1+r)^2\right]$$

式（4-39）求对 A 和 p 的全微分，利用隐函数求导法则得：

$$\left\{\frac{dl_2}{dp}-(1-\theta)(1-\beta)\mu\left[\frac{\xi}{n+1}\frac{dr}{dp}+\frac{2M^2\xi^2}{(n+1)_2}(1+r)\frac{dr}{dp}\right]\right\}dp=$$

$$-\left\{\frac{dl_2}{dA}-(1-\theta)(1-\beta)\mu\left[\frac{\xi}{n+1}\frac{dr}{dA}+\frac{2M^2\xi^2}{(n+1)^2}(1+r)\frac{dr}{dA}\right]\right\}dA$$

整理后：

$$\frac{dp}{dA}=\frac{-\left\{\frac{dl_2}{dA}-(1-\theta)(1-\beta)\mu\left[\frac{\xi}{n+1}\frac{dr}{dA}+\frac{2M^2\xi^2}{(n+1)^2}(1+r)\frac{dr}{dA}\right]\right\}}{\frac{dl_2}{dp}-(1-\theta)(1-\beta)\mu\left[\frac{\xi}{n+1}\frac{dr}{dp}+\frac{2M^2\xi^2}{(n+1)_2}(1+r)\frac{dr}{dp}\right]}$$

又：$\frac{dl_2}{dA}=\frac{1}{\alpha-\beta}kA^{1/(\alpha-\beta)-1}p^{1/(\beta-\alpha)}>0$

$$\frac{dr}{dA}=\beta\delta^{\beta-1}\frac{-\alpha}{\alpha-\beta}p^{(\alpha-1)/(\alpha-\beta)}A^{(\beta-2\alpha)/(\alpha-\beta)}<0$$

$$\frac{dl_2}{dp}=\frac{1}{\beta-\alpha}kA^{1/(\alpha-\beta)}p^{1/(\beta-\alpha)-1}<0$$

$$\frac{dr}{dp}=\beta\delta^{\beta-1}\frac{\alpha-1}{\alpha-\beta}p^{(\beta-1)/(\alpha-\beta)}A^{-\alpha/(\alpha-\beta)}>0$$

因此，$\frac{dp}{dA}>0$。

在技术水平较为落后的国家，劳动密集型产品价格相对较低，而资本密集型产品价格相对较高。因为技术落后国家生产资本密集型产品的技术成本相对较高，提高了资本密集型产品的总成本，对出口不利。Schott（2004）利用美国与低、中、高工资水平国家的贸易数据，发现出口国的技术水平、资本密集度与出口产品单位价值呈正向关系，具有资本、技术禀赋的国家比劳动力丰裕的国家会生产更多的高技术产品。

二、扩展模型（二）——消费偏好不同且劳动贡献率不为 1 的理论模型

为简化分析，在上面的模型中，假定老年人与年轻人消费偏好相同，但事实上，老年人消费多集中在吃、穿等日常消费品，而年轻人更喜欢新

鲜事物，电子产品、高科技产品、汽车等在其消费中占有较高比重，年轻人和老年人对劳动密集型产品和资本密集型产品的消费偏好不同。假设年轻人对资本密集型产品的消费倾向为 θ_1，老年人对资本密集型产品的消费倾向为 θ_2，超老年人对资本密集型产品的消费倾向为 θ_3；另外，上文假定劳动贡献率为 1，每人都向社会无保留地贡献 1 单位劳动，但事实上每个社会都有失业现象，即劳动参与率 $\bar{l}<1$。

（一）消费者效用最大化

$$\max_{\{c_{1t},c_{2t};d_{1t+1},d_{2t+1};e_{1t+2},e_{2t+2}\}}\{E(U_t)=\ln c_{\theta_1}^{\theta_1}c_{2t}^{1-\theta_1}+\xi\ln d_{1t+1}^{\theta_2}d_{2t+1}^{1-\theta_2}+M\xi^2\ln e_{1t+2}^{\theta_3}e_{2t+2}^{1-\theta_3}\}$$

$$=\theta_1\ln c_{1t}+(1-\theta_1)\ln c_{2t}+\xi\theta_2\ln d_{1t+1}+\xi(1-\theta_2)\ln d_{2t+1}+M\xi^2\theta_3\ln e_{1t+2}+M\xi^2(1-\theta_3)\ln e_{2t+2}$$

$$\text{s. t. } c_{1t}+p_t c_{2t}=w_t\bar{l}-s_t$$

$$\lambda(1+r_{t+1})s_t=d_{1t+1}+p_{t+1}d_{2t+1}$$

$$(1-\lambda)(1+r_{t+1})(1+r_{t+2})s_t=e_{1t+2}+p_{t+2}e_{2t+2}$$

求解得：

$$c_{1t}=\theta_1\mu w_t\bar{l}$$

$$c_{2t}=(1-\theta_1)\mu w_t\bar{l}\frac{1}{p_t}$$

$$d_{1t+1}=\lambda(1+r_{t+1})(1-\mu)\theta_2 w_t\bar{l}$$

$$d_{2t+1}=\lambda(1+r_{t+1})(1-\mu)(1-\theta_2)w_t\bar{l}\frac{1}{p_{t+1}}$$

$$e_{1t+2}=(1-\lambda)(1+r_{t+1})(1+r_{t+2})(1-\mu)\theta_3 w_t\bar{l}$$

$$e_{2t+2}=(1-\lambda)(1+r_{t+1})(1+r_{t+2})(1-\mu)(1-\theta_3)w_t\bar{l}\frac{1}{p_{t+2}}$$

λ，μ 表达式同前。

（二）厂商利润最大化

$$\max_{\{k_{1t},k_{2t},l_{1t},l_{2t}\}}\begin{cases}\Pi_{1t}=k_{1t}^{\alpha}l_{1t}^{1-\alpha}-r_t k_{1t}-w_t l_{1t}\\ \Pi_{2t}=p_t k_{2t}^{\beta}l_{2t}^{1-\beta}-r_t k_{2t}-w_t l_{2t}\end{cases}$$

s. t. $k_{1t}\geqslant 0$，$k_{2t}\geqslant 0$，$l_{1t}\geqslant 0$，$l_{2t}\geqslant 0$，$k_{1t}+k_{2t}=k_t$，$l_{1t}+l_{2t}=\bar{l}\leqslant 1$

求解得：

$$k_{1t}=\frac{-\varepsilon k_t+\overline{\delta\varepsilon l}p_t^{1/(\alpha-\beta)}}{\delta-\varepsilon}$$

$$k_{2t}=\frac{\delta k_t-\overline{\delta\varepsilon l}p_t^{1/(\alpha-\beta)}}{\delta-\varepsilon}$$

$$l_{1t}=\frac{\overline{\delta l}-k_t p_t^{1/(\beta-\alpha)}}{\delta-\varepsilon}$$

$$l_{2t}=\frac{-\overline{\varepsilon l}+k_t p_t^{1/(\beta-\alpha)}}{\delta-\varepsilon}$$

其中，δ，ε 表达式与前文相同。

（三）均衡

均衡条件同前文，此处从略。

（四）稳态

$$k=\frac{1}{n+1}(1-\mu)(1-\beta)\delta^{\beta}p^{\alpha/(\alpha-\beta)} \tag{4-48}$$

$$x_2=(1-\theta_1)\overline{\mu wl}\,\frac{1}{p}+\frac{1}{n+1}(1-\theta_2)\lambda(1+r)(1-\mu)\overline{wl}\,\frac{1}{p}+\frac{M}{(n+1)^2}(1-\theta_3)(1-\lambda)(1+r)^2(1-\mu)\overline{wl}\,\frac{1}{p} \tag{4-49}$$

（五）稳态性质

1. n 对 p 的影响

简化式（4-49）得：

$$l_2=(1-\beta)\overline{\mu l}\left[(1-\theta_1)+\frac{1}{n+1}(1+r)(1-\theta_2)\xi+\frac{M^2\xi^2}{(n+1)^2}(1-\theta_3)(1+r)^2\right] \tag{4-50}$$

上式两边求对 n 的全微分，并整理得：

$$\left\{(1-\beta)\overline{\mu l}\frac{1}{n+1}\left[(1-\theta_2)\xi+(1-\theta_3)\frac{2M^2\xi^2}{n+1}(1+r)\right]\frac{dr}{dp}-\frac{dl_2}{dp}\right\}\frac{dp}{dn}$$

$$=(1-\beta)\overline{\mu l}\left[\frac{1}{(n+1)^2}(1-\theta_2)(1+r)\xi+\frac{2M^2\xi^2}{(n+1)^3}(1-\theta_3)(1+r)^2\right]dn+\frac{dl_2}{dk}\frac{dk}{dn}$$

同样方法可证：$\frac{dp}{dn}<0$

2. M 对 p 的影响

将 λ，μ 代入式（4-50），并整理得：

$$l_2=(1-\beta)\frac{1}{1+\xi(1+M\xi)}\bar{l}\left[(1-\theta_1)+(1-\theta_2)\frac{1}{n+1}(1+r)\xi+(1-\theta_3)\frac{1}{(n+1)^2}(1+r)^2M^2\xi^2\right] \tag{4-51}$$

式（4-51）两边求对 M 的全微分并整理得：

$$\left\{(1-\beta)\frac{1}{1+\xi(1+M\xi)}\frac{1}{n+1}\bar{l}\left[(1-\theta_2)\xi+\frac{2M^2\xi^2}{n+1}(1-\theta_3)(1+r)\right]\frac{dr}{dp}-\frac{dl_2}{dp}\right\}\frac{dp}{dM}$$

$$=(1-\beta)\frac{\xi^2}{[1+\xi(1+M\xi)]^2}\bar{l}\left[(1-\theta_1)+\frac{1}{n+1}(1-\theta_2)(1+r)\xi+\frac{M^2\xi^2}{(n+1)^2}(1-\theta_3)(1+r)^2\right]-$$

$$(1-\theta_3)(1-\beta)\bar{l}\frac{1}{1+\xi(1+M\xi)}\frac{2M\xi^2}{(n+1)^2}(1+r)^2+\frac{dl_2}{dk}\frac{dk}{dM} \tag{4-52}$$

$$\frac{dl_2}{dk}\frac{dk}{dM}=-\frac{p_t^{1/(\beta-\alpha)}}{\delta-\varepsilon}\frac{\xi^3(1-\alpha)\varepsilon^\alpha}{[1+\xi(1+M\xi)]^2}\frac{1}{(n+1)}(1+M\xi)\bar{l}p^{\alpha/(\alpha-\beta)}+$$

$$\frac{p_t^{1/(\beta-\alpha)}}{\delta-\varepsilon}\frac{\xi(1-\alpha)\varepsilon^\alpha}{1+\xi(1+M\xi)}\frac{1}{(n+1)}\overline{\xi}lp^{\alpha/(\alpha-\beta)}$$

$$=\frac{p^{1/(\beta-\alpha)}\overline{k\xi l}}{\delta-\varepsilon}\left[\frac{-\xi}{1+\xi(1+M\xi)}+\frac{1}{\xi(1+M\xi)}\right]$$

$$=\frac{p^{1/(\beta-\alpha)}\overline{k\xi l}}{\delta-\varepsilon}\frac{(\xi-\xi^2)(1+M\xi)+1}{[1+\xi(1+M\xi)]\xi(1+M\xi)}<0$$

式（4-52）右边剩余部分：

$$(1-\beta)\frac{\xi^2}{[1+\xi(1+M\xi)]^2}\bar{l}\left[(1-\theta_1)+\frac{1}{n+1}(1-\theta_2)(1+r)\xi+\frac{M^2\xi^2}{(n+1)^2}(1-\theta_3)(1+r)^2\right]-$$

$$(1-\theta_3)(1-\beta)\bar{l}\frac{1}{1+\xi(1+M\xi)}\frac{2M\xi^2}{(n+1)^2}(1+r)^2$$

$$=(1-\beta)\frac{\xi^2}{[1+\xi(1+M\xi)]^2}\bar{l}\frac{1}{(n+1)^2}[(1-\theta_1)(n+1)^2+(1-\theta_2)(1+r)\xi(n+1)]+$$

$$(1-\beta)\frac{\xi^2}{[1+\xi(1+M\xi)]^2}\bar{l}\frac{1}{(n+1)^2}(1-\theta_3)(1+r)^2[M^2\xi^2-(1+\xi+M\xi^2)2M]$$

因 $0<\theta_1$，θ_2，$\theta_3<1$，所以肯定存在 $0<\theta<1$，且 $\theta>\theta_1$，$\theta>\theta_2$，$\theta>\theta_3$，则上式小于

$$(1-\beta)\frac{\xi^2}{[1+\xi(1+M\xi)]^2}\bar{l}\frac{1}{(n+1)^2}(1-\theta)[(n+1)^2+(1+r)\xi(n+1)]+$$

$$(1-\beta)\frac{\xi^2}{[1+\xi(1+M\xi)]^2}\bar{l}\frac{1}{(n+1)^2}(1-\theta)(1+r)^2[M^2\xi^2-(1+\xi+M\xi^2)2M]$$

$$=(1-\beta)\frac{\xi^2}{[1+\xi(1+M\xi)]^2}\bar{l}\frac{1}{(n+1)^2}(1-\theta)[(n+1)^2-2M(1+r)^2+(n+1)$$

$$(1+r)\xi-M^2\xi^2(1+r)^2-2M(1+r)^2\xi]$$

假设 $M>0.5$，且 $1+r>1+n$，可证上式<0，式（4-52）右边小于0，由于等式左边大括号内小于0，所以$\frac{dp}{dM}>0$。

第五章

人口老龄化对进出口贸易结构影响的数值模拟

第四章建立的理论模型证明了当经济处于稳态时，人口增长率、老年人预期存活率与劳动密集型产品相对价格 p 之间的关系，但模型并没有证明经济稳态的存在，本章欲通过数值模拟的方法，展示模型的收敛性以及各变量随时间变化的特征。

数值模拟也称计算机模拟，是依靠计算机技术，通过数值计算和图像显示的方法，达到对工程问题、物理问题、经济学问题乃至自然界各类问题研究的目的。经济学研究中，为达到说明问题的目的，经常构建较为复杂的理论模型，但最终这些模型不一定都能求出解析解，为达到研究目的，通过为模型中固定参数赋值，采用一定的计算机软件编写程序，求出理论模型中被关注变量的值，并将结果通过图形方式予以展示，较为形象直观地解释相应的经济学问题。

第一节　数值模拟原理

本书数值模拟首先通过理论模型推导出含有多期 p 的数学表达式，然后为第四章理论模型的相关参数赋值，再通过迭代求出从第一期至稳态时每一期 p 的值，再通过人均工资 w、资本价格 r 等的数学表达式求出相应的值，最后通过图形展示每个变量在每一期的数值。对于人口出生率和预期寿命不同的两地区，其每一期的变量值如人均工资 w 将有所不同，将两个地区的人均工资值置于同一个图形中，可直观地观察到人口老龄化不同的地区其人均工资的区别。因此，通过数值模拟，可以解释人口老龄化对经济变量以及对进出口结构的影响，另外，通过数值模拟也可观察变量的收敛性。

一、封闭经济模拟原理

由第四章内容可知，当经济系统处于均衡状态时：

式（4-25）为：$X_{2t}=N_t c_{2t}+N_{t-1}d_{2t}+MN_{t-2}e_{2t}$

将式（4-22）、式（4-18）、式（4-2）、式（4-4）、式（4-6）代入上式得：

$$\frac{-\varepsilon+k_t p_t^{1/(\beta-\alpha)}}{\delta-\varepsilon}\delta^{\beta}p_t^{\beta/(\alpha-\beta)}=(1-\theta)\mu w_t\frac{1}{p_t}+\lambda(1+r_t)(1-\mu)(1-\theta)$$

$$w_{t-1}\frac{1}{p_t}\frac{1}{n+1}+M(1-\lambda)(1+r_{t-1})(1+r_t)(1-\theta)(1-\mu)w_{t-2}\frac{1}{p_t}$$

将式（4-19）、式（4-20）代入并化简得：

$$\begin{aligned}k_t=&\varphi 1p_t^{1/(\alpha-\beta)}+\varphi 2p_{t-1}^{\alpha/(\alpha-\beta)}p_t^{(1-\alpha)/(\alpha-\beta)}+\varphi 3p_{t-1}^{\alpha/(\alpha-\beta)}\\&+\varphi 4p_t^{(1-\alpha)/(\alpha-\beta)}p_{t-2}^{\alpha/(\alpha-\beta)}+\varphi 5p_{t-2}^{\alpha/(\alpha-\beta)}p_{t-1}^{(\alpha-1)/(\alpha-\beta)}\\&+\varphi 6p_{t-2}^{\alpha/(\alpha-\beta)}p_{t-1}^{(\alpha-1)/(\alpha-\beta)}p_t^{(1-\alpha)/(\alpha-\beta)}+\varphi 7p_{t-2}^{\alpha/(\alpha-\beta)}\end{aligned}\tag{5-1}$$

其中：

$$\varphi 1=(1-\theta)\mu(1-\beta)(\delta-\varepsilon)+\varepsilon$$

$$\varphi 2=\frac{1}{n+1}\lambda(1-\mu)(1-\beta)(\delta-\varepsilon)(1-\theta)$$

$$\varphi 3=\frac{1}{n+1}\lambda\beta\delta^{\beta-1}(1-\mu)(1-\theta)(1-\beta)(\delta-\varepsilon)$$

$$\varphi 4=\frac{M}{(n+1)^2}(1-\lambda)(1-\mu)(1-\theta)(1-\beta)(\delta-\varepsilon)$$

$$\varphi 5=\frac{M}{(n+1)^2}(1-\lambda)\beta^2\delta^{2\beta-2}(1-\mu)(1-\theta)(1-\beta)(\delta-\varepsilon)$$

$$\varphi 6=\frac{M}{(n+1)^2}(1-\lambda)\beta\delta^{\beta-1}(1-\mu)(1-\theta)(1-\beta)(\delta-\varepsilon)$$

$$\varphi7=\varphi6=\frac{M}{(n+1)^2}(1-\lambda)\beta\delta^{\beta-1}(1-\mu)(1-\theta)(1-\beta)(\delta-\varepsilon)$$

由式（4-23）得：

$$k_{t+1}=\frac{N_t s_t}{N_{t+1}}=\frac{s_t}{n+1}=\frac{(1-\mu)w_t}{n+1}=\frac{(1-\mu)(1-\alpha)\varepsilon^{\alpha}p_t^{\alpha/(\alpha-\beta)}}{n+1}=\varphi8p_t^{\alpha/(\alpha-\beta)} \quad (5-2)$$

其中：

$$\varphi8=\frac{(1-\mu)(1-\alpha)\varepsilon^{\alpha}}{n+1}$$

$$\mu=\frac{1}{1+\xi(1+M\xi)}$$

$$\lambda=\frac{1}{1+M\xi}$$

$$\delta=(\frac{\beta}{\alpha})^{\alpha/(\alpha-\beta)}(\frac{1-\beta}{1-\alpha})^{(1-\alpha)/(\alpha-\beta)}$$

$$\varepsilon=(\frac{\beta}{\alpha})^{\beta/(\alpha-\beta)}(\frac{1-\beta}{1-\alpha})^{(1-\beta)/(\alpha-\beta)}$$

联立式（5-1）、式（5-2）得：

$$\begin{aligned}\varphi8p_{t-1}^{\alpha/(\alpha-\beta)}&=\varphi1p_t^{1/(\alpha-\beta)}+\varphi2p_{t-1}^{\alpha/(\alpha-\beta)}p_t^{(1-\alpha)/(\alpha-\beta)}+\varphi3p_{t-1}^{\alpha/(\alpha-\beta)}\\&+\varphi4p_t^{(1-\alpha)/(\alpha-\beta)}p_{t-2}^{\alpha/(\alpha-\beta)}+\varphi5p_{t-2}^{\alpha/(\alpha-\beta)}p_{t-1}^{(\alpha-1)/(\alpha-\beta)}\\&+\varphi6p_{t-2}^{\alpha/(\alpha-\beta)}p_{t-1}^{(\alpha-1)/(\alpha-\beta)}p_t^{(1-\alpha)/(\alpha-\beta)}+\varphi7p_{t-2}^{\alpha/(\alpha-\beta)}\end{aligned} \quad (5-3)$$

式（5-3）中，$\varphi1\sim\varphi8$ 所含参数均为外生，模拟时可为其赋值，剩余变量为 p 的三期迭代，若已知 p_{t-1} 和 p_{t-2}，则可通过上式求出 p_t。又由于 w_t，r_t，k_t，x_{it} 等都是 p_t 的函数，所以 p_t 求出后，其他内生变量的值也随之解出。

二、自由贸易时的模拟原理

自由贸易时，市场均衡需满足式（4-45）和式（4-46），由瓦尔拉斯定理，求解其中一式即可。式（4-46）为：

$$N_t^a c_{2t}^a + N_{t-1}^a d_{2t}^a + M^a N_{t-2}^a e_{2t}^a - X_{2t}^a = X_{2t}^b - N_t^b c_{2t}^b - N_{t-1}^b d_{2t}^b - M^b N_{t-2}^b e_{2t}^b$$

化简并整理得：

$$\begin{aligned} & N_t^a [\varphi_1^a p_t^{1/(\alpha-\beta)} + \varphi_2^a p_{t-1}^{\alpha/(\alpha-\beta)} p_t^{(1-\alpha)/(\alpha-\beta)} + \varphi_3^a p_{t-1}^{\alpha/(\alpha-\beta)} + \varphi_4^a p_t^{(1-\alpha)/(\alpha-\beta)} p_{t-2}^{\alpha/(\alpha-\beta)}] + \\ & N_t^a [\varphi_5^a p_{t-2}^{\alpha/(\alpha-\beta)} p_{t-1}^{(\alpha-1)/(\alpha-\beta)} + \varphi_6^a p_{t-2}^{\alpha/(\alpha-\beta)} p_{t-1}^{(\alpha-1)/(\alpha-\beta)} p_t^{(1-\alpha)/(\alpha-\beta)} + \varphi_7^a p_{t-2}^{\alpha/(\alpha-\beta)} - \varphi_8^a p_{t-1}^{\alpha/(\alpha-\beta)}] \\ = & N_t^b [\varphi_8^b p_{t-1}^{\alpha/(\alpha-\beta)} - \varphi_1^b p_t^{1/(\alpha-\beta)} - \varphi_2^b p_{t-1}^{\alpha/(\alpha-\beta)} p_t^{(1-\alpha)/(\alpha-\beta)} - \varphi_3^b p_{t-1}^{\alpha/(\alpha-\beta)} - \varphi_4^b p_t^{(1-\alpha)/(\alpha-\beta)} p_{t-2}^{\alpha/(\alpha-\beta)}] - \\ & N_t^b [\varphi_5^b p_{t-2}^{\alpha/(\alpha-\beta)} p_{t-1}^{(\alpha-1)/(\alpha-\beta)} + \varphi_6^b p_{t-2}^{\alpha/(\alpha-\beta)} p_{t-1}^{(\alpha-1)/(\alpha-\beta)} p_t^{(1-\alpha)/(\alpha-\beta)} + \varphi_7^b p_{t-2}^{\alpha/(\alpha-\beta)}] \end{aligned} \tag{5-4}$$

其中 φ_i^a（φ_i^b）是将式（5-3）中的 φ_i 换成 a（b）地区的人口增长率 n^a（n^b）和老年预期寿命 M^a（M^b）。当自由贸易均衡时，$p_t^a = p_t^b$，所以上式中的 p 省略上标。

式（5-4）也是包含 p 的三期迭代，其余变量均为外生，通过迭代，可求出各期自由贸易时的 p 值。

三、模拟参数设置

本书分别考虑两地区人口增长率不同和老年预期寿命不同对系统内各参数的影响。两地区生产函数参数（α，β）相同，消费倾向（θ，ξ）相同，初始时两地区人口结构相同，均只有一个年轻人，但两地区人口增长率和老年预期存活率不同，人口参数设置以日本和韩国为背景。模拟分三种情景：M 相同，n 不同，以验证命题 1；n 相同，M 不同，以验证命题 2；n 和 M 均不同，同时考虑 n 和 M 对系统参数的影响。

由前文可知，与理论模型假定相符的案例以日本和韩国最为接近，因此，本书数值模拟参数主要借鉴日本和韩国的人口变化。

第一种模拟情景：人口出生率不同，老年预期存活率相同。1960—2017 年，日本人口总增长率为 37.06%，年均增长率为 0.555%；1960—2017 年，韩国人口总增长率为 105.76%，年均增长率为 1.274%。因此两地区人口增长率分别以日本和韩国为例，a 地区为低人口增长率地区，人

口增长率 n_t^a 取值为 0.555%，b 地区为高人口增长率地区，人口增长率 n_t^b 取值为 1.274%。世界银行数据库显示，2007—2017 年，日本 60 岁以上老人存活至 70 岁以上的比率为 70%左右，因此，两地区老年人口预期存活率取值均为 0.7。

第二种模拟情景：人口增长率相同，老年预期存活率不同。借鉴日本和韩国数据，同时为使计算方便，两地区人口增长率取值均为 1%，即 $n^a=n^b=1\%$。$M^a=0.7$，$M^b=0.6$。

第三种模拟情景：假设两地区人口增长率不同，老年人预期存活率也不同，a 地区的人口出生率低，但老年人预期存活率高。参数取值如表 5-1、表 5-2 所示。

表 5-1　模拟参数（1）

生产函数参数		效用函数参数		期初年轻人数	
α	β	θ	ρ	N_0^a	N_0^b
0.6	0.4	0.4	0.05	1	1

表 5-2　模拟参数（2）

	n_t^a	n_t^b	M^a	M^b
情景一	0.555%	1.274%	0.7	0.7
情景二	1%	1%	0.7	0.6
情景三	0.555%	1.274%	0.7	0.6

利用式（5-3）和式（5-4）模拟时，需要确定最初两期的 p 值。本书以 $n=0$ 和 $M=0.7$ 时的稳态值作为最初两期的 p 值。

稳态时，式（5-3）为：

$$(\varphi 1+\varphi 2+\varphi 4)p^{1/(\alpha-\beta)}+(\varphi 3+\varphi 6+\varphi 7-\varphi 8)p^{\alpha/(\alpha-\beta)}+\varphi 5p^{(2\alpha-1)/(\alpha-\beta)}=0$$

将上述各参数值代入，得 p 的值 p'，封闭时期和自由贸易时期前两期的 p 值均取 p'，利用式（5-3）和式（5-4）多次迭代，即可得各期 p 值。

模拟使用数学软件 Maple 2017。

第二节 模拟结果

本节将通过图形形式展示系统变量每一期的计算结果，以验证第四章基本模型中三个命题的正确性。

一、情景一模拟结果

（一）人口变化

假设两地区初始人口相同，0 期两地区均只有 1 个年轻人，由于 a 地区的人口增长率小于 b 地区，所以从 1 期开始，a 地区的年轻人数量就低于 b 地区，同时，其总人口也低于 b 地区。随着新出生人口数量的减少，a 地区老年人占比高于 b 地区（见图 5-1、图 5-2）。

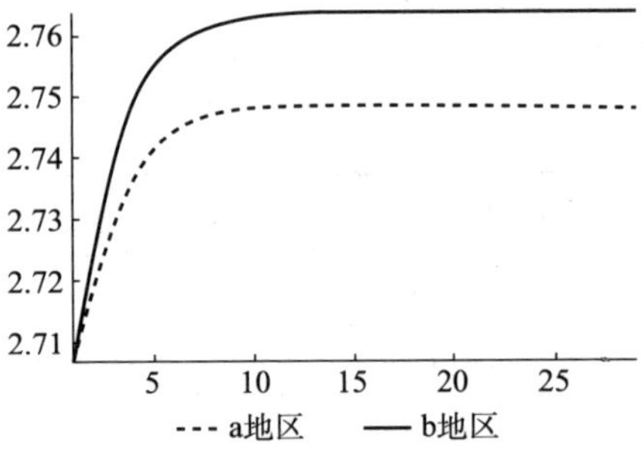

图 5-1 两地区总人口数量

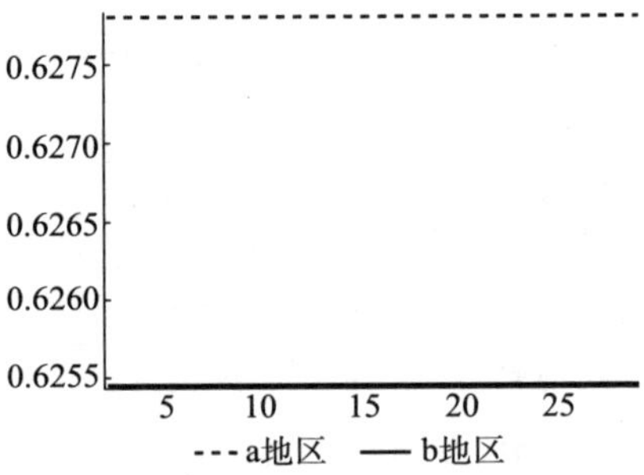

图 5-2 两地区老年人口占比

（二）要素禀赋及价格变化

出生率变化带来的人口结构变化直接影响两地区相对资源禀赋的变化。首先，封闭状态下，出生率高的 b 地区从第一期开始，其劳动力总数就高于 a 地区，导致劳动供给增加，当其他条件相同时，会影响劳动力价格，b 地区劳动力价格低于 a 地区。均衡时，a、b 两地区劳动力价格及差距分别维持在固定水平，a 地区劳动力价格高于 b 地区一个固定值。

图 5-3展示了封闭时期 a，b 两地区人均工资变化，这也印证了命题 4（1）的结论。

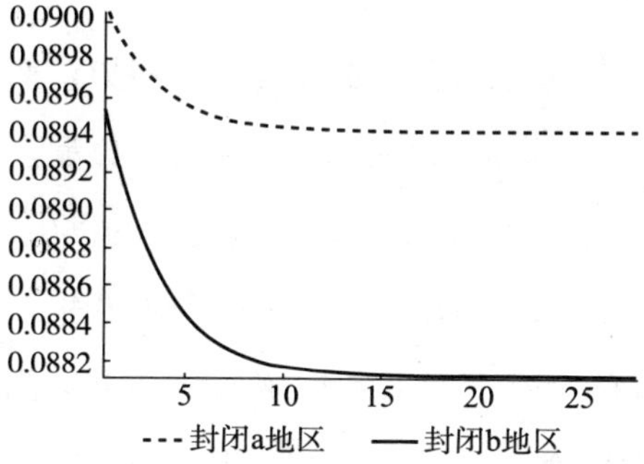

图 5-3 封闭时期人均工资

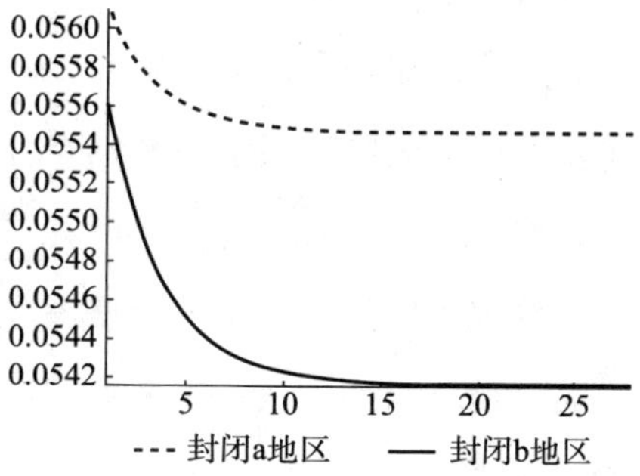

图 5-4 封闭时期人均资本

相对要素禀赋的变化除了表现在劳动力上，还表现在人均资本的变化方面，命题4（3）证明了人均资本与人口出生率的关系，图 5-4 展示了封闭状态下两地区人均资本的变化，证实了命题4（3）的结论。从第一期开始 a 地区的人均资本就高于 b 地区，直至两地区趋于均衡时维持在固定值。

人均资本的不同，带来了资本价格的变化，人均资本高的地区，资本丰富，资本价格低，而人均资本低的地区，资本短缺，资本价格高，图 5-5证实了命题4（4）的结论。

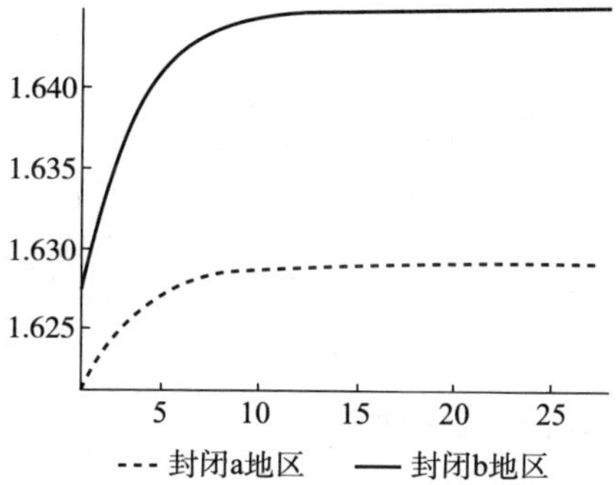

图 5-5 封闭时期资本价格

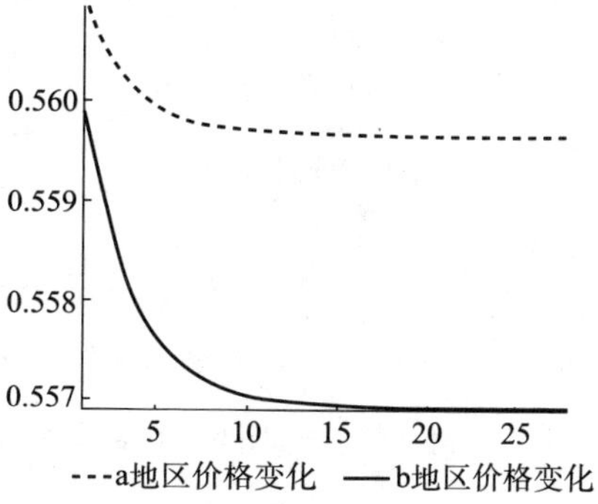

图 5-6 封闭时期劳动密集型产品相对价格

封闭状态下，两地区要素禀赋的不同，导致其生产产品的优势不同。

命题1指出，出生率高的地区其劳动密集型产品相对价格较低，图5-6证实了命题1的结论，a地区人口出生率低于b地区，其劳动密集型产品相对价格高于b地区。

因此，如果允许自由贸易，两地区将根据该地区要素禀赋的差异，密集生产该地区要素禀赋丰裕的产品，b地区将向a地区出口劳动密集型产品，而a地区将向b地区出口资本密集型产品。两地区之间进出口的发生，也将导致两地区产品相对价格发生变化。a地区向b地区出口资本密集型产品，需求增加导致资本密集型产品价格上升，而b地区资本密集型产品价格下降；同理，b地区劳动密集型产品价格上升，a地区劳动密集型产品价格下降。直至最终均衡时，a、b两地区产品价格相同。

自由贸易将导致两地区要素价格的变化。b地区向a地区出口劳动密集型产品，导致该地区该类产品生产增加，对劳动力的需求增加，劳动力价格上升，同理，a地区由于进口劳动密集型产品，导致该地区对劳动力的需求减少，劳动力价格下降。自由贸易均衡时两地区人均工资相等，其值高于封闭时b地区的人均工资而低于封闭时a地区的人均工资（见图5-7）。

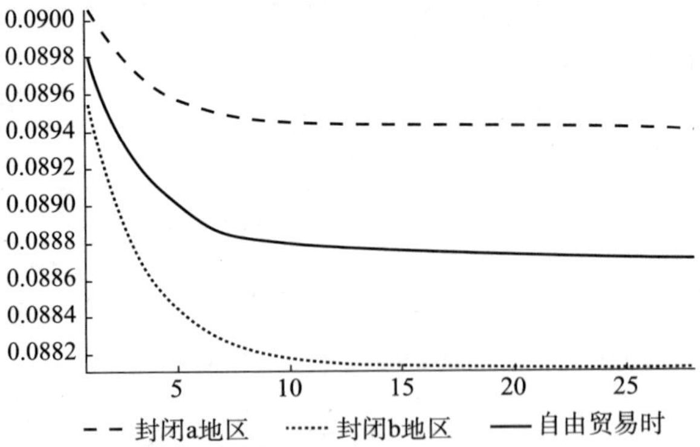

图5-7　封闭和自由贸易时人均工资变化

同理，a地区向b地区出口资本密集型产品，该商品既可以消费，又可以投资，所以，资本密集型产品的输入相当于资本输入，自由贸易将提高b地区人均资本，降低a地区人均资本。但当自由贸易达到稳态时，两地区人均资本并不相等，由于 a 地区主要生产资本密集型产品，对资本的需求量较大，所以 a 地区人均资本仍高于 b 地区（见图 5-8）。

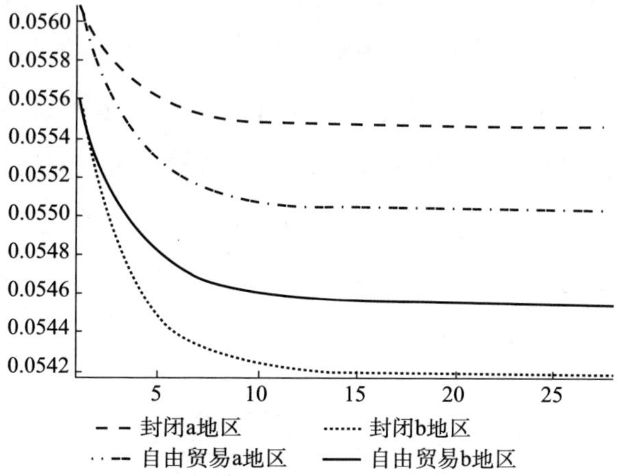

图 5-8　封闭和自由贸易时人均资本变化

自由贸易稳态时，同人均工资一样两地区将具有相同的资本价格，自由贸易时的资本价格高于封闭状态时 a 地区的资本价格，而低于封闭状态时 b 地区的资本价格（见图 5-9）。

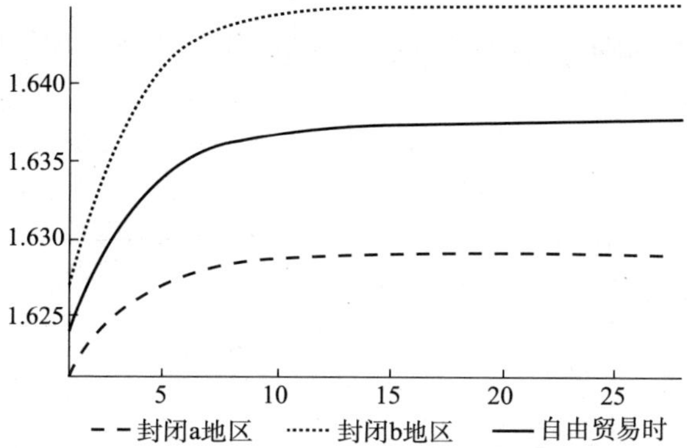

图 5-9　封闭和自由贸易时资本价格变化

（三）生产厂商变化

自由贸易也将影响 a、b 两地区的厂商生产。自由贸易时期，各地区依靠自身要素禀赋，生产并出口具有相对比较优势的产品，同时进口具有比较劣势的产品。由于出生率的不同而导致要素禀赋的变化，进而引致 a（b）地区在资本密集型（劳动密集型）产品的生产上具有比较优势，因此，a 地区将向 b 地区出口资本密集型产品，而 b 地区向 a 地区出口劳动密集型产品。基于此，自由贸易将增加 a 地区对资本密集型产品的生产，降低 b 地区对资本密集型产品的生产；同时增加 b 地区对劳动密集型产品的生产，降低 a 地区对劳动密集型产品的生产。自由贸易均衡时，a 地区资本密集型产品的产量高于 b 地区，而 b 地区劳动密集型产品的产量高于 a 地区（见图 5-10 至图 5-15）。

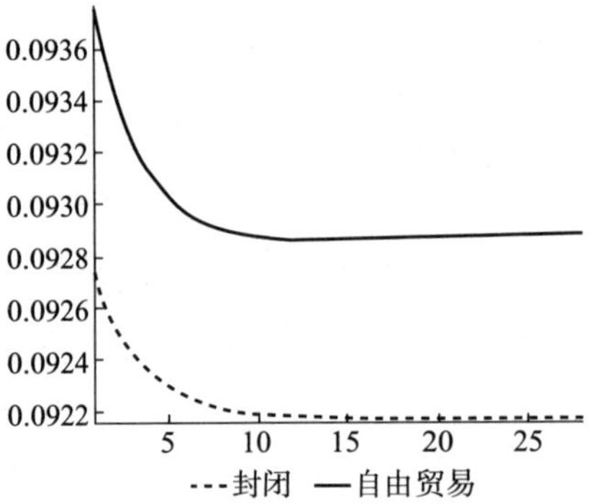

图 5-10　a 地区资本密集型产品生产变化

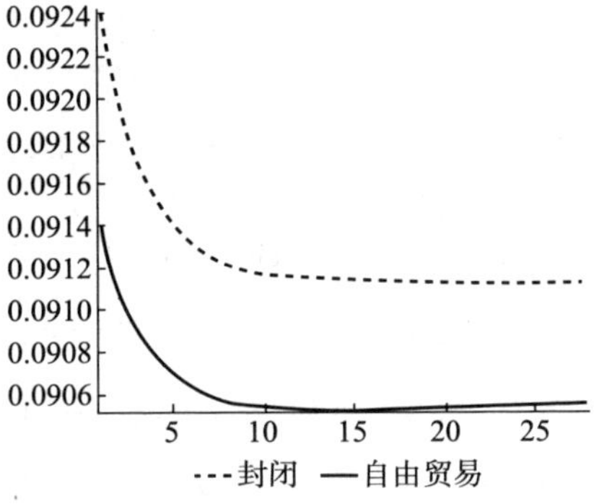

图 5-11　b 地区资本密集型产品生产变化

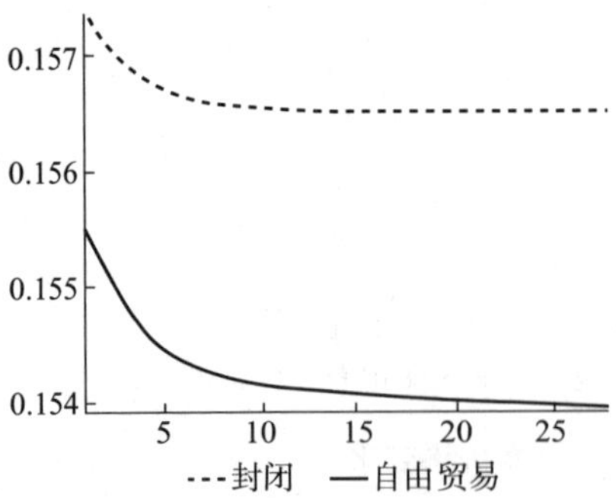

图 5-12　a 地区劳动密集型产品生产变化

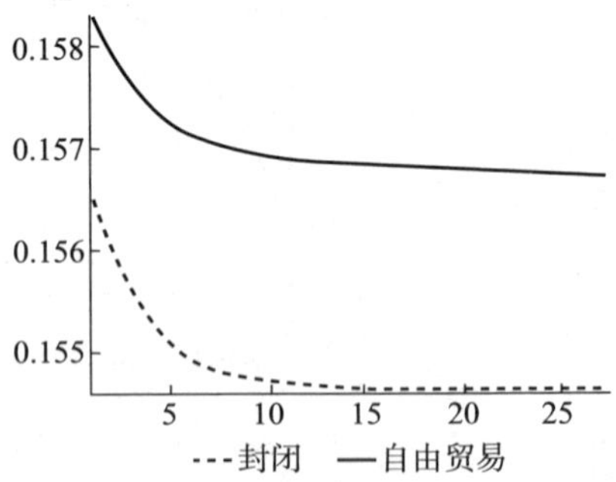

图 5-13　b 地区劳动密集型产品生产变化

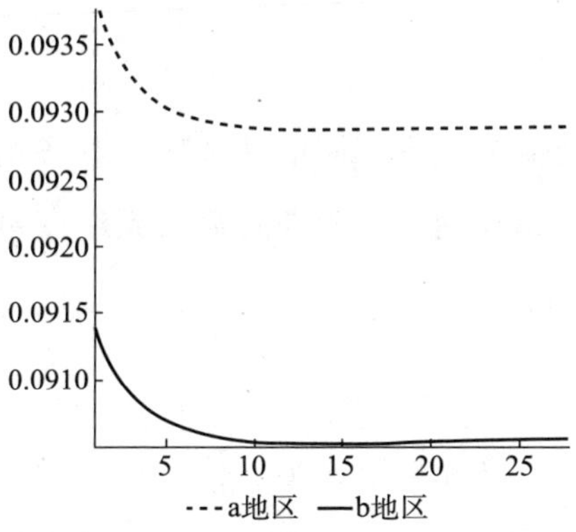

图 5-14　自由贸易均衡时，两地区商品 1 产量

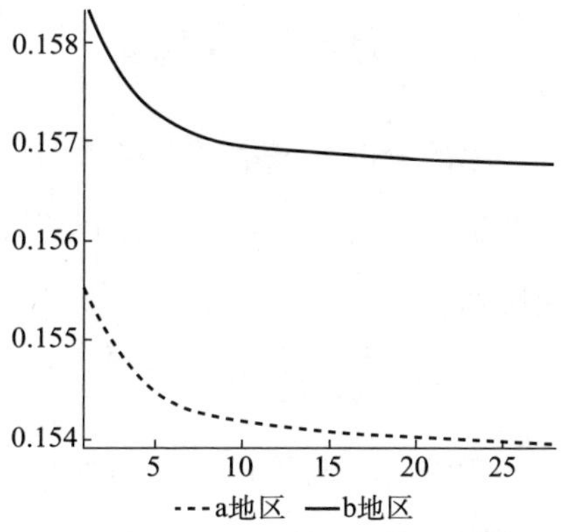

图 5-15　自由贸易均衡时，两地区商品 2 产量

最后关注自由贸易对两地区人均国民收入的影响，某地区人均国民收入（gnp）等于该地区生产的两种产品的总价值，即：

$$gnp_t = x_{1t} + p_t x_{2t}$$

作为商品价格和要素价格变化的结果，自由贸易时 a 地区的人均 GNP 将低于封闭状态时的人均 GNP，而自由贸易将提高 b 地区的人均 GNP。自由贸易达到稳态时，两地区的人均 GNP 差距将小于封闭状态时的差距，但 a 地区的人均 GNP 仍高于 b 地区（见图 5-16）。

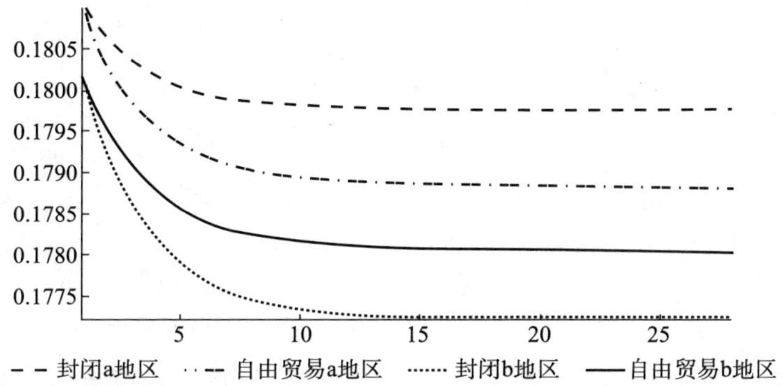

图 5-16　自由贸易和封闭时两地区人均 GNP 变化

二、情景二模拟结果

上部分内容展示了人口预期寿命相同但出生率不同的两地区，其各主要变量的变化，本部分内容介绍人口出生率相同时，预期寿命对系统变量的影响。

（一）人口变化

考虑两个地区 a 和 b，两地区人口出生率等参数完全一样，只是老年人预期存活率有所不同，设 a 地区老年存活率为 0.7，b 地区老年存活率为 0.6。由于人口出生率相同且 0 期时两地区年轻人数量相同，而此后每期年轻人数量只与上一期年轻人数量及人口出生率有关，所以 a、b 两地区年轻人数量一直相同，表示两地区年轻人数量的图形完全重合（见图 5-17）。但由于 a 地区老年人存活到超老年期的概率更大，所以 a 地区老年人数量多于 b 地区（见图 5-18），相应地，其总人口也高于 b 地区（见图 5-19）。某地区老年抚养比为该地区老年人数量与年轻人数量的比率，因此 a 地区老年抚养比高于 b 地区（见图 5-20）。

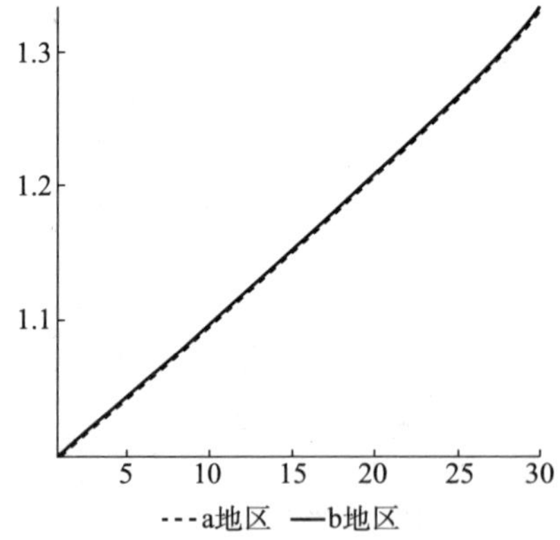

图 5-17　两地区年轻人数量

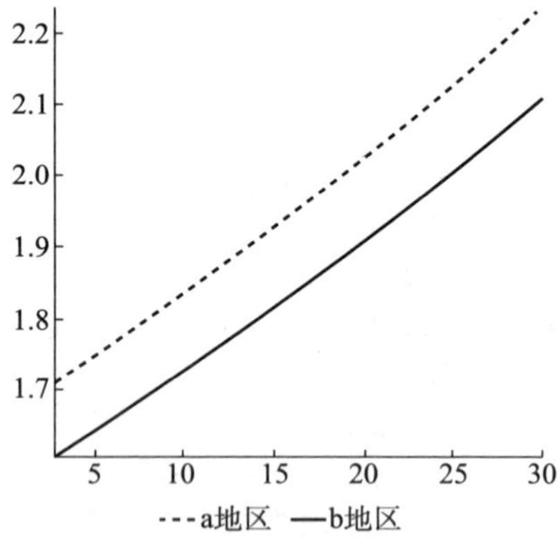

图 5-18　两地区老年人数量

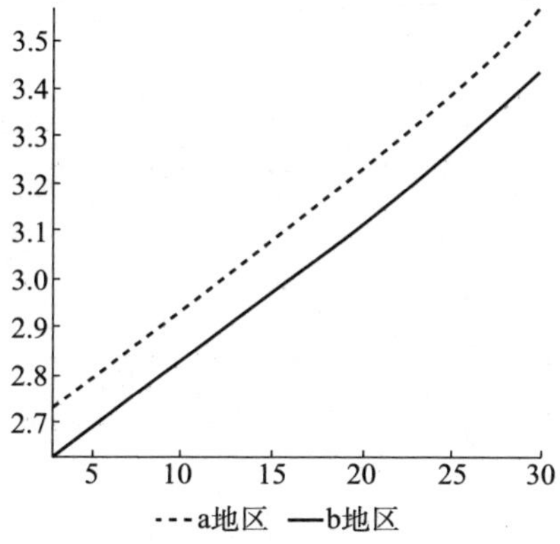

图 5-19　两地区总人口

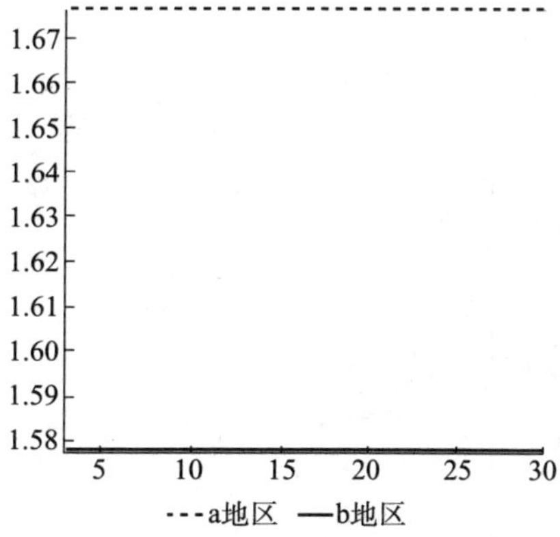

图 5-20　两地区老年人口抚养比

（二）生产要素变化

由命题 6（1）可知，封闭状态下，预期存活率高的地区，其人均工资较高。本部分模拟场景中，a 地区老年人预期存活率高于 b 地区，因此，a 地区人均工资应高于 b 地区。图 5-21 为模拟结果，证实了命题 6（1）的结论，封闭时期，a 地区人均工资高于 b 地区，自由贸易时，两地区人均工资相同，其值位于封闭状态时两地区人均工资的中间。

a 地区老年人预期存活率高，但由于老年人不工作，没有收入，只能依靠年轻时的储蓄生存，所以为预防老年期增加的消费，年轻时期 a 地区的储蓄率要高于 b 地区，因此，封闭时期 a 地区人均资本高于 b 地区，相应地，其资本价格也将低于 b 地区。自由贸易时期将使得两地区资本价格一致，但由于各地区生产产品重点不同，对要素的需求量不同，所以自由贸易时两地区人均资本不一致。图 5-22 和图 5-23 证实了命题 6（4）、命题 6（3）的结论。

预期寿命的不同引致的要素禀赋及价格的变化也带来了两地区不同产品相对价格的变化，封闭时 a 地区劳动密集型产品相对价格高于 b 地区，而资本密集型产品价格低于 b 地区，自由贸易时两地区价格相等。图 5-24 为封闭和自由贸易时期劳动密集型产品的价格变化，证实了命题 2 的结论。

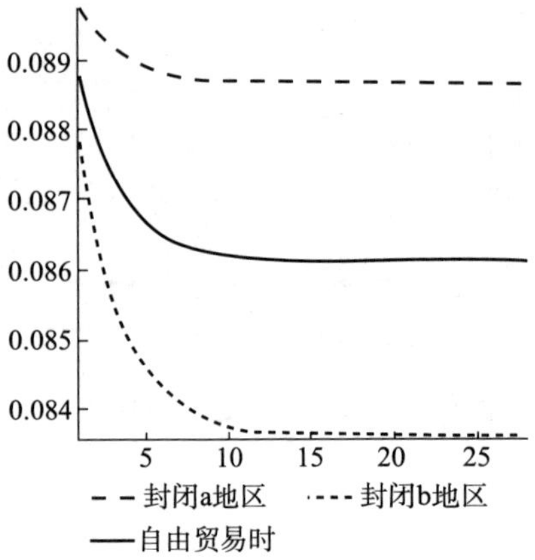

图 5-21 封闭和自由贸易时两地区人均工资

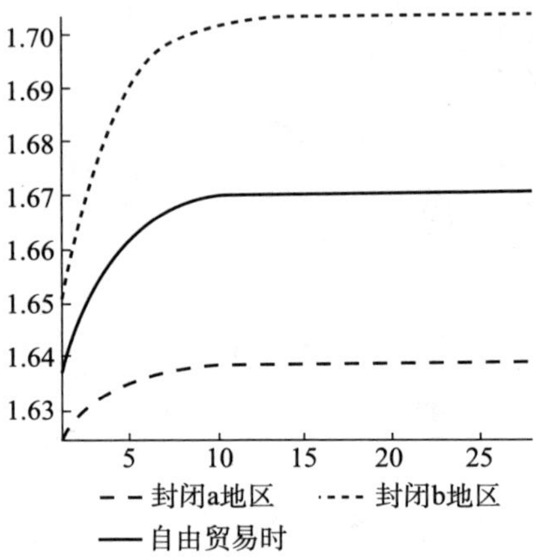

图 5-22 封闭和自由贸易时两地区资本价格

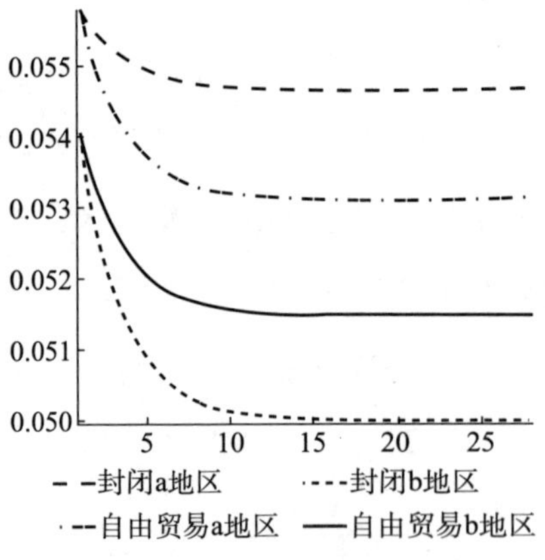

图 5-23 封闭和自由贸易时人均资本

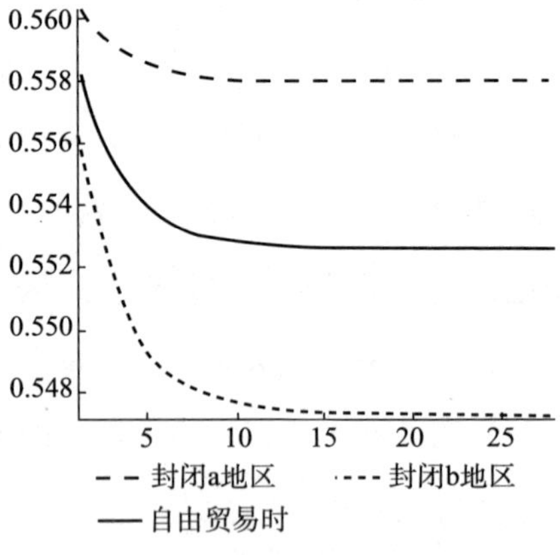

图 5-24 封闭和自由贸易时劳动密集型产品价格

（三）生产厂商变化

因 a 地区向 b 地区出口资本密集型产品，即模型里的商品 1，所以自由贸易时期，a 地区商品 1 的生产将增加，而 b 地区商品 1 的生产将减少（见图 5-25、图 5-26）。同理，因 b 地区向 a 地区出口劳动密集型产品，即商品 2，所以自由贸易时期相对于封闭时期，b 地区商品 2 产量增加，a 地区商品 2 产量减少。自由贸易时期，a 地区商品 1 产量高于 b 地区，而 b 地区商品 2 产量高于 a 地区（见图 5-27、图 5-28）。

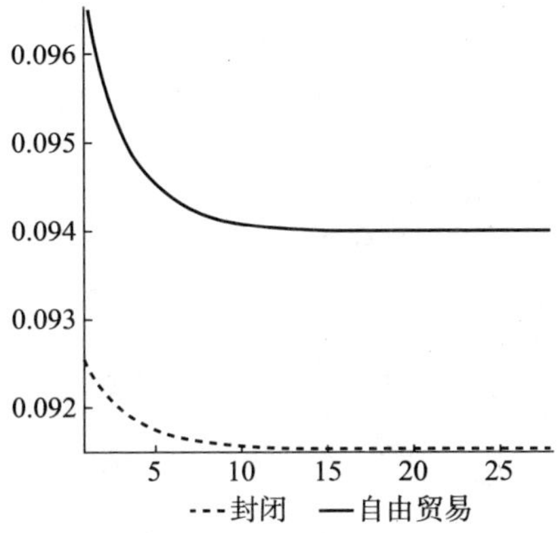

图 5-25 a 地区商品 1 生产对比

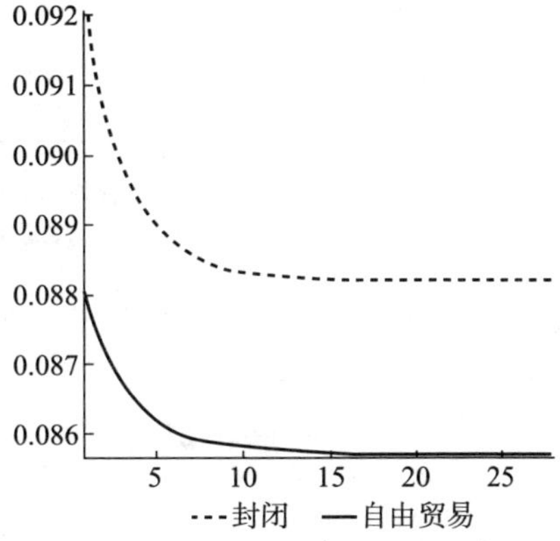

图 5-26 b 地区商品 1 生产对比

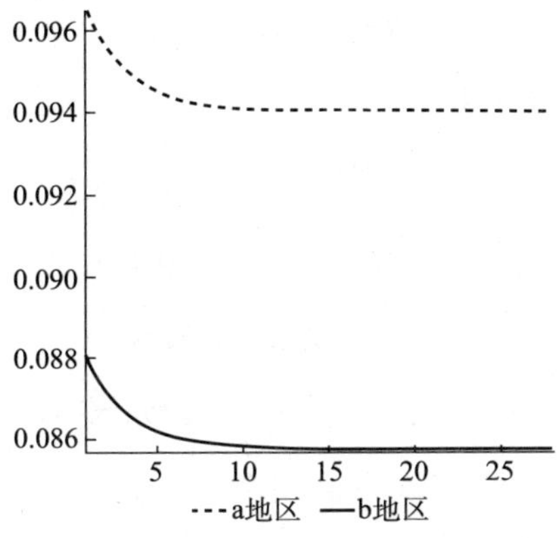

图 5-27 自由贸易时两地区商品 1 产量

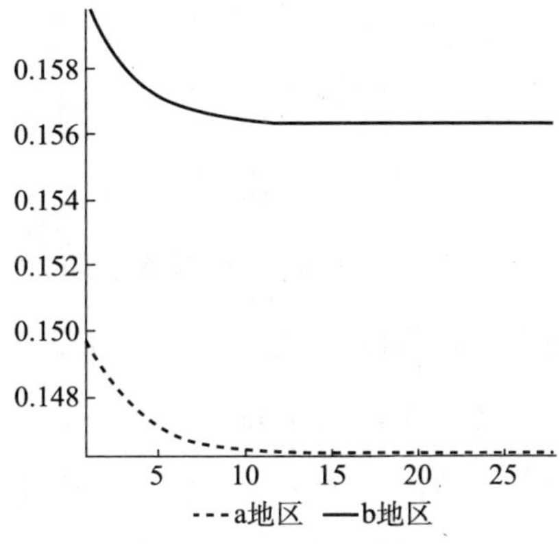

图 5-28 自由贸易时两地区商品 2 产量

此外，自由贸易还会影响一国人均 GNP，图 5-29 展示了两地区封闭和自由贸易时期人均 GNP 的变化。

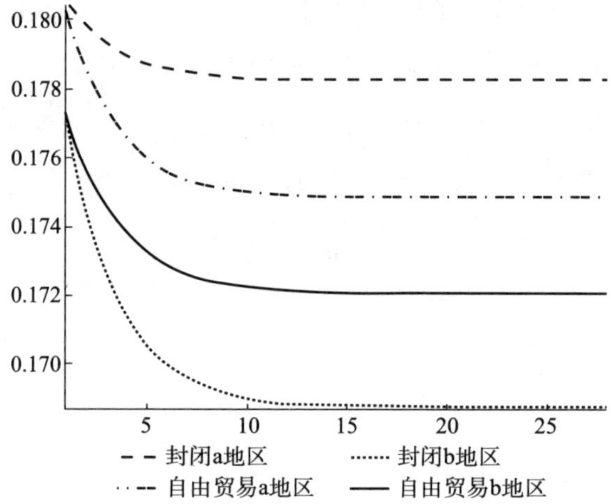

图 5-29　人均 GNP 变化对比

三、情景三模拟结果

在情景三中，假设两地区不但人口出生率不同，而且老年人的预期存活率也不同。设 a 地区人口出生率 $n^a=0.555\%$，老年人预期存活率 $M^a=0.7$，而 b 地区人口出生率 $n^b=1.274\%$，老年人预期存活率 $M^b=0.6$。此种情景下，a 地区的人口老龄化程度将快速高于 b 地区。

（一）人口变化

由于 a 地区人口出生率低于 b 地区，而每一期的年轻人数量只与出生率有关，所以 a 地区年轻人数量一直低于 b 地区（见图 5-30）。但由于 a 地区老年人存活率高于 b 地区，所以最初几期，a 地区的老年人数量多于 b 地区，随后，由于 a 地区人口出生率较低，年轻人数量较少，其老年人数量逐渐少于 b 地区，当两地区第一期老年人数量差距较大时，纵使 a 地区老年人存活率高，其老年人总数也将低于 b 地区（见图 5-31）。

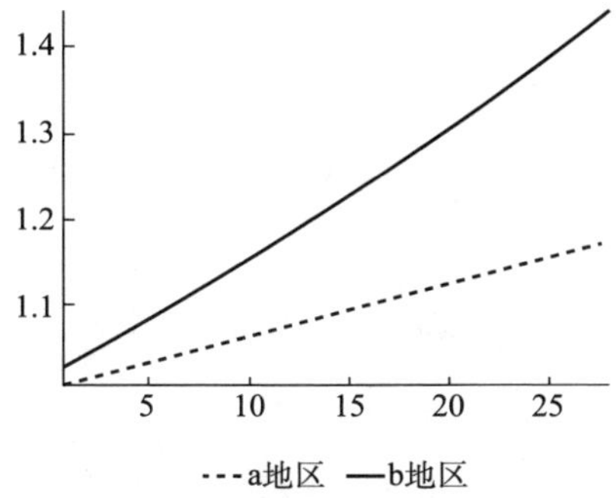

图 5-30 两地区年轻人数量

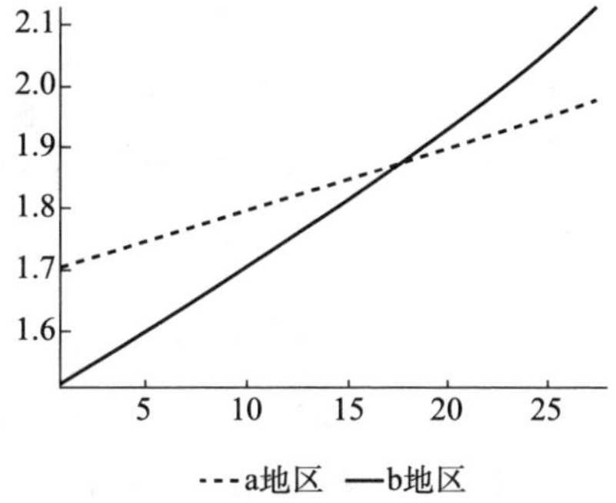

图 5-31 两地区老年人数量

受两地区年轻人数量和老年人数量变化的影响，两地区总人口也呈现不同变化，最初几期，a 地区总人口高于 b 地区，但随后由于 a 地区年轻人口数量供给不足，其总人口低于 b 地区（见图 5-32）。但 b 地区总人口数量超过 a 地区用时较短，约在第 13 期发生，而 b 地区老年人数量超过 a 地区约在第 20 期发生。

在此情景下，a 地区 t 期老年抚养比计算如下：

$$pera_t = \frac{old_t + older_t}{young_t} = \frac{young_{t-1} + old_{t-1} \times M^a}{young_t} = \frac{young_{t-1} + young_{t-2} \times M^a}{young_t}$$

$$= \frac{(1+n^a) \times young_{t-2} + young_{t-2} \times M^a}{(1+n^a)^2 young_{t-2}} = \frac{1+n^a+M^a}{(1+n^a)^2} = \frac{1+0.00555+0.7}{(1+0.00555)^2} = 1.686774843$$

$young_t$、old_t、$older_t$ 分别为 t 期该地区年轻人、老年人及超老年人数量。

b 地区 t 期老年抚养比为：

$$perb_t = \frac{1+n^b+M^b}{(1+n^b)^2} = \frac{1+0.01274+0.5}{(1+0.01274)^2} = 1.474919656$$

所以从第二期开始，a 地区老年抚养比就高于 b 地区，且差距保持不变（见图 5-33）。

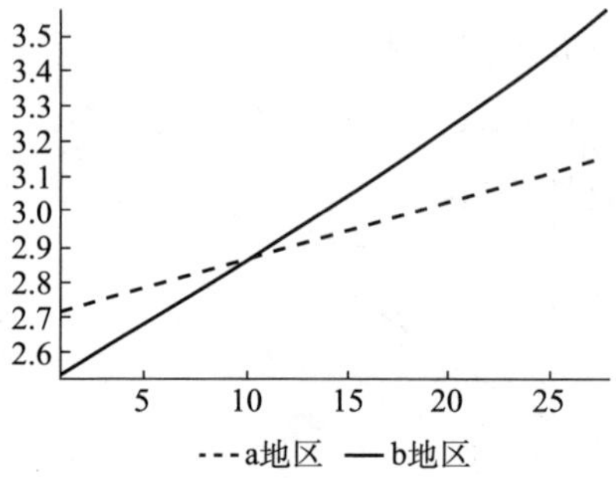

图 5-32　两地区总人口变化

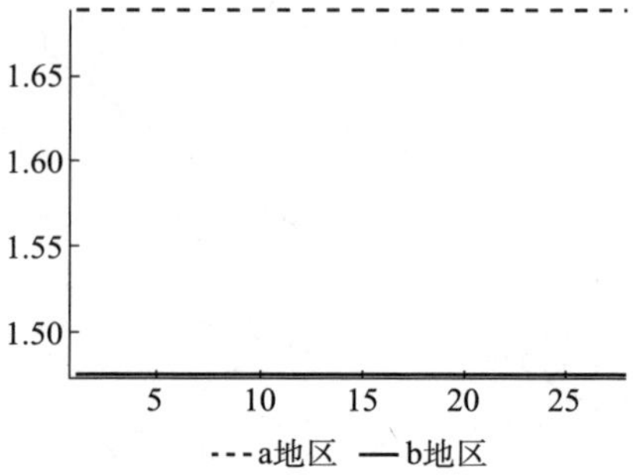

图 5-33　两地区老年抚养比变化

（二）生产要素变化

在该模拟情景下，a 地区人口出生率低，老年人存活率高，所以 a 地区老龄化程度更为严重，老龄化速度更快。其人均工资、资本价格及劳动密集型产品价格变化与前两个情景类似，只是由于 a 地区老龄化速度更快，所以其收敛速度更快（见图 5-34 至图 5-36）。

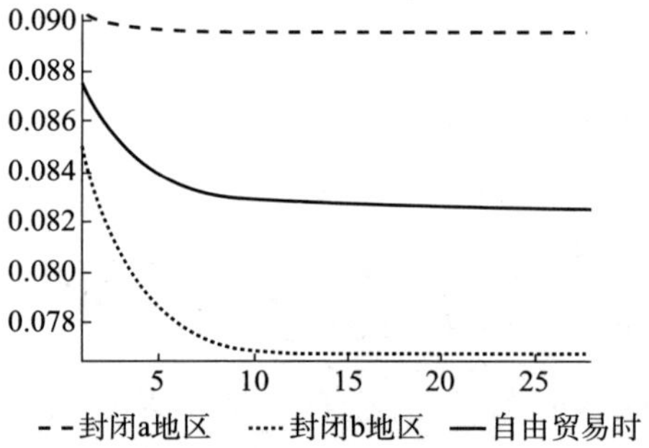

图 5-34　人均工资变化

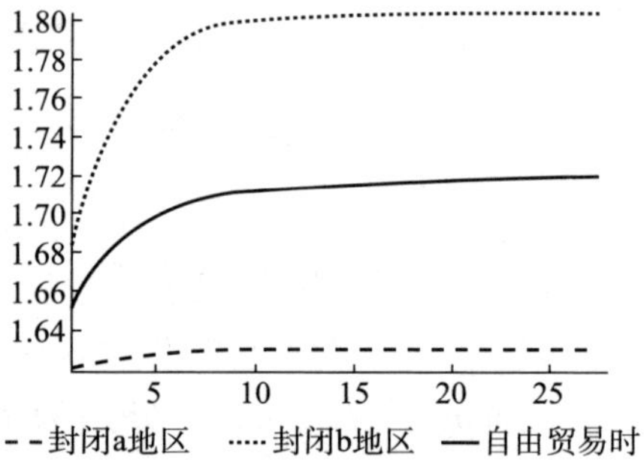

图 5-35　资本价格变化

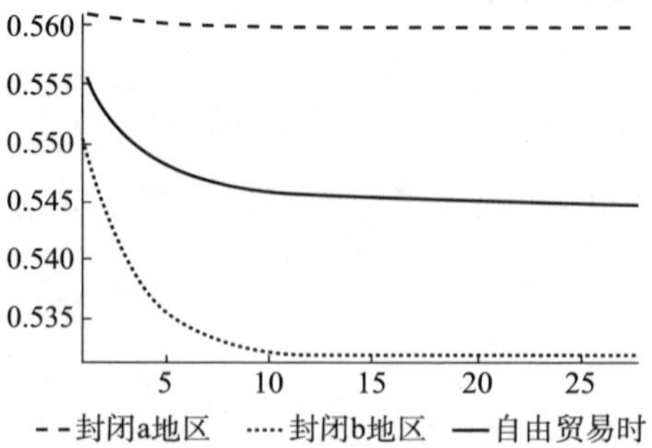

图 5-36　劳动密集型产品价格变化

（三）厂商生产对比

a 地区向 b 地区出口资本密集型产品，自由贸易时期其资本密集型产品产量增加；b 地区向 a 地区出口劳动密集型产品，自由贸易时期其劳动密集型产品产量增加，资本密集型产品产量减少（见图 5-37、图 5-38）。自由贸易也改变了两地区的人均国民收入，a 地区下降，b 地区上升（见图 5-39）。

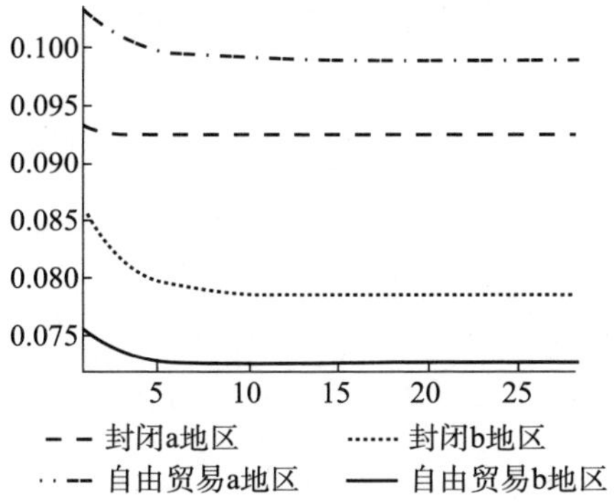

图 5-37　商品 1 产量对比

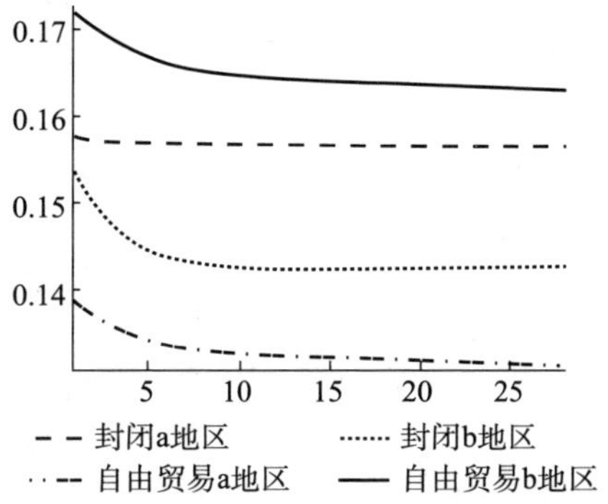

图 5-38　商品 2 产量对比

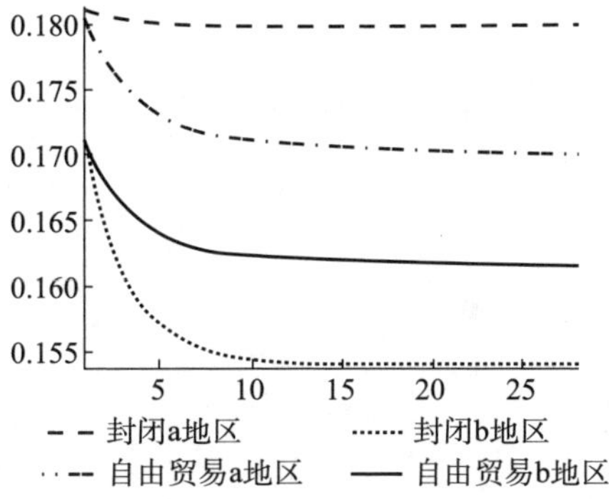

图 5-39　人均 GNP 对比

四、参数收敛性

从上述图形可以看出，系统内各参数均趋于收敛，参数收敛速度与人口老龄化速度成正比，人口老龄化速度快的地区，比如情景三中的 a 地区，系统在第 5 期左右达到稳态，人口老龄化速度慢的地区收敛速度也慢，但最慢的情景也能在 18 期以内达到稳态。

第六章

人口老龄化对进出口贸易结构影响的实证分析

——基于OECD国家的面板数据

第四章和第五章分别通过理论模型和数值模拟证明了人口老龄化对一国进出口贸易结构会产生影响。一般而言，一国的人口老龄化程度越高，越倾向于出口资本密集型产品和进口劳动密集型产品。第四章通过案例分析，以日本和韩国为例，分析了两国出口产品结构与人口老龄化程度的关系，验证了理论模型的正确性。但影响一国出口结构的因素较多，除人口老龄化外，一国经济发展水平、创新能力及人力资本状况等都将对出口结构产生影响，除去上述因素后，人口老龄化程度的变化是否仍能对一国出口结构产生影响？本章欲通过实证方式，使用 OECD 国家的面板数据予以验证。

第一节　OECD 国家介绍

OECD（Organization for Economic Co-operation and Development）全称为经济合作与发展组织，是由美国、德国、法国、英国等 36 个市场经济国家组成的政府间国际经济组织，2018 年其成员国已达 36 个。该组织各成员国经济发展水平普遍较高，技术较为先进，而且人口老龄化程度较高。因此，本章选取 OECD 国家 1996—2016 年的面板数据做实证分析。

一、OECD 国家经济发展水平较高

世界银行数据库显示，按 2010 年不变价美元计算，2000 年世界人均 GDP 为 8167 美元，而 OECD 国家高达 31958 美元，将近是世界平均值的 4

倍，到2017年，世界范围内人均GDP为1万美元左右，而同期OECD国家人均GDP达4万美元（见图6-1）。2017年世界人均GDP排名最高的前20个国家中，有14个为OECD国家①，因此OECD国家整体经济发展水平高于世界平均水平。

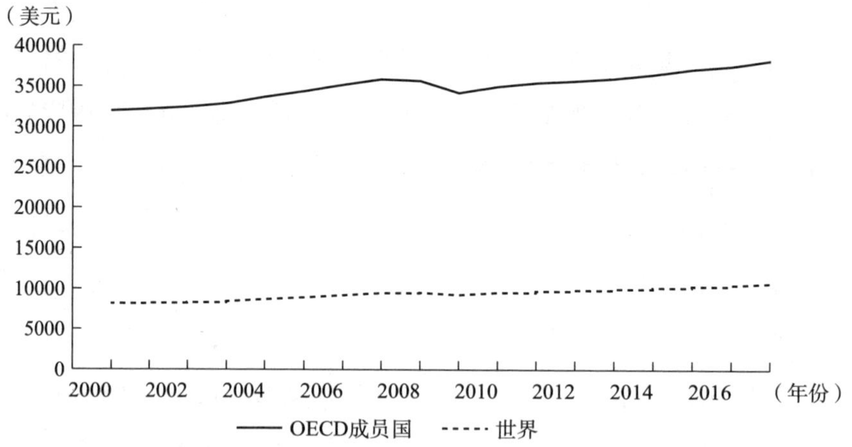

图6-1　OECD国家人均GDP与世界人均GDP对比

注：按2010年不变价美元计算。

资料来源：世界银行数据库。

二、OECD国家人口老龄化程度更高

OECD国家人口老龄化程度普遍较为严重，其65岁及以上老人占总人口比重平均为16.8%，约为世界平均水平的2倍，其中日本以27.04%高居世界第一位。而且OECD国家进入老龄化社会普遍较早，在其36个成员国中，有13个成员国在1960年以前已经进入老龄化社会②，其他大部分国家在1980年以前进入老龄化社会。2017年，除土耳其和墨西哥外，其

① 卢森堡（110824美元）、挪威（90714美元）、瑞士（76956美元）、爱尔兰（75243美元）、澳大利亚（63356美元）、丹麦（61945美元）、瑞典（57829美元）、荷兰（53922美元）、加拿大（51261美元）、冰岛（50478美元）、奥地利（49413美元）、日本（48188美元）、德国（47205美元）、芬兰（46823美元）。

② 世界银行数据记录最早为1960年。

他国家全是老龄化国家（见表 6-1）。因此选择 OECD 国家作为研究对象，可以从长期观察人口老龄化对进出口结构的影响，这对正在转型期的中国有一定的启示和借鉴意义。

表 6-1 OECD 国家进入老龄化社会的时间

时间	国家
1960 年以前	瑞典、英国、德国、法国、拉脱维亚、奥地利、比利时、瑞士、挪威、卢森堡、爱尔兰、丹麦、爱沙尼亚
1961—1969 年	意大利、捷克、匈牙利
1970—1979 年	葡萄牙、芬兰、希腊、西班牙、斯洛文尼亚、立陶宛、荷兰、波兰、美国、斯洛伐克
1980—1989 年	日本、加拿大、澳大利亚、新西兰、冰岛
1990—1999 年	以色列
2000 年以后	韩国、智利
2017 年尚未进入老龄化社会	土耳其、墨西哥

资料来源：笔者根据世界银行数据库数据整理。

第二节 OECD 国家的人口老龄化对出口贸易结构的影响

一、计量模型设定

前文理论模型证明一国人口老龄化程度提高，将促进该国资本密集型产品的出口，减少该国劳动密集型产品的出口，因此本书采用资本密集型产品与劳动密集型产品的比表示一国出口产品结构，一国老龄化程度越高，该国出口产品中资本密集型产品与劳动密集型产品的比率越高。出口产品结构可表示为人口老龄化的函数：$stru=f(aging)$。

设定计量模型如下：

$$stru_{it}=\beta_0+\beta_1 aging_{it}+\beta_2 C_{it}+u_i+\varepsilon_{it} \tag{6-1}$$

其中，i 代表国家，t 代表时间。$stru_{it}$ 为 i 国 t 年的出口产品结构，

$aging_{it}$为 i 国 t 年的人口老龄化程度，用 65 岁及以上人口占总人口的比例衡量，C_{it}为控制变量，$u_i+\varepsilon_{it}$为扰动项，其中不可观测的随机变量 u_i 是代表个体异质性的截距项，ε_{it}为随时间和个体而改变的扰动项。

本书拟选取以下变量作为控制变量：

第一，人均 GDP。一国人均 GDP 高低是该国经济发展水平的重要标志，人均 GDP 高的国家将有更多的资本存量、更高的研发水平和更高的教育投入。因此，人均 GDP 高时该国出口产品中资本密集型产品占比较高，预计该系数为正。

第二，外商直接投资。外商直接投资是衡量一国对外开放程度的重要指标。一国通过外商直接投资可获得如下好处：一是引进技术含量较高的资本和加工工艺；二是引进先进技术；三是引进先进管理经验；四是引进先进研发经验，并通过技术扩散和技术竞争提高本国企业的管理能力、科研能力和技术水平。外资企业可通过直接和间接两个渠道提高一国的出口比较优势，直接渠道是指由于东道国引进的外商企业拥有较高的技术水平，生产的产品技术含量较高，所以外资企业在本国直接设厂生产产品再出口，可直接提升东道国的出口比较优势。间接渠道主要包括水平效应和垂直效应，水平效应是指外资企业通过示范、竞争和人员流动等效应实现技术溢出，促进国内企业技术水平提升，进一步提升出口结构。垂直效应是指外资企业通过使用中间投入品和提供中间投入品与上下游国内企业建立联系，通过技术溢出帮助上下游企业提高出口产品质量，增加资本密集型产品的出口比重。

第三，资本存量。按赫克歇尔—俄林定理，如果一国某种要素禀赋充裕，则该国密集使用该要素生产的产品在国际市场上就具有价格优势。因此，人均资本存量越高，则该国资本密集型产品在国际市场上越具竞争力，从而有利于提升资本密集型产品的出口。

第四，人力资本水平。人力资本水平用高等教育入学率表示，在人口总数变化幅度不大的前提下，一国高等教育入学率越高，说明接受高等教育的人口越多，人力资本水平越高。一国劳动力教育水平高将提高该国劳动效率，提升研发水平；又由于受过高等教育的劳动力成本普遍较高，所以人力资本提升将促进资本密集型产品的出口。同时，由于受过高等教育的毕业生更倾向于在资本密集型行业就业，且其劳动力成本较高，所以不利于劳动密集型产品的出口。

第五，研发支出。研发支出提高将促进本国高技术产品的研究和生产，但是否能促进当期资本密集型产品的出口具有不确定性。因为一国刚刚研发的新技术、新产品不会直接出口至国外，通常在本国使用一段时间后，技术处于下降期时再对外出口，所以研发支出对出口结构的影响可能会滞后。

第六，汇率指数。汇率变化将影响一国的产品出口，本币兑外币汇率升高，将有利于本国产品出口，但汇率冲击对资本密集型产品和劳动密集型产品的影响略有不同。Auer（2009）认为，一国货币升值，该国出口产品的构成就会向更高质量、更昂贵的商品转移，从而更有效地促进该国资本密集型产品的出口，有利于出口结构优化升级。Zhang（2017）等对中国本土企业的研究也证实了这一结论。但也有学者提出不同意见，王宇雯（2009）基于中国的月度数据研究发现，人民币实际汇率及其波动率对于资本技术密集型产品与劳动密集型产品出口相对结构的影响并不一致，且在汇改前后又有不同，汇率对资本密集型产品出口相对结构的长期影响为负，不利于出口结构升级。

第七，通货膨胀率。通货膨胀率越高，货币贬值不利于储蓄，所以居民会增加目前的消费，减少储蓄，社会资本存量将减少，不利于资本密集型产品的出口。

二、数据来源

根据 Lall（2000）的分类建议，将制成品分为资源依赖型、高技术含量产品、中技术含量产品以及低技术含量产品等（见表 6-2），由于资源依赖型产品的出口能力与本国资源禀赋关系较大，而受生产技术、资本存量等的影响较小，所以统计出口结构时将此类产品排除。制成品中的高技术含量产品与中等技术含量产品在研发生产时需要较高的技术水平和资本投入，因此将此类产品归为资本密集型产品而将低技术含量产品归为劳动密集型产品。

根据 Lall（2000）对商品的分类，对照 HS92 编码，将 HS 编码为 37、85、88、90 的 4 类产品归入高等技术类产品，HS 编码为 28、29 等的 31 类产品归入中等技术类产品，HS 编码为 39 等的 20 类产品归入低技术类产品。根据联合国贸易数据库经计算得到出口产品结构。

表 6-2　出口产品技术分类

分类		举例
初级产品		新鲜水果，肉类，米，可可，茶，咖啡，木材，煤，原油，天然气
制成品		
资源依赖型	农业/林业类产品	预加工的肉类/水果，饮料，木制品，植物油
	其他资源依赖类产品	精矿，原油/橡胶类产品，水泥，切割宝石，玻璃制品
低技术含量产品	LT1 纺织服装类	纺织物，服装，头饰，鞋类，皮革制品，旅行产品
	LT2 其他	陶器，简单金属部件，家具，珠宝，玩具，塑料制品
中技术含量产品	MT1 汽车产品	客车及零部件，商用车，摩托车及零部件
	MT2 制作过程为中等技术类产品	合成纤维，化工油漆，化肥，铁制品，塑料制品，管道制品
	MT3 工程类产品	发动机，电动机，工业机械，泵，开关设备，船舶，手表
高技术含量产品	HT1 电子/电气类	办公/数据处理/电信设备，电视，晶体管，涡轮发电设备
	HT2 其他类	制药类，航空航天，光学/测量仪器，照相机
其他交易品		电类产品，电影制品，印刷品，特殊交易类产品如黄金，艺术品，铸造品，宠物

资料来源：Lall S. The Technological Structure and Performance of Developing Country Manufactured Exports，1985-1998 [J]. Oxford Development Studies，2000，28（3）：337-369.

考虑到各国汇率变化，人均 GDP 用美元现价表示，单位为万美元；研发支出为系统性创新工作的经常支出和资本支出占 GDP 的百分比，既包括国家支出，又包括私人支出；资本存量用资本形成总额占 GDP 的百分比表示；人力资本用高等教育总入学率衡量，世界银行数据库统计总入学率为大学（ISCED 5 和 ISCED 6）入学百分比，是指不论年龄大小，大学（ISCED 5 和 ISCED 6）在校生总数占中学之后五年学龄人口总数的百分比，考虑到有低于入学年龄提前入学或延迟入学导致的延迟毕业，因此高等教育入学率有时大于 1；汇率指数使用实际有效汇率指数，实际有效汇率指名义有效汇率（本币价值与美元之比的衡量方法）除以平减物价指数或成本指数，将 2010 年汇率指数设为基期，其值为 100，其他年份与 2010 年数值相比得汇率指数；FDI 为每年外国直接投资净流入与 GDP 的百分比，采用流量数值而非存量数值，因为每年产品出口结构与当年外贸相关，而与多年前的外商投资关系不大，因某国每年外商对其增加的投资额可能小于外商撤资额，所以 FDI 存在负值；通货膨胀率采用按 GDP 平减指数衡量的通货膨胀率（年通胀率）。人均 GDP、研发支出、资本形成总额、高等教育入学率、汇率指数、通货膨胀率、FDI 等数据来源于世界银行数据库。

1999—2004 年奥地利的高等教育入学率数据缺失，后根据联合国数据库（UNDATA）整理得到，斯洛文尼亚汇率指数数据缺失，世界银行数据库中提供有 PPP 转换因子及 PPP 转换因子与市场汇率的比率，由以上两个数据推算出 1994—2017 年的市场汇率，并将 2010 年的市场汇率取值 100，其他年份的市场汇率与 2010 年的市场汇率相除得到当年的市场汇率指数。德国、加拿大、瑞士、卢森堡、新西兰等国由于高等教育入学率数据严重缺失，且无法通过有效途径获取，故在回归时将这五个国家剔除。意大利和智利缺少研发支出数据，比利时的研发数据仅有 2002 年以后的，以上三个国家也从回归中删除，数据库中少量缺失数据采用指数平滑法计算得到，最后选取 OECD 国家中的 28 个国家 1996—2016 年的平衡面板数据计算，表 6-3 为样本数据特征。

表 6-3　样本数据特征

变量名	符号表示	样本容量	平均值	标准差	最小值	最大值
出口结构	stru	588	10.3890	10.8672	0.6836	75.0553
老龄化程度	aging	588	14.5424	3.7065	4.7268	26.5646
资本存量	pk	588	23.8609	4.6382	9.8189	41.5384
外商直接投资	fdi	588	4.7378	8.3496	-15.9892	86.5891
研发支出	rd	588	1.7392	1.0275	0.2507	4.4277
人力资本	edu	588	63.6586	19.6573	16.5788	120.9657
人均 GDP	gdp	588	2.7693	1.8419	0.2328	10.2914
汇率指数	exrate	588	100.1263	16.7072	50.0263	200.9607
出生率	birthrate	588	12.1140	3.5776	7.6000	25.8990
死亡率	deathrate	588	9.1025	2.3871	4.5920	15.0000
预期寿命	life	588	77.7502	3.4398	67.5700	83.9849
高技术占比	dht	588	21.0588	8.7534	4.1420	51.3797
中等技术占比	dmt	588	64.0724	10.9546	30.6267	92.7728
低技术占比	dlt	588	14.8688	10.5834	1.3148	59.3950
通货膨胀率	inflation	588	3.9301	8.0376	-4.4781	85.6694
劳动供给	labor	588	66.9843	2.6654	59.5151	73.7515
储蓄率	saving	588	24.3739	6.58	8.3309	56.6507

注：表中除出口结构、人均 GDP、汇率指数、预期寿命外，其余数据均为百分数。

三、主检验回归结果分析

本书首先对主要命题进行检验，即人口老龄化程度高的国家或地区将倾向于出口资本密集型产品，按此命题，人口老龄化程度系数应为正。然后进行中介变量检验、稳健性检验等其他与模型相关的命题检验。

（一）回归结果

有些经济理论认为，由于惯性或部分调整，个体的当前行为取决于过去行为，如消费、投资等，一国产品出口结论亦是如此。一般情况下，一国签订的出口合同执行期往往不止一年，对于资本密集型产品的出口，合同执行期可能更长，所以，一国在某年的产品出口结构往往与过去一年的出口结构有较大联系，存在一定的惯性，为此本书在回归模型中加入被解释变量的滞后期，使用动态面板模型。本次选择的面板数据中，截面个数为 28，时间序列长度为 21，考虑到面板数据的平稳性，采用差分 GMM 动态面板方法。差分 GMM 动态面板首先做一阶差分以消去个体效应，同时，被解释变量与解释变量都采用差分形式进行估计，最大限度地减少了数据的不平稳性，使模型结果更可靠。

按前文理论模型结论，人口老龄化程度与产品出口结构呈现正相关关系，为验证此命题的正确性，本书采用对控制变量逐个代入的方式，考察在控制相应变量后二者之间的关系，回归结果见表 6-4。

表 6-4　差分 GMM 回归结果

	(1) stru	(2) stru	(3) stru	(4) stru	(5) stru
L. stru	0.843*** (0.0202)	0.842*** (0.0159)	0.831*** (0.0340)	0.846*** (0.0492)	0.832*** (0.0606)
aging	0.0878*** (0.00886)	0.0702*** (0.0132)	0.0638*** (0.0211)	0.132*** (0.0254)	0.0544* (0.0250)
pk	0.225*** (0.00300)	0.201*** (0.00366)	0.185*** (0.00771)	0.189*** (0.0106)	0.183*** (0.00994)
fdi		0.0408*** (0.00115)	0.0373*** (0.00156)	0.0387*** (0.00275)	0.0381*** (0.00257)
edu			0.0211*** (0.00156)	0.00982* (0.00518)	0.0105* (0.00552)
rd			-0.787*** (0.161)	-1.151*** (0.212)	-1.370*** (0.258)
exrate				0.0366*** (0.00437)	0.0267*** (0.00355)

续表

	(1) stru	(2) stru	(3) stru	(4) stru	(5) stru
gdp					0.00108*** (0.000305)
cons	-4.788*** (0.127)	-4.163*** (0.165)	-3.722*** (0.305)	-7.244*** (0.394)	-5.556*** (0.613)
N	530	530	530	530	530
Sargan	0.8870	0.8889	0.9527	0.9423	0.9426
AR（1）	0.0496	0.0396	0.0426	0.0480	0.0466
AR（2）	0.1452	0.1520	0.1386	0.1434	0.1362

注：括号内为标准误，***、*分别表示1%、10%的显著性水平。

（二）结果分析

由表6-4可以看出，随着控制变量的逐步代入，各变量系数较为一致，人口老龄化程度与出口产品结构呈现正相关关系且较为稳定，人口老龄化程度aging的系数均为正，而且绝大部分系数都通过了1%的显著性检验。对工具变量过度识别检验的结果显示以上回归结果都在5%显著性水平上，无法拒绝“所有工具变量均有效”的原假设。另外，作为一致性估计，差分GMM能够成立的前提是，扰动项不存在自相关。结果显示，扰动项的差分存在一阶自相关，但不存在二阶自相关，由于无法拒绝“扰动项不存在自相关”的假设，所以表6-4的回归结果为一致性估计。下面以表6-4的回归结果为例对各系数的意义进行详细说明。

第一，在以上所有回归中，被解释变量的一阶滞后项都在1%的水平上显著为正，且系数值较大，最高达0.846，但如果在模型中增加被解释变量的二阶滞后项，则二阶滞后项不显著，这说明产品出口结构具有较强的持续性，每年的产品出口中，资本密集型产品所占比重受上年影响较大，但受前年的影响较小。这也说明了采用动态模型使用一阶滞后项的合理性。

第二，随着控制变量的逐个加入，人口老龄化的系数大多在 1%的水平上显著为正，这印证了前文理论模型主要结论命题 3 的正确性。本书选取的样本为 OECD 国家，这些国家大部分为发达国家，制度完善，进入老龄化社会的时间较早且目前的人口老龄化程度相对较高，所以，基于 OECD 国家的样本计量结果具有一定的代表性。一方面，随着人口老龄化程度的增加，适龄劳动人口减少，劳动力供给不足，在对劳动需求一定的情况下，造成劳动力工资较高，不利于劳动密集型产品的生产和出口；另一方面，由于老年时期工资较低，年轻时期工资较高，所以人口老龄化程度高的国家预防性储蓄较高，相应地，资本存量充裕，利率较低，有利于资本密集型产品的生产和出口。因此，一国老年人口占比较高通过影响一国劳动力和资本的相对禀赋从而促进资本密集型产品的生产和出口。

第三，资本形成系数在 1%水平上显著为正，系数在 0.2 左右。说明资本形成总额占 GDP 的百分比每增加 1 个百分点，资本密集型产品与劳动密集型产品的比将提高 0.2。这也解释了赫克歇尔—俄林理论：一国出口密集使用该国丰裕要素生产的产品，而进口使用相对稀缺的要素生产的产品。一国资本形成总额增加，该国资本要素相对充裕，所以资本密集型产品的出口增加。

第四，外资流入能显著促进资本密集型产品的出口。跨国公司出于降低成本的考虑在全球布局生产网络，在东道国生产后会选择重新出口到母国，与其出口贸易形成互补。而且跨国公司由于技术水平较高，通常生产的是资本密集型产品，通过集约边际（加大原有出口篮子中资本密集型产品的出口数量和份额）和扩展边际（将更多种类的资本密集型产品引入出口篮子）对一国的出口产生影响，优化贸易结构。此外，跨国公司也会通过水平效应和垂直效应对当地企业形成技术溢出，促进东道国资本密集型产品的生产和出口。

第五，高等教育入学率系数显著为正。高等教育是提高人口素质，提升人力资本的重要途径，高等教育重在培养拥有专业技术知识的高层次人才，接受过高等教育的劳动力拥有较高的技术水平和研发能力，是社会劳动力中的高层次人才，也是一国研发的主力军。高等教育入学率的提高将增加高层次劳动力的供给，提高一国的劳动效率、管理水平和研发能力，提高资本密集型产品的生产能力，进而带动资本密集型产品的出口。

第六，研发支出系数显著为负。这是因为：首先，研发本身需要投入大量资金，在一国或地区资本总量一定的情况下，资本密集型产品的生产与出口会受到一定的影响。其次，研发成果未必用于出口，一般而言，当一国或地区研发出新技术时不会马上把该技术生产的产品用于出口，而是先自己使用，当该技术完全成熟没有太大的保密价值时再用于出口。最后，技术创新失败的概率较大，虽然投入了大量资金用于研发，但新技术未必会被研发出来。综上所述，研发支出的增加未必会带来资本密集型产品的出口随之增加，而有可能呈负相关关系。

第七，汇率指数为正，说明本币相对外币的价值增加，出口产品中资本密集型与劳动密集型产品的比将提升。一国汇率增加，本币相对外币的价值提高，同样价值的商品出口到国外，如果采用同等外币计价，则其对应的人民币价值减少，不利于商品出口，但由于劳动密集型产品的出口弹性更大，这种不利因素对劳动密集型产品的出口影响更大。因此，劳动密集型产品的出口下降幅度更大，所以资本密集型产品与劳动密集型产品出口的比重将增加。

第八，人均 GDP 系数显著为正，但系数值较小，人均 GDP 每提高 100 万美元，出口产品中资本密集型与劳动密集型产品的比约增加 0.1。因一国经济发展水平越高，则该国将有更多经费用于公共基础设施建设、基础研究以及公共教育支出等，提升该国的整体技术水平，从而更有利于资本密集型产品的出口。

从模型设定的可信度看，所有检验均通过了 SARGAN 检验，无法拒绝

“所有工具变量都为有效变量” 的原假设，且残差不存在自相关，说明本书结论基本可信。为进一步验证模型的有效性，接下来对模型影响机制及稳健性进行检验。

四、中介变量检验

上文的实证检验证实了本书理论模型结论的正确性，本部分内容将对人口老龄化对出口结构的影响机制，即中介变量进行检验。

第四章论述了人口出生率下降和预期寿命延长是人口老龄化的两大因素，人口出生率通过影响劳动力供给、预期寿命通过影响储蓄率从而影响出口结构，本部分将对作为中介变量的劳动力供给和储蓄率进行检验。

（一）人口出生率下降及预期寿命延长将影响劳动力供给和储蓄率

1. 人口出生率下降减少劳动力供给

人口出生率下降，新出生人口减少，当该批人口成长为劳动力后，将直接减少社会劳动人口数量，因果关系显而易见，因此本书对此部分不予检验。

2. 预期寿命延长提高储蓄率

计量模型设定如下：

$$saving_{it}=\beta_0+\beta_1 life_{it}+\beta_2 C_{it}+\mu_i+\varepsilon_{it} \tag{6-2}$$

被解释变量 $saving_{it}$ 为储蓄率，用一国每年总储蓄占 GDP 的百分比表示，解释变量 $life_{it}$ 为预期寿命，C_{it} 为控制变量，借鉴高宏（2019）、吉黎（2019）等的经验，本书选取经济发展水平（人均 GDP）和通货膨胀率为控制变量。由于储蓄率受上一期影响较大，本书控制变量仍加入储蓄率的滞后期，为检验结果的稳健性，计量方法分别采用差分 GMM 和系统 GMM，回归结果见表 6-5。

表 6-5 预期寿命对储蓄率影响的实证结果

	(1) saving 差分 GMM	(2) saving 系统 GMM
L. saving	0.497*** (0.0248)	0.936*** (0.0309)
life	0.130** (0.0466)	0.154*** (0.0279)
gdp	0.182** (0.0840)	0.150** (0.0519)
inflation	-0.131*** (0.0145)	-0.119*** (0.00525)
cons	1.245 (3.224)	-11.19*** (2.331)
N	530	559
Sargan	0.9988	1
AR (1)	0.0005	0.0005
AR (2)	0.112	0.067

注：括号内为标准误，***、**分别表示1%、5%的显著性水平。

根据生命周期假说，预期寿命的增加使得理性的人在年轻时期增加储蓄，从而提高一国储蓄率，预期寿命与一国储蓄率正相关，由表 6-5 可知，实证结果中预期寿命系数为正且在 5%水平上显著，与前文结论一致。此外，人均 GDP 系数显著为正，说明经济发展水平越高，收入越高，储蓄率也随之提升。通货膨胀系数显著为负，说明通货膨胀率越高，居民预期将来货币贬值严重，为保持已有收入的购买力，居民将增加当前消费，因此会对储蓄不利。

（二）劳动力供给及储蓄率变化对出口结构的影响

1. 劳动力供给对出口结构的影响

计量模型为：

$$stru_{it} = \beta_0 + \beta_1 \, labor_{it} + \beta_2 C_{it} + u_i + \varepsilon_{it} \tag{6-3}$$

labor为劳动力供给，用15~64岁的劳动人口占总人口的比重表示（采用百分数）。前文分析劳动力供给减少时，不利于劳动密集型产品的生产和出口，劳动力供给与出口结构负相关。表6-6第（1）列和第（2）列分别为采用差分GMM和系统GMM的回归结果，由表6-6可以看出，劳动力供给系数为负，说明labor数值越低，社会中劳动年龄人口占比越低，劳动力供给紧张，劳动力价格将上升，因此不利于大量使用劳动力的劳动密集型产品的生产和出口，而劳动力减少对资本密集型产品的影响较少，所以，出口产品中资本密集型与劳动密集型产品的比将增加，出口结构stru将增加。表6-6中控制变量系数也与表6-4基本一致，此处不再赘述。

表6-6　劳动力供给及储蓄率对出口结构影响的回归结果

	(1) stru 差分GMM	(2) stru 系统GMM	(3) stru 差分GMM	(4) stru 系统GMM
L. stru	0.839*** (0.00500)	1.019*** (0.00400)	0.799*** (0.0377)	0.971*** (0.00333)
labor	-0.110*** (0.0260)	-0.502*** (0.0334)		
saving			0.0894*** (0.00572)	0.0254*** (0.00240)
fdi	0.0353*** (0.00131)	0.0761*** (0.00387)	0.0381*** (0.00109)	0.112*** (0.00174)
rd	-0.535*** (0.135)	0.0862 (0.140)	-1.072*** (-0.140)	0.239*** (0.0914)
edu	0.0265*** (0.00244)	-0.00157 (0.00318)	0.0255*** (0.00234)	-0.000710 (0.00146)
exrate	0.0764*** (0.0120)	0.0631*** (0.00251)	0.0244 (0.0147)	0.0395*** (0.0104)
cons	2.768 (1.770)	23.85*** (2.400)	-0.190 (-0.0166)	-1.272*** (0.241)
N	530	559	530	559
Sargan	1	0.9575	0.9040	1

续表

	(1) stru 差分 GMM	(2) stru 系统 GMM	(3) stru 差分 GMM	(4) stru 系统 GMM
AR（1）	0.0377	0.0368	0.0450	0.0341
AR（2）	0.1463	0.1229	0.1615	0.1762

注：括号内为标准误，***表示1%的显著性水平。

2. 储蓄率对出口结构的影响

该部分实证模型仍采用式（6-3），只是将式（6-3）中的解释变量改为储蓄率，储蓄率用一国国内总储蓄占 GDP 的比表示。储蓄率越高，该地区资本存量越高，因此将有利于密集使用资本这一生产要素的资本密集型产品的出口，故储蓄率与出口结构正相关。表6-6第（3）列、第（4）列为分别采用差分 GMM 和系统 GMM 的回归结果，由结果可以看出，储蓄率系数在1%水平上显著为正，与前文结论一致。

（三）出生率、死亡率及预期寿命对出口结构影响的实证分析

前文分析，人口出生率及预期寿命通过改变劳动力及资本存量的相对比较优势而改变一国出口结构，表6-7为采用差分 GMM 对人口出生率（birthrate）、死亡率（deathrate）及预期寿命（life）对出口结构影响进行实证分析的结果。从实证结果可以看出，人口出生率和死亡率系数显著为负，人口预期寿命系数显著为正，说明人口出生率和死亡率与出口产品中资本密集型与劳动密集型产品的比负相关，人口预期寿命与出口结构正相关。

表6-7　出生率、死亡率及预期寿命对出口结构影响的回归结果

	(1) stru	(2) stru	(3) stru
L. stru	0.852*** (0.00882)	0.703*** (0.00252)	0.726*** (0.00559)
birthrate	-0.118*** (0.0363)		

续表

	(1) stru	(2) stru	(3) stru
deathrate		-1.170*** (0.0968)	
life			0.325*** (0.0346)
pk	0.213*** (0.00770)	0.207*** (0.00535)	0.203*** (0.00807)
fdi	0.0457*** (0.00194)	0.0476*** (0.00226)	0.0523*** (0.00275)
rd	-1.428*** (0.297)	-0.120 (0.0817)	-0.718** (0.306)
exrate	0.0309*** (0.00328)	0.0183*** (0.00351)	0.0241*** (0.00311)
edu	0.0188*** (0.00436)	0.0116*** (0.00412)	-0.00180 (0.00356)
cons	-3.952*** (0.777)	6.098*** (1.093)	-28.62*** (2.377)
N	530	530	530
Sargan	1	0.9996	0.9999
AR (1)	0.0312	0.0322	0.0287
AR (2)	0.1462	0.1567	0.1461

注：括号内为标准误，***、**分别表示1%、5%的显著性水平。

五、稳健性检验

上文采用动态面板 GMM 方法证实了人口老龄化与出口结构的正相关关系，但该结论是否稳定尚有待检验，本部分内容通过改变计量方法、改变被解释变量与解释变量的表达等方法重新回归，以对结论的稳健性进行检验。

1. 改变计量方法

上述动态面板采用了 GMM 两步法，为做对比，本部分首先使用 2SLS

进行回归，结果见表6-8第（1）列。

表6-8 采用不同计量方法的回归结果

	(1) 2SLS stru	(2) PCSE stru	(3) FGLS stru	(4) 全面 FGLS stru
L. stru	0.839*** (0.0178)	0.871*** (0.0619)	0.817*** (0.0681)	0.849*** (0.0237)
aging	0.0978* (0.0514)	0.0702* (0.0398)	0.0424* (0.0247)	0.0262 (0.0268)
fdi	0.0382*** (0.0118)	0.0446** (0.0186)	0.0365** (0.0171)	0.00943* (0.00552)
pk	0.199*** (0.0309)	0.0977*** (0.0364)	0.126** (0.0494)	0.0157* (0.00818)
rd	-1.11*** (0.448)	-0.222 (0.594)	-0.193 (0.597)	-0.196 (0.140)
exrate	0.0282*** (0.00971)	0.00868 (0.00673)	0.0132 (0.00860)	0.000489 (0.00225)
gdp	0.657*** (0.242)	0.128* (0.0765)	0.255** (0.100)	0.0571 (0.0407)
2. id1		-1.078** (0.480)	-1.390*** (0.488)	-0.882*** (0.256)
3. id1		-0.879* (0.479)	-0.963** (0.451)	-0.551** (0.219)
5. id1		-1.473 (0.903)	-1.789** (0.890)	-0.752 (0.635)
6. id1		-0.977** (0.462)	-1.154*** (0.416)	-1.003*** (0.249)
7. id1		-2.106* (1.136)	-2.367** (1.199)	-0.988** (0.461)
9. id1		-0.930 (0.610)	-1.020* (0.568)	-0.843*** (0.208)
N	530	559	559	559
R^2		0.573	0.572	

注：为节省篇幅，本表只列出部分个体虚拟变量的回归结果。括号内为标准误，***、**、*分别表示1%、5%、10%的显著性水平。

另外，动态面板差分GMM先对变量做一阶差分，差分后的变量有效地减少了面板单位根问题，因此上述模型回归之前不再进行单位根检验。但是对变量进行一阶差分的同时也消去了变量的个体效应。通过观察 OECD 国家产品出口结构的趋势（见图 6-2），可以发现各个国家出口结构走势存在较大差距，有的国家走势很平稳，如美国、奥地利、法国等，有的国家出口结构呈上升趋势，如以色列、韩国、荷兰等，而有的国家出口结构则呈下降趋势，如瑞典。因差分 GMM 未能考虑截面差异，为全面考虑每个国家的个体特征，本书使用静态面板分析方法重新回归，以与前文结论做一对比。

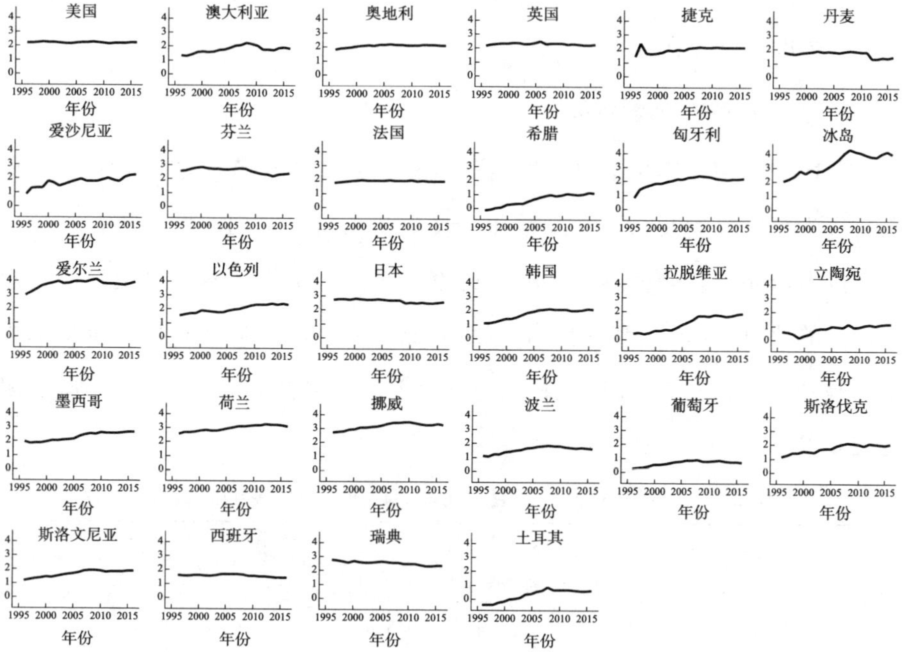

图 6-2　28 个 OECD 国家的出口结构趋势

静态面板常用的固定效应（FE）模型假设扰动项同分布，对于短面板，由于时间维度 T 较小，每个个体的信息较少，故一般假设扰动项独立同分布。但本书选择的样本中 N=28，T=21，截面个数与时间长度比较相近，信息较多，因此应考虑可能存在的异方差与自相关，为此使用存在组间异方差或组间同期相关的面板校正标准误（PCSE）进行回归。同时，为考虑不同国家之间的个体信息，实证模型中允许每个国家拥有自己的截距项，回归模型中加入每个国家个体以考虑不同的截面信息，回归结果见表6-8第（2）列。另外，由于一国老龄化程度、研发支出等变量具有延续性，组内可能存在自相关，所以再使用解决组内自相关的静态面板FGLS方法及同时解决组间异方差、组间同期相关、组内自相关的全面FGLS方法进行回归，以做对比，结果如表6-8所示。

由表6-8可以看出，不管是采用静态面板分析方法还是动态面板分析方法，aging及其他控制变量的系数和显著性均无太大改变，说明人口老龄化影响一国产品出口结构的结论真实可靠，而且大多数个体虚拟变量均很显著，说明存在个体效应。

2. 改变被解释变量指标

上述分析中，产品出口结构用资本密集型产品与劳动密集型产品的比衡量，为验证模型及结论的可靠性，改变产品出口结构的衡量指标，分别用高技术产品出口额占总出口额的比重（dht）、中等技术产品出口额占总出口额的比重（dmt）和低技术产品出口额占总出口额的比重（dlt）来衡量，验证三个指标随人口老龄化程度的变化而变化的情况，回归结果见表6-9。

表6-9　各类型产品出口额占比与人口老龄化关系的回归结果

	(1) dht	(2) dmt	(3) dlt
L.	0.712*** (0.0395)	0.536*** (0.0804)	0.900*** (0.00801)
aging	0.209*** (0.0704)	0.499*** (0.167)	-0.0972*** (0.0350)
pk	0.0686* (0.0412)	0.0740 (0.0543)	-0.0632*** (0.00911)
fdi	0.0207** (0.00828)	-0.0199 (0.0259)	-0.00827** (0.00322)

续表

	(1) dht	(2) dmt	(3) dlt
rd	0.311 (0.845)	−0.514 (0.639)	0.650** (0.276)
edu	0.0305** (0.0136)	0.155*** (0.0197)	0.00431* (0.00240)
gdp	−0.214 (0.192)	0.207 (0.229)	−0.0739* (0.0434)
cons	0.738 (1.734)	49.99*** (3.272)	2.310*** (0.762)
N	530	588	530
R^2		0.1078	
Sargan	0.9160		0.9324
AR（1）	0.0168		0.0023
AR（2）	0.7809		0.5500

注：括号内为标准误，***、**、*分别表示1%、5%、10%的显著性水平。

表6-9第（1）列和第（3）列为采用动态面板差分 GMM 的回归结果，dmt 采用动态面板差分 GMM 回归后，对其残差进行检验时，一阶残差 p 值较大，在5%的显著性水平上不能接受“扰动项无自相关”的原假设，动态面板差分 GMM 方法不适用，故转而使用加入滞后项的静态面板模型，经豪斯曼检验 p 值为1，因此使用随机效应模型，表6-9第（2）列为静态面板的回归结果。

由表6-9可知，高技术产品占比与中等技术产品占比与人口老龄化程度均为正相关关系，说明人口老龄化程度提高时，其出口产品中高技术产品占比与中等技术产品占比均有所提高，但表6-9第（2）列的人口老龄化系数大于第（1）列，说明同样的人口结构变化对中等技术产品的影响更大。这是因为高技术产品的生产和出口需要投入大量资本如研发费用、较高的技术水平等，所以其对一国整体技术水平和研发能力有更强的依赖，且这类产品常被国家控制，受人口结构变化以及储蓄水平变化等经济环境变化的影响较小。而中等技术产品虽然也要求较高的技术水平，但远逊于高技术产品，中等技术水平厂商多为中小企业，受外界环境的影响较大，故当人口老龄化程度提高时该类产品的生产和出口会随之增加，且人口结构变化对此类产品的影响较大。低技术产品出口额占比与人口老龄化程度负相关，说明随着人口老龄化程度的提高，出口产品中劳动密集型产品占比将有所下降。低技术产品属于劳动密集型产品，其往往要求更多劳动而非资本，人口老龄化程度提高时劳动力供给减少对该类产品的生产和出口是不利的，故其出口随着老龄化程度的提高而下降。

由于本书借鉴 Lall（2000）的分类，将高技术产品和中等技术产品归为资本密集型产品，而将低技术产品归为劳动密集型产品。即资本密集型产品的出口随人口老龄化程度的提高而增加，劳动密集型产品出口随人口老龄化程度的提高而减少。

对于其他控制变量，资本存量与高技术和中等技术产品出口额占比正相关，与低技术产品出口额占比负相关。由于高技术产品与中等技术产品同属于资本密集型产品，更易受资本存量的影响，所以资本形成总额增加，资本存量增加，更有利于资本密集型产品的出口。

外商直接投资仅能显著影响高技术产品出口额占比，对中等技术产品出口的影响不显著，与低技术产品出口额负相关，因为 OECD 国家本身技术较为先进，各国引进的外商直接投资的领域多为高科技产业，所以外商直接投资的增加将提高高技术产品出口额的占比。

研发支出对高技术产品和中等技术产品的影响不显著，因为此类产品一般研发周期较长，当期投入的研发经费未必能在当期直接产生效应，且即使研发成果转换为生产技术后，国家出于对高新技术保护的需求也限制高技术产品的出口，只有当该项技术较为普及后才允许此类产品的出口，研发经费的投入具有滞后性。但劳动密集型产品的研发周期较短，且国家对此类产品的保护较少，因此回归结果中劳动密集型产品的研发支出系数为正。

高等教育入学率与三类产品均为正相关关系，说明高等教育入学率的提高，可通过提高一国劳动人口素质进而提高研发能力和技术水平，提升劳动效率和劳动技能，使机器代替劳动，从而提升各类产品的边际产出，节约投入成本，有利于各类产品的生产与出口。

人均 GDP 对中高技术产品的影响不显著，与低技术产品的出口负相关。即一国人均 GDP 越低，经济水平越落后，该国的技术水平和竞争力难以与发达国家竞争，但经济落后地区的劳动力工资一般也较低，在全球产业分工中，其劳动密集型产业的生产更具优势，所以更倾向于出口劳动密集型产品。

从以上结果可以看出，不管是采用何种计量模型和方法，或是采用不同的指标衡量出口产品结构或人口老龄化程度，回归结果均无太大变化，人口老龄化程度的系数均显著为正，说明人口老龄化程度提高通过增加资本积累和提高劳动力工资而促进资本密集型产品的生产和出口，资本形成总额、人均 GDP、外商直接投资、高等教育入学率、一国货币兑外币的汇率与产品出口结构正相关，通货膨胀率与研发支出比例与产品出口结构负相关。

综合上述分析，研究结论对于不同的实证方法和衡量指标都是稳健的，因此可以得出结论：人口老龄化程度高的国家资本要素充裕，在资本要素方面拥有比较优势，有利于资本密集型产品的生产和出口，而人口老龄化程度低的国家在劳动力要素上拥有比较优势，更倾向于劳动密集型产品的生产和出口。

六、内生问题处理

在研究人口老龄化与出口产品结构相关问题时，有学者认为人口老龄化应为内生变量，在一定程度上人口年龄结构将会受出口结构的影响（钟水映，2016；王有鑫，2014）。但笔者通过梳理相关文献发现目前主流观点认为人口老龄化程度主要受人口出生率、死亡率及预期寿命影响，而人口出生率、死亡率及预期寿命通常受妇女受教育程度、抚养孩子成本、经济发展水平、医疗保健普及程度等因素的影响，几乎不受出口结构的影响，故本书采纳主流观点，在本部分计量模型中认定人口老龄化为外生变量。但由于资本密集型产品的利润率高于劳动密集型产品的利润率，当出口产品结构提升时，一国 GDP 可能会有所增加，同时会改善一国对外开放环境，吸引更多的外资企业前来投资，国内企业也会增加研发经费，所以在控制变量中，人均 GDP、研发支出和 FDI 流入为内生变量。为解决内生性问题，分别采用以上三个变量的二阶滞后项作为工具变量，再次采用差分 GMM 对其回归，观察系数变化。表 6-10 第（1）列至第（3）列分别为将研发支出、外商直接投资、人均 GDP 设为内生变量的回归结果。

表 6-10　加入工具变量后的回归结果

	(1) stru	(2) stru	(3) stru
L. stru	0.829*** (0.00635)	0.836*** (0.00766)	0.834*** (0.00583)
rd	-1.326*** (0.231)	-1.299*** (0.205)	-1.129*** (0.0459)
aging	0.0399* (0.0228)	0.0982*** (0.0374)	0.0729*** (0.0164)
pk	0.152*** (0.00987)	0.161*** (0.0155)	0.182*** (0.00525)
fdi	0.0410*** (0.00251)	0.0352*** (0.00169)	0.0370*** (0.00246)
edu	0.0186*** (0.00454)	0.0106* (0.00579)	0.0207*** (0.00149)
exrate	0.0184*** (0.00301)	0.0233*** (0.00406)	0.0288*** (0.00114)
gdp	0.00935*** (0.00201)	0.00943** (0.00376)	0.00273*** (0.000381)
cons	-4.295*** (0.553)	-5.409*** (0.697)	-6.267*** (0.456)

续表

	(1) stru	(2) stru	(3) stru
N	529	529	529
SARGAN	1	1	1
AR (1)	0.0372	0.0364	0.0389
AR (2)	0.1568	0.1505	0.1522

注：括号内为标准误，***、**、* 分别表示 1%、5%、10%的显著性水平。

由表 6-10 可以看出，设定工具变量后，不影响回归结果的性质，人口老龄化系数仍显著为正，说明人口老龄化程度高的 OECD 国家其出口产品中资本密集型与劳动密集型产品的比例也高，即该国出口较多的资本密集型产品或较少的劳动密集型产品。另外，由表 6-10 可以看出，除人口老龄化程度外，控制变量的系数也与主回归结果一致，说明设置内生变量后并未改变模型的回归结果。

七、深度人口老龄化对出口结构的影响分析——以日本为例

如上所述，人口老龄化程度的加深，不利于劳动密集型产品的出口，而有利于资本密集型产品的生产和出口。但观察世界上老龄化最为典型、最近几年人口老龄化程度也最高的国家——日本，发现该国 2000 年以后人口老龄化程度虽一直在增加，2000 年日本 65 岁及以上人口占比为 17%，2016 年达 26.56%，但其产品出口结构中资本密集型产品与劳动密集型产品的比率却下降（见图 6-3），本书理论模型以及基于 OECD 国家的实证检验结果表明，人口老龄化程度的加深将有利于资本密集型产品的出口，提升该国出口产品结构，而人口老龄化程度较高的日本缘何出现出口结构的下降趋势？虽然人口老龄化程度的加深有利于资本密集型产品的出口，但当一国人口老龄化程度过高时是否仍对资本密集型产品的出口有利？本书欲对此进行检验。

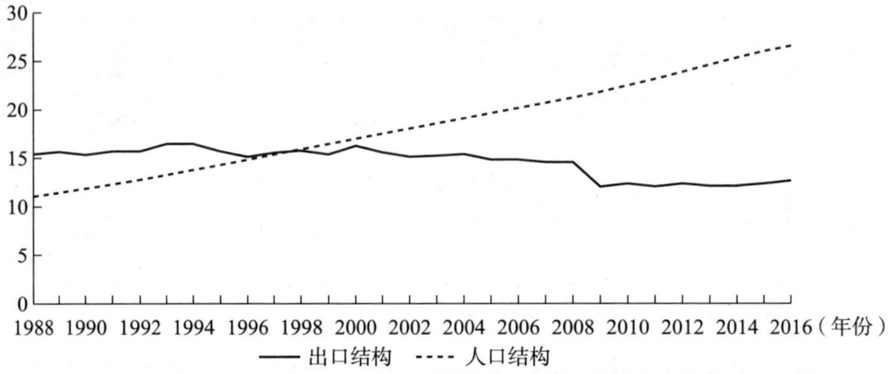

图 6-3　1988—2016 年日本人口结构与出口结构走势

资料来源：出口产品结构数据来源于联合国贸易数据库，人口结构数据来源于世界银行。

为验证人口过度老龄化对产品出口结构的影响，本部分内容以日本为样本，采用其 1988—2016 年的时间序列数据，同时在回归模型中加入人口老龄化程度的二次项，采用最小二乘法对其进行回归分析。模型中变量含义与数据来源同前文，表 6-11 为所用数据特征。

表 6-11　日本样本数据特征

变量名	观测值	均值	方差	最小值	最大值
stru	29	14. 57737	1. 521299	12. 04564	16. 46968
dht	29	27. 17241	3. 43375	22	33
dmt	29	76. 41379	3. 235045	71	80
dlt	29	6. 137931	0. 5808945	5	7
aging	29	18. 24988	4. 720211	11. 06343	26. 56456
$aging^2$	29	354. 5704	176. 8527	122. 3995	705. 676
gdp	29	3. 634987	5. 963256	24. 8133	48. 60348
pk	29	26. 9843	4. 101945	21. 29749	34. 51055
exrate	29	112. 2441	16. 24946	79. 79046	144. 7925
inflation	29	−0. 0870185	1. 37913	−1. 895164	2. 927848
fdi	29	0. 1076329	0. 1460442	−0. 1436049	0. 4993917

注：除 stru、gdp 外，其余数值均为百分数。

在此基础上，建立回归模型

$$stru_t = \beta_0 + \beta_1 \times aging_t + \beta_2 \times aging_t^2 + \beta_3 \times C_t + \varepsilon_t \tag{6-4}$$

其中，$stru_t$ 为 t 年日本的产品出口结构，$aging_t$ 为 t 年日本 65 岁及以上人口占总人口的比重，C_t 为控制变量，ε_t 为随机扰动项，数据来源及意义同前。为评估模型稳健性，在模型中逐次加入控制变量，回归结果如表 6-12 所示。

表 6-12　以日本为样本的回归结果

	(1) stru	(2) stru	(3) stru	(4) stru	(5) stru
aging	0.516** (0.241)	0.733*** (0.237)	1.289*** (0.440)	1.647*** (0.456)	1.404** (0.506)
aging^2	−0.0213*** (0.00643)	−0.0250*** (0.00608)	−0.0366*** (0.00979)	−0.0420*** (0.00968)	−0.0344*** (0.0114)
gdp		−0.692** (0.281)	−0.551* (0.290)	−2.48** (1.03)	−2.31** (1.07)
pk			0.178 (0.120)	0.281** (0.125)	0.363** (0.142)
exrate				−0.0692* (0.0357)	−0.0589 (0.0369)
fdi					0.249 (0.895)
inflation					−0.263 (0.195)
cons	12.71*** (2.151)	12.43*** (1.971)	1.111 (7.848)	8.066 (8.256)	5.818 (8.473)
N	29	29	29	29	29
R^2	0.814	0.851	0.863	0.882	0.892

注：括号内为标准误，***、**、* 分别表示 1%、5%、10% 的显著性水平。

由表 6-12 可以看出，随着控制变量的逐个加入，aging 和 aging^2 的系数无太多变化，并且二者都在 5%的水平上显著，大部分系数在 1%水平上显著，以第（5）列为例，结果可表示为 $stru = 5.818 + 1.404 \times aging - 0.0344 \times aging^2$①，其图像如图 6-4 所示。

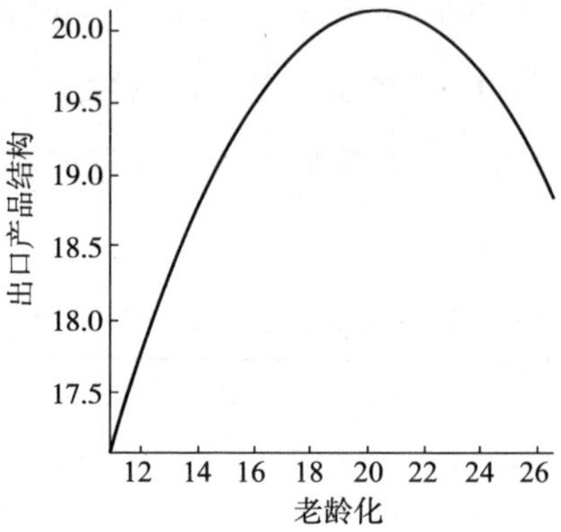

图 6-4　日本人口老龄化与出口产品结构变化

起初在日本的出口产品结构中，资本密集型产品与劳动密集型产品的比随人口老龄化程度的提高而上升，但增长率逐渐减少，当 65 岁及以上人口占比达 20.4%时，二者比重达到最高值，为 20.14。此后，随着人口老龄化程度继续提升，出口产品中资本密集型产品与劳动密集型产品的比重不升反降。为分析其原因，进一步将日本出口产品分为高技术产品、中等技术产品以及低技术产品，分析人口老龄化对三种类型产品出口的影响。图 6-5 体现了三类产品出口占比走势，从图 6-5 中可看出，1988—2016 年，劳动密集型产品变化较小，而资本密集型产品中的高技术产品与中等技术产品占比近年来持续下降。

当然，影响三类产品出口占比的因素较多，国际环境、国内政治、经济制度、基础设施等均可影响产品出口结构。因此，为考察人口老龄化对三类产品的影响，通过控制其他变量，对数据重新进行回归，结果如表 6-13所示，表中 dht、dmt、dlt 分别代表高技术产品、中等技术产品、低技术产品出口额与总出口额的比。

① 此处省略了控制变量。

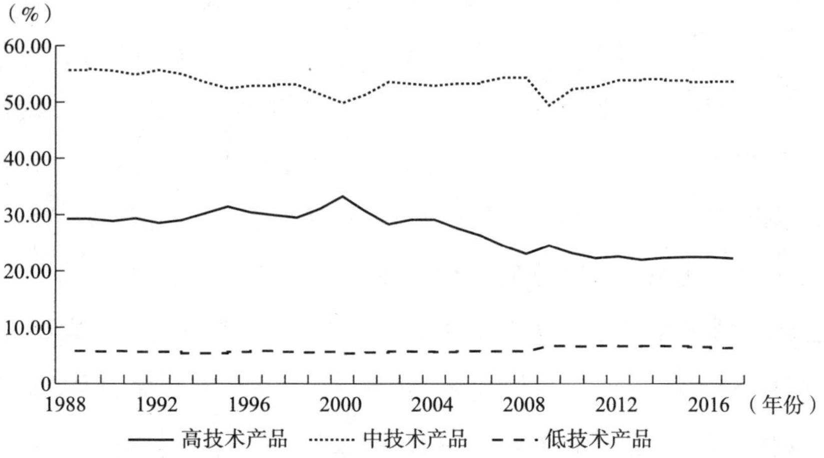

图 6-5　1988—2016 年日本三类产品出口占比走势

表 6-13　日本各类产品出口占比回归结果

	(1) dht	(2) dmt	(3) dlt
aging	3.50*** (1.24)	0.353 (0.781)	0.445 (0.357)
$aging^2$	0.0857*** (0.0278)	-0.0223 (0.0176)	0.00863 (0.00803)
pk	00.741** (0.346)	0.223 (0.219)	-0.191* (0.100)
gdp	-7.13** (2.62)	-0.207 (1.66)	1.55* (0.757)
fdi	-2.09 (2.18)	0.0617 (1.38)	-0.431 (0.631)
inflation	-0.558 (0.476)	-0.242 (0.301)	0.190 (0.137)
exrate	-0.213** (0.0901)	0.00289 (0.0570)	0.0480* (0.0260)
cons	0.220 (0.207)	0.722*** (0.131)	0.0575 (0.0597)
N	29	29	29
R^2	0.874	0.943	0.632

注：括号内为标准误，***、**、* 分别表示 1%、5%、10%的显著性水平。

由表6-13可以看出，在控制其他变量后，人口老龄化程度及其二次项显著地影响高技术产品的出口额占比。随着人口老龄化程度的加深，高技术产品出口额占比先是显著上升，但上升幅度越来越小，当aging值为20.4时到达拐点，此后，随着人口老龄化程度继续提高，高技术产品出口额占比开始下降，其走势与拐点与出口资本密集型产品和劳动密集型产品的比例随人口老龄化程度的变化几乎相同。这说明在最近30年间，日本人口老龄化主要影响高端技术产品的出口。当人口老龄化程度不太严重时，由于高技术产品的生产与出口需要大量资本，而人口老龄化程度的提高有利于资本积累，所以有利于高技术产品的生产与出口，高技术产品出口额占比呈上升趋势。但当人口老龄化达到一定程度后，如果老年人口占比继续增加，年轻人较少，整个社会就会缺乏创新性和创造性，而高端技术产品的生产和出口除了需要大量资本外，更需要技术创新和高端发明。当今社会，国际形势千变万化，技术更新频繁，谁拥有了新技术谁就容易在激烈的市场竞争中占据有利地位。当一个社会老年人口占比过高，年轻人过少时，这个社会就会缺乏积极向上的竞争性和创新性，将不利于高技术产品的生产与出口。

八、分组回归结果

前文证实人口老龄化对不同经济水平国家的影响有所不同，本部分按人口老龄化程度和人均GDP以及年份对研究对象分组，以分析在不同环境中，人口老龄化对出口结构的影响程度。

（一）按老龄化程度和人均GDP分组

按照世界银行的规定，当一国65岁及以上人口占比超过7%时，该国即为老龄化国家。按此标准，本书将样本进行分类，1996年，65岁及以上人口占比超过7%的为高老龄化国家（OLD组），低于7%的为低老龄化国家（YOUNG组）。由于OECD国家多为发达国家，人口老龄化程度普遍较为严重，按此分类标准，样本中只有墨西哥和土耳其属于低老龄化国家。考虑到面板数据特点，在样本中增加金砖五国（非 OECD 国家），但南非数据缺失，将其剔除，考虑到数据的可得性，在样本中增加较年轻的泰国。OLD 组包括美国、日本、韩国、俄罗斯等 26 个国家，YOUNG 组包括墨西哥、土耳其、印度、巴西、中国、泰国 6 个国家，分别对年老国家和年轻国家的数据进行回归分析，以对比在人口老龄化不同的国家人口结构对出口结构的影响程度，回归结果见表 6-14 第 2、3 列。

另外，经济发展水平不同，人口老龄化对出口结构的影响程度可能也存在差异，为验证在不同经济体内人口老龄化对出口结构的影响程度，本书按人均 GDP 进行分组，按世界银行 2015 年的标准，人均 GDP 高于 12736 美元为高收入国家，人均 GDP 在 4126 美元至 12735 美元为中等偏上收入国家，按此标准，样本中 2015 年人均 GDP 高于 12736 美元的为富国（RICH），低于 12736 美元的为“穷国”（POOR），在不同组别内分别回归，结果见表 6-14 后两列。

表 6-14 按人口老龄化程度与人均 GDP 分组的回归结果

	按老龄化程度分组		按经济发展水平分组	
	OLD stru	YOUNG stru	RICH stru	POOR stru
L. stru	0. 849*** (0. 00487)	0. 840*** (0. 0706)	0. 850*** (0. 00429)	0. 937*** (0. 121)
aging	0. 141*** (0. 0184)	0. 404** (0. 166)	0. 132*** (0. 0232)	0. 378* (0. 226)
pk	0. 184*** (0. 00792)	0. 0303 (0. 0198)	0. 216*** (0. 0122)	0. 0206 (0. 0158)
rd	−0. 477** (0. 201)	−1. 528* (0. 782)	−0. 183 (0. 119)	−2. 418 (1. 795)
fdi	0. 0363*** (0. 000987)	0. 0446 (0. 0581)	0. 0408*** (0. 00337)	0. 0330** (0. 0165)

续表

	按老龄化程度分组		按经济发展水平分组	
	OLD stru	YOUNG stru	RICH stru	POOR stru
inflation	0.0387*** (0.00334)	-0.00244 (0.00573)	0.0329*** (0.00836)	0.00360 (0.00892)
cons	-4.227*** (0.339)	-1.556* (0.856)	-5.388*** (0.490)	-1.552 (2.366)
N	513	114	419	208
SARGAN	1	1	0.4959	0.9960
AR (1)	0.0379	0.0394	0.0566	0.0496
AR (2)	0.1500	0.2898	0.1402	0.2567

注：为节省篇幅，该表删除了在各组回归中系数显著性均小于10%的变量edu和exrate。括号内为标准误，***、**、*分别表示1%、5%、10%的显著性水平。

表6-14中各组内回归仍采用动态面板差分GMM，由表6-14可以看出，年轻国家的人口老龄化系数值高于年老国家，说明同样的人口结构变化，在年轻国家对出口结构的影响更大。这是因为年轻国家生产和出口的产品多以劳动密集型产品为主，这些国家人口老龄化程度低，人力资源丰富，劳动力成本低，在出口产品结构中，资本密集型产品尤其是高技术产品占比较低，劳动密集型产品占比较高。同时，年轻国家人均资本较低，研发能力和教育水平以及基础设施较为落后，随着人口老龄化程度的加深，人们为满足老年时期的生活而增加储蓄，使得社会资本总量增加，根据边际效用原理，当资本水平较低时，增加同等资本存量的边际效用大于资本水平较高时的效用，从而能更好地刺激中高等技术产品的生产和出口。另外，由于年轻国家劳动力丰富，出口产品多以劳动密集型产品为主，社会中老年人口增加抵消了较低的劳动力成本优势，提高了劳动力成本，在国际市场上，劳动密集型产品难以与其他更年轻的国家竞争，所以劳动密集型产品出口额的减少幅度较大。老龄化国家的出口产品以资本密集型产品为主，劳动密集型产品占比较低，且国家资本存量、科研水平等

均已发展到一定阶段，劳动力工资较高，所以老年人口增加引起的资本增加和劳动力成本上升对社会影响相对较小。因此，年轻国家的老年人口占比增加对产品出口结构的影响大于老龄化国家。

在按人均 GDP 分组的样本中，年轻国家全属于中等收入国家，老龄化国家中的匈牙利、以色列、拉脱维亚、波兰、俄罗斯等国家属于中等收入国家，其余的全为高收入国家，所以按人均 GDP 分组的回归结果与按老龄化分组的回归结果类似。

（二）按年份分组

1996 年，OECD 国家 65 岁及以上人口占比的平均值为 12. 83%，2016 年为 17. 11%，中间值约为 15%。2009 年 65 岁及以上人口占比的平均值为 14. 81%，2010 年为 15. 05%（见图 6-6），因此将样本按年份分为两组，2010 年以前为一组，2010 年及以后为一组，分别进行回归，同时为考察 2010 年及以后人口老龄化对产品出口结构影响的显著性，添加年份虚拟变量 before，2010 年之前其值为 1，2010 年及以后其值为 0，引入年份虚拟变量与人口老龄化的交叉项 beforeage，采用整体样本回归，结果见表 6-15。

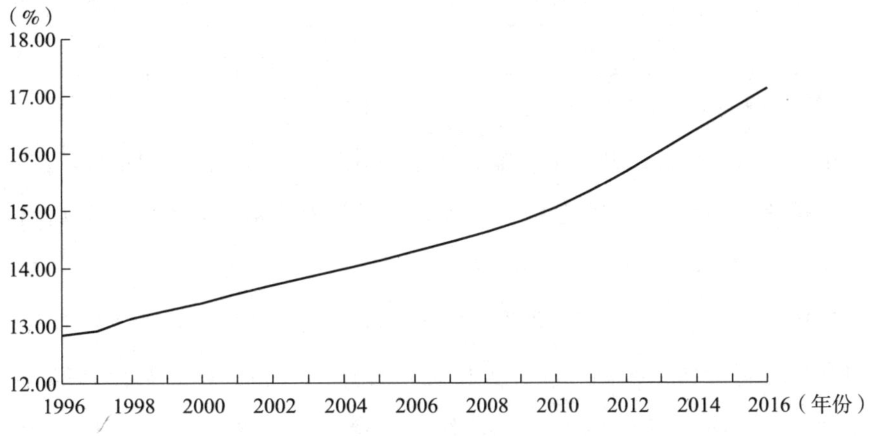

图 6-6 1996—2016 年 OECD 国家 65 岁及以上人口占比平均值

资料来源：世界银行数据库。

表 6-15　按年份分组的回归结果

	2010 年以前 stru	2010 年及以后 stru	全样本 stru
L. stru	1.089*** (0.00365)	0.534*** (0.00826)	0.679*** (0.00196)
aging	0.253*** (0.0501)	0.102* (0.0607)	0.113*** (0.0197)
beforeage			0.0735*** (0.00577)
pk	0.0474*** (0.00275)	0.138*** (0.0135)	0.149*** (0.00744)
fdi	0.0300*** (0.00179)	0.0265*** (0.00588)	0.0483*** (0.00286)
rd	-1.713*** (0.0771)	0.282* (0.150)	0.792*** (0.0952)
edu	-0.0243*** (0.00303)	-0.0338*** (0.0124)	0.0442*** (0.00294)
cons	-0.895* (0.541)	1.730 (1.310)	-6.798*** (0.358)
N	334	196	530
Sargan	0.2772	0.1296	0.8643
AR（1）	0.0513	0.0630	0.0561
AR（2）	0.9248	0.2869	0.1889

注：括号内为标准误，***、*分别表示1%、10%的显著性水平。

由表 6-15 可以看出，年份虚拟变量与人口老龄化的交叉项在 1%的水平上显著为正，说明 2010 年前后，人口老龄化对产品出口结构的影响有显著变化，且 2010 年之前的影响高于其后。对样本按年份分组的回归结果显示，2010 年之前的人口老龄化系数和显著性均高于其后，由于 OECD 国家人口老龄化程度持续提高，所以人口较年轻时的人口老龄化程度提高对产品出口结构的影响要大于人口较老时，这与按不同人口老龄化程度国家分组的所得结果是一致的。

第三节　OECD 国家的人口老龄化对进口贸易结构的影响

由第四章理论模型可知，当一国人口老龄化程度提高时，受劳动力和资本要素密集度变化的影响，该国资本密集型产品出口将增加，同时劳动密集型产品进口增加。上一节已证实随着老龄化程度的提高，OECD 国家出口产品结构中资本密集型产品占比随之增加，本节将验证人口老龄化对进口贸易结构的影响。

一、计量模型设定

$$importstru_{it}=\beta_0+\beta_1 aging_{it}+\beta_2 C_{it}+u_i+\varepsilon_{it} \tag{6-5}$$

$importstru_{it}$表示 i 国 t 年进口产品结构，用该国进口产品中资本密集型产品与劳动密集型产品进口额的比率表示，数据来源与分类与上节相同。由于一国进口与出口相互影响，所以从理论上讲，影响一国出口结构的因素亦将影响一国进口结构，所以本节计量模型选定的控制变量与第二节选择的控制变量相同。本节新增变量数据特征如表 6-16 所示。

表 6-16　数据特征描述

变量名	符号表示	样本容量	平均值	标准差	最小值	最大值
进口结构	importstru	588	6. 486779	1. 889377	0. 8970166	13. 17225
老年抚养比	olddep	588	21. 79069	5. 732175	7. 942142	43. 9086
少儿抚养比	childdep	588	28. 05229	7. 602364	18. 7216	60. 08247
高技术产品进口占比	dimht	588	20. 43364	5. 423502	1. 581879	40. 0042
中等技术产品进口占比	dimmt	588	65. 38008	4. 597586	45. 70377	74. 91266
低技术产品进口占比	dimlt	588	14. 18631	4. 994101	7. 056044	52. 71436

注：本表数据除进口结构外，其余均为百分数。

二、回归结果分析

为与出口贸易结构变化的实证结果对比，本部分计量模型仍采用动态差分GMM方法，并将控制变量逐步代入，以考察在不同控制变量影响下，人口老龄化程度变化对进口产品结构的影响，回归结果见表6-17。

表6-17 OECD国家人口老龄化对进口贸易结构影响的回归结果

	(1) importstru	(2) importstru	(3) importstru
L. importstru	0.561*** (0.0254)	0.447*** (0.0346)	0.425*** (0.0342)
aging	-0.0840*** (0.0200)	-0.0596** (0.0295)	-0.0595** (0.0268)
rd	0.109 (0.0774)	0.363*** (0.0596)	0.375*** (0.0598)
edu	0.0146*** (0.00278)	0.0215*** (0.00306)	0.0217*** (0.00299)
gdp		-0.0904*** (0.0282)	-0.0854*** (0.0306)
pk		0.0745*** (0.00891)	0.0765*** (0.00918)
fdi			0.00728*** (0.00124)
cons	2.961*** (0.318)	0.937** (0.404)	0.889** (0.432)
N	530	530	530
SARGAN	0.1899	0.2583	0.2422
AR（1）	0.0085	0.0132	0.0139
AR（2）	0.7147	0.7942	0.6770

注：括号内为标准误，***、**分别表示1%、5%的显著性水平。

从表6-17中可以看出，随着控制变量的逐步代入，人口老龄化系数保持为负，且在5%的水平上显著。说明人口老龄化程度越高则进口产品中资本密集型产品与劳动密集型产品的比率越低，即该国将进口较多的劳动密集型产品或较少的资本密集型产品，这与理论模型的结论一致。

进口产品结构的一阶滞后项显著为正，说明一国产品的进口也具有延迟性。但如果在模型中加入被解释变量的二阶滞后项，则其系数不显著，说明进口产品结构受上年的影响较大，而受前年的影响较小。

人均 GDP 系数为负，与出口结构相反，说明一国经济越发达，则该国将较多地出口资本密集型产品并进口较多的劳动密集型产品。这是因为一国经济越发达，其资本要素越丰裕，资本价格越低，则该国将投入更多的资金和技术用于产品生产，从而有利于资本密集型产品的生产和出口。且经济较发达地区的女性受教育程度较高，女性参与工作的机会较多导致女性生育意愿降低，较低的人口出生率将直接导致劳动供给减少，劳动工资提升，所以不利于劳动密集型产品的生产，因此，该国将更多地进口劳动密集型产品。

研发支出和人力资本系数为正，说明研发支出和高等教育对资本密集型产品进口的正向作用更大。目前，研发支出和人力资本已经成为经济增长的重要引擎，而教育正是实现知识传播、提高劳动力素质、增加人力资本的重要途径。一国研发支出增加，生产技术提升，新产品、新技术投入生产，但在全球化的今天，新技术、新产品的生产需要从全球其他国家进口中间产品，因此，研发支出的增加提升了资本密集型产品的进口。

外商直接投资、资本存量系数为正，与第二节实证结果相同。说明这两个变量值的增加，既有利于资本密集型产品的出口又有利于资本密集型产品的进口。OECD 国家多为发达国家，基础设施完善，社会法制健全，金融体系成熟，同时由于其土地成本、人力成本等居高不下，所以前来投资的企业多为芯片、航空航天等高端制造业或金融等高端服务业。人均资本提高将促进该国资本密集型产业的发展，资本密集型产业的发展导致对相关原材料的需求增加，所以在带动出口增加的同时亦能促进进口。

三、稳健性检验

（一）改变被解释变量

被解释变量分别用高技术产品进口占比（dimht）、中等技术产品进口占比（dimmt）、低技术产品进口占比（dimlt）衡量，数据采用百分比形式。根据以上结论，dimht 及 dimmt 回归结果的老龄化系数应为负，而 dimlt 回归结果的老龄化系数应为正，回归结果见表 6-18。

表 6-18　改变被解释变量的回归结果

	(1) dimht	(2) dimmt	(3) dimlt
L.	0. 169*** (0. 0296)	0. 207*** (0. 0305)	0. 172*** (0. 0140)
aging	-0. 269*** (0. 0751)	-0. 295*** (0. 105)	0. 232** (0. 0968)
pk	0. 0189 (0. 0129)	0. 220*** (0. 0246)	-0. 207*** (0. 0105)
gdp	-1. 03*** (0. 152)	0. 615*** (0. 0816)	0. 244*** (0. 0604)
fdi	0. 0278*** (0. 00624)	0. 0119 (0. 00747)	-0. 0260*** (0. 00720)
rd	2. 26*** (0. 274)	0. 935 (0. 314)	-1. 43*** (0. 332)
edu	0. 0173* (0. 00907)	0. 0516*** (0. 00954)	-0. 0481*** (0. 00738)
cons	0. 176*** (0. 0141)	0. 461*** (0. 0314)	0. 182*** (0. 0125)
N	532	532	532
Sargan	0. 3478	0. 1407	0. 1716
AR（1）	0. 0695	0. 0299	0. 0319
AR（2）	0. 1887	0. 8482	0. 1934

注：括号内为标准误，***、**、*分别表示 1%、5%、10%的显著性水平。

由表 6-18 可知，改变被解释变量后，各系数符号符合预期且在 5%水平上显著，这意味着人口老龄化程度的提高对高技术产品和中等技术产品的进口有负向作用，而对低技术产品的进口有正向作用，其他控制变量的系数较为合理。

（二）改变解释变量及计量方法

上文中，人口老龄化程度用65岁及以上人口占总人口的比重表示，为验证项目的稳定性，使用老年人口抚养比（olddep）和少儿抚养比（childdep）作为解释变量重新回归，结果见表6-19第（1）列和第（2）列。同时，改变计量方法，使用静态面板随机效应及动态面板系统GMM进行检验，以做对比，回归结果见表6-19第（3）列和第（4）列。

表6-19 改变解释变量及计量方法回归结果

	(1) importstru	(2) importstru	(3) importstru	(4) importstru
L. importstru	0.525*** (0.0297)	0.469*** (0.0258)		0.586*** (0.0287)
olddep		-0.0269** (0.0126)		
childdep	0.0987*** (0.0326)			
aging			-0.0787** (0.0321)	-0.0717** (0.0353)
gdp	-0.0511*** (0.0185)	-0.0982*** (0.0176)	0.0715 (0.0449)	-0.0585*** (0.0213)
fdi	0.00645*** (0.00147)	0.00750*** (0.00169)	0.00482 (0.00791)	0.0177*** (0.00287)
rd	0.245*** (0.0811)	0.218** (0.0959)	0.0744 (0.121)	0.325 (0.233)
edu	0.0263*** (0.00581)	0.0191*** (0.00245)	0.0245*** (0.00370)	0.0139*** (0.00402)
cons	-3.493** (1.479)	0.724** (0.318)	4.629*** (0.571)	0.646** (0.275)
N	532	532	588	560
Sargan	0.1826	0.1526		0.9578
AR（1）	0.0115	0.0123		0.0085
AR（2）	0.7611	0.6093		0.6085
R^2			0.2274	

注：括号内为标准误，***、**分别表示1%、5%的显著性水平。

从表6-19中可以看出，老年人口抚养比系数为负且在5%的水平上显著，这与使用65岁及以上老人占比的回归结果一致。因一国或地区老年人口占总人口比重增加时，其老年人口数量占工作人口数量的比重亦将同时增加，所以二者的系数应该一致。少儿抚养比系数为正且在1%的水平上显著，与人口老龄化趋势的作用渠道类似，少儿抚养比的变化亦将从劳动和资本供给两个渠道影响一国的进口结构，但作用机制不尽相同。一方面，少儿人口作为潜在的劳动力，学习能力强、富有创新精神，分布比重增加有利于劳动效率提升和有效劳动供给；另一方面，少儿人口分布比重增加使得家庭的抚养负担增加，消费需求增加，而储蓄和投资减少，资本积累受到抑制。综合来说，少儿抚养比增加使得劳动力要素变得相对充裕，而资本要素相对匮乏，促使进口贸易结构向资本密集型产品转移。

采用静态面板和系统GMM的回归结果与差分GMM的回归结果一致。因此不论核心变量采用哪种指标或者采用何种计量方法，回归结果均稳定一致，说明人口老龄化程度的提高确实通过改变劳动和资本的要素密集度进而影响进口产品结构，人口老龄化程度的提高将使得一国或地区减少资本密集型产品的进口而增加劳动密集型产品的进口以弥补本国劳动供给不足而资本相对充裕的状况。

本章的实证结果证实了理论模型的推论，即人口老龄化程度的增加将使得一国增加资本密集型产品的出口和劳动密集型产品的进口。

第七章

人口老龄化对我国进出口贸易结构的影响

第六章基于 OECD 国家的实证检验证实了大国开放经济理论模型的结论，即一国或地区老年人口占比增加将从劳动力供给和资本积累两个角度影响一国要素禀赋，从而将有利于该国或地区资本密集型产品的出口，但不利于劳动密集型产品的出口。在进口方面，人口老龄化程度的加深将有利于劳动密集型产品的进口而不利于资本密集型产品的进口。本章将结合我国实际，分析我国人口老龄化的趋势及新特点，以及人口老龄化背景下我国进出口结构的变化及原因，并利用我国省级面板数据，实证分析影响我国出口结构的因素，以期为处在人口老龄化进程中的我国提出有针对性的政策建议。

第一节　我国人口老龄化趋势及对我国进出口结构的影响分析

世界银行数据库显示，2018 年，我国 65 岁及以上人口规模为 1.51 亿，占总人口比重为 10.92%，未来几十年，我国人口老龄化程度将继续加深，2050 年以前我国老年人口规模及其占总人口的比重都将继续提升，人口结构也将呈现新的特点，人口老龄化的加剧将对我国进出口结构带来一定影响。

一、我国人口老龄化趋势

联合国经济与社会事务部人口司发布的《世界人口展望（2019）》显

示，未来中国人口年龄结构中少儿人口占比将趋于稳定，劳动年龄人口占比将持续下降，而老年人口占比将持续上升（见图 7-1）。到 2025 年，我国 60 岁及以上人口将达 3 亿人，占总人口比重为 20.1%；65 岁及以上人口为 2.04 亿，占总人口比重为 14%；80 岁及以上人口达 3129 万人，占总人口比重达 2.16%。至 2050 年，60 岁及以上和 65 岁及以上人口将分别达到 4.85 亿和 3.65 亿，占比分别上升至 34.6% 和 26.1%，与目前日本老龄化程度相当。届时，巨大的老年人口规模将给我国医疗保健、养老保险支出等带来沉重负担。同时，由于老年人接受新知识能力较弱，创新不足，老年人口过多将影响整个社会创新能力，不利于社会更新和新技术、新知识的普及。

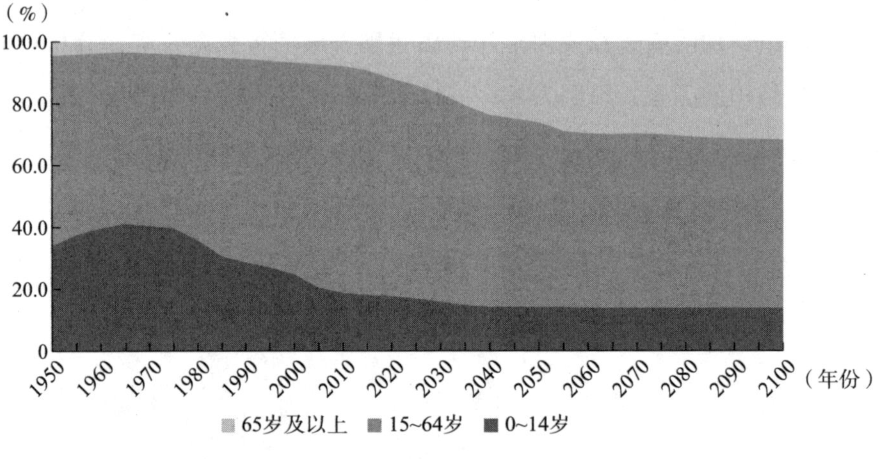

图 7-1　1950—2100 年中国各年龄段人口占比变化

资料来源：联合国《世界人口展望（2019）》。

图 7-2 分别给出了中国 1950 年、1980 年、2000 年、2020 年、2050 年及 2100 年的人口金字塔。从中可以看出，1950—2100 年我国人口结构将发生显著变化，由“下宽上窄”的类似三角形转变为“上宽下窄”类似苹果形。1950 年，我国人口结构呈现较明显的三角形，即年龄越小，人口数越多，年龄越大，人口数越少，这为我国 20 世纪 80 年代的人口红利期打下了基础。预计到 2100 年左右，中国 50 岁及以上人口将占总人口数量的

49.6%，几乎占据总人口的一半，75岁以上人口占比为20%，即每5个人中就有1个超过75岁，50~85岁人口占据了较大比重，老年人口特别是超老年人口数量的持续增加将对我国经济社会各个层面产生严重影响并带来严峻挑战。

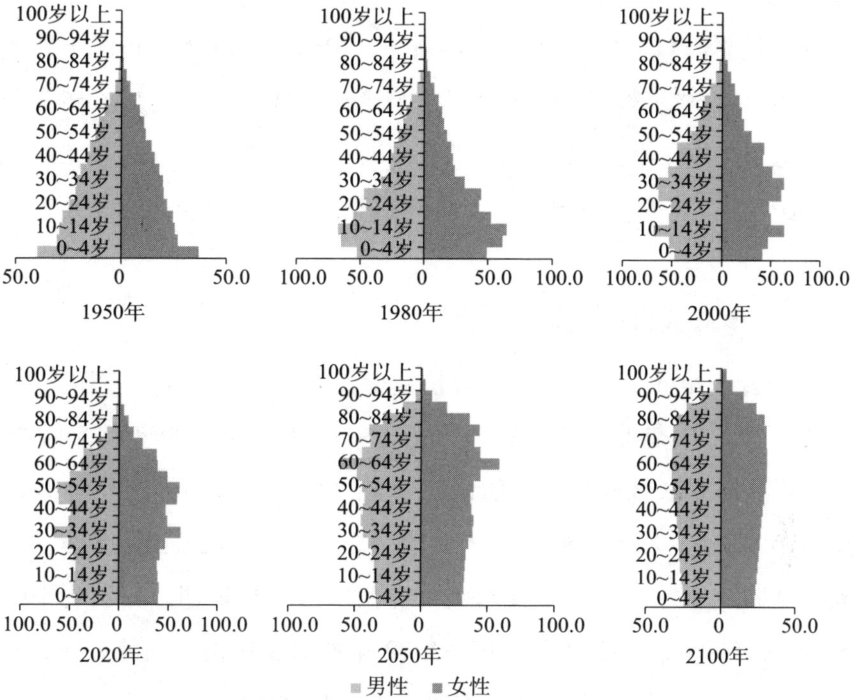

图7-2 各主要年份中国人口金字塔（单位：百万人）

资料来源：联合国《世界人口展望（2019）》。

二、我国人口老龄化新特点

2018年至21世纪末，中国人口老龄化的发展将呈现出新的特点。

（一）人口老龄化将由底部老龄化转为顶部老龄化

改革开放以来，随着我国经济发展和计划生育政策的实施，我国人口出生率大幅下降，少年人口占比降低而老年人口占比上升，加速了中国人口老龄化进程。1980—2010年，我国0~14岁少儿占比由35.94%下降至

18.66%，年均下降约0.58个百分点；而65岁及以上老人占比由4.6%上升至8.1%，年均上升约0.12个百分点，仅为前者的1/5左右，由人口出生率下降造成的老龄化被称为“底部老龄化”。随着低人口出生率的稳定，人口预期寿命逐步提升，中国的人口老龄化将由“底部老龄化”转为“顶部老龄化”，其主要特征为少儿人口下降幅度低于老年人口上升幅度。据联合国《世界人口展望（2019）》预测，2010—2050年，我国少儿人口占比将由18.66%下降至14.14%，年均下降约0.1个百分点，而65岁及以上老年人口占比将由8%上升至26%，年均上升0.45个百分点。人口老龄化的推力由生育率降低向预期寿命提高转化，人口老龄化也由被动型向主动型转变。

（二）老年人口增长先快后稳

21世纪上半叶是我国老年人口快速增长阶段，2000年，我国65岁及以上人口为0.87亿人，至2055年可达3.97亿人，为2000年的5倍左右，随后老年人口增长规模逐步放缓，21世纪末转为下降趋势，预计2100年我国65岁及以上人口为3.39亿人。我国老年人口增长幅度主要取决于多年前的人口出生率，历史上我国人口有两次出生高峰期，分别是1950—1957年的第一次出生高峰和1962—1972年的第二次出生高峰。受人口出生高峰期的影响，21世纪上半叶我国将出现两次老年人口增长峰值，分别是2015—2025年和2035—2040年，两次高峰期老年人将分别增长将近1亿人，但第二个高峰期持续时间更短，增长速度更快。此后，随着中国人口出生率的逐步放缓，老年人口增长规模趋于平缓（见图7-3）。目前我国正处于第一个老年人口增长高峰期，积极面对快速老龄化带来的各种变化并不断调整相关政策是我国当前面临的主要压力。

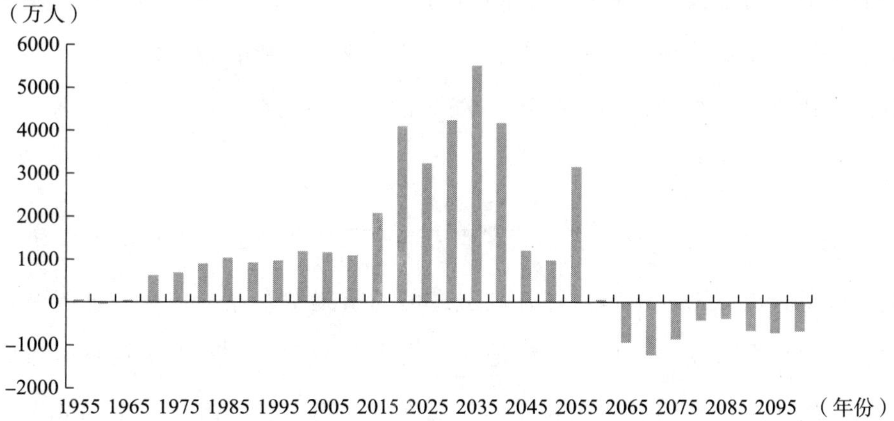

图 7-3　中国 65 岁及以上老年人口增长规模

资料来源：联合国《世界人口展望（2019）》。

（三）高龄群体突出，养老负担繁重

改革开放前，受经济发展水平和医疗环境的影响，我国人均寿命较低，80 岁及以上的长寿老人较少，1975 年，我国 80 岁及以上老人仅有 328 万人，占总人口比重为 0. 35%。改革开放后，我国经济快速发展，随着人们衣食住行的条件得以改善，医疗保健水平快速提升，我国高龄群体逐渐增加，2000 年，我国 80 岁及以上老人达 1278 万人，占总人口比重上升至 1%。将来随着医疗环境的进一步改善，人均寿命继续提高，高龄老人群体将进一步增加，预计到 2050 年，我国 80 岁及以上老人可达 1. 15 亿人，占比为 8. 22%；21 世纪末高龄群体规模为 1. 51 亿，占比上升至 14. 19%，与 2015 年我国 65 岁及以上群体占比相当。不同于 60 岁左右的低龄老人，80 岁及以上的高龄老人多数属于失能老人，无劳动收入且病残率较高，需要社会及家庭成员的照料，因此高龄老人是人口老龄化的关键，是应对人口老龄化亟须关注的群体。

三、人口老龄化对我国进出口结构的影响

人口老龄化对我国进出口贸易既是挑战又是机遇，短期内人口出生率

降低造成的劳动力供给减少将影响劳动密集型产品的生产与出口，长期则会通过倒逼企业改革、提升人力资本、提高技术创新能力、增加储蓄率等方式优化进出口结构，增加高新技术产品的出口占比。

（一）短期影响

1. *劳动力供给减少，劳动密集型产品比较优势减弱，出口压力增加*

改革开放以来，中国对外开放引进劳动密集型产业；户籍制度改革将大量农村剩余劳动力转移至沿海地区，实现了劳动力的跨地区迁移，形成了最初的民工潮；国有企业大刀阔斧地进行了用工制度改革，下岗职工在一定社会保障的前提下自主择业。上述一系列制度改革充分挖掘剩余劳动力和利用人口红利，依靠较低的劳动力成本实现了劳动密集型产业的迅速扩展，并在国际市场占有较大份额，极大地推动了我国出口贸易的发展。

随着人口出生率的持续下降，人口结构中老年人口占比上升，年轻劳动力供给减少。2004 年，我国迎来“刘易斯拐点”，劳动力成本大幅上升，与此同时，与我国相邻的印度、马来西亚等国年轻劳动力供给充足，劳动力优势得以保持，这对我国长期以来以廉价劳动力为比较优势参与国际分工的境况带来极大压力，不利于我国劳动密集型产品的生产和出口。陈松（2013）研究发现，我国的人口红利以及低城镇化率保证了廉价劳动力的供给，为中国出口贸易扩张提供了重要推动力，但随着人口红利的减弱，中国出口贸易将受到显著冲击。与此同时，我国高新技术产品生产能力仍需提高，目前，扩大高技术产品出口有较大障碍。因此，人口老龄化造成的劳动力减少将对我国出口贸易产生较大压力。

2. *人口老龄化导致药品及医疗器械进口需求增加*

老年人尤其是 80 岁及以上老年人患病概率较高，老年人口数量增加也使得中国对药品及医疗保健用品的需求增加。人类数据科学研究所发布的《2019 年全球药物使用情况和 2023 年展望：预测和关注领域》报告显示，2018 年中国药品支出为 1370 亿美元，2023 年将达 1400 亿～1700 亿美元。

随着我国医疗改革的持续推进，人们日益愿意并有能力购买较昂贵的进口药品和医疗器械，导致进口药品和医疗器械持续增加，2009 年我国药品进口额为 60 亿美元，2018 年上升至 281 亿美元，2009—2018 年药品进口额平均增速为 20%，而这期间药品支出平均增速为 13%，药品进口增长幅度高于药品支出的增长幅度（见图 7-4）。

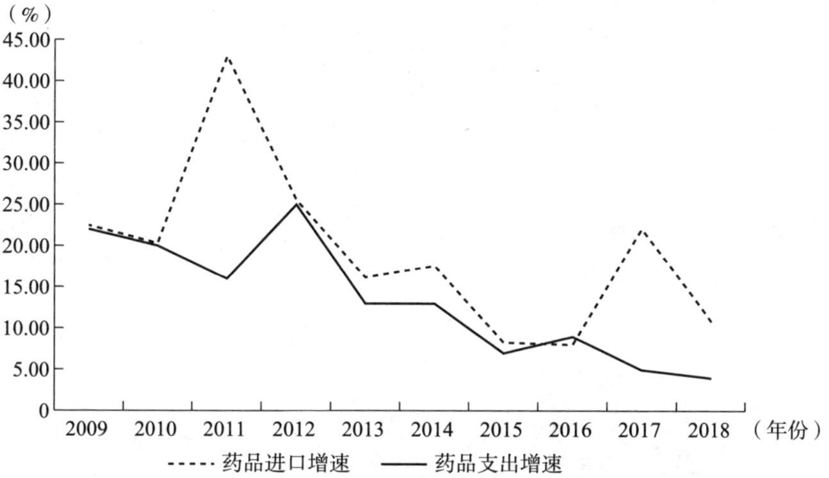

图 7-4　2009—2018 年中国药品支出与药品进口增幅

资料来源：联合国贸易数据库；《2019 年全球药物使用情况和 2023 年展望：预测和关注领域》。

（二）长期影响

1. 人口老龄化提高储蓄率，提升资本存量

近年来，随着我国人口预期寿命的提高，高龄老人群体逐渐增加。在我国，城乡老年人生活支出来源有所不同，城市老年人主要依靠退休金生活，而农村地区多数老年人在身体条件允许的情况下通过从事农业劳动，依赖农业收入养老，因此农村老年人的在业率远高于城市，而失能老人则依靠家庭成员供养（见图 7-5、图 7-6）。即使老年人参加劳动，受身体条件限制，其收入也常常低于年轻人，城市老年人的养老金更是低于同期年轻人的工资收入，因此，老年人收入普遍低于年轻人，甚至没有收入来源。

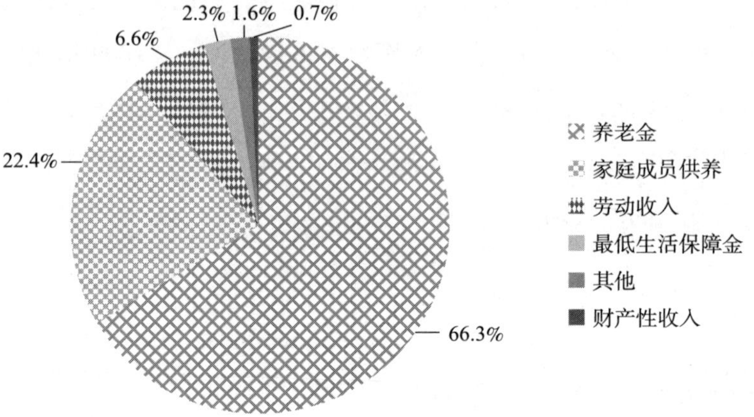

图 7-5　中国城镇老人生活来源

资料来源：杜鹏．中国人口老龄化现状与变化［J］．中国社会保障，2013（11）：13-15.

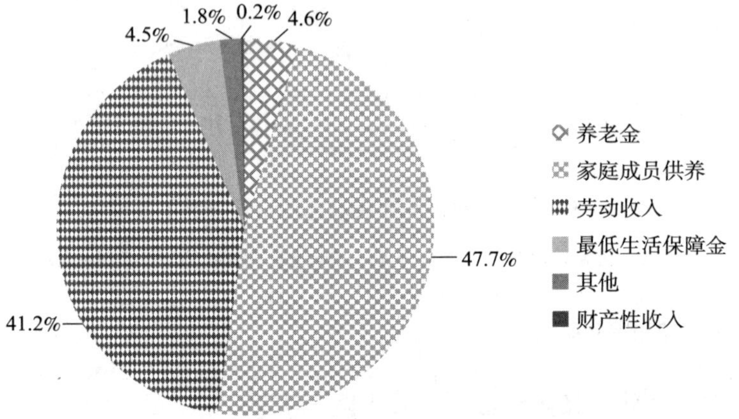

图 7-6　中国农村老人生活来源

资料来源：杜鹏．中国人口老龄化现状与变化［J］．中国社会保障，2013（11）：13-15.

受传统观念影响，在预计进入老年期后的收入减少的情况下，人们便会在年轻时期进行储蓄，以应对老年时期的生活，因为随着预期寿命的逐渐提高，老年期的支出将增加。因此，根据理性预期理论，年轻人会增加储蓄以应对更长时期的老年生活。储蓄率提高会进一步提升资本积累，提高资本存量，储蓄率和资本存量的提升将为我国政府和企业加大基础研究、增加研发支出、提高技术水平提供基础，为提升我国资本密集型产品占比、优化出口结构提供了有利条件。

2. 人口老龄化倒逼企业改革，提升技术水平

人口老龄化所导致的劳动力供给减少将显著提高我国的劳动力成本。从长期看，这将倒逼企业通过增加研发支出、提高技术水平、以技术代替劳动等应对不断上升的劳动力成本，从而有助于我国进出口结构优化。因此，人口老龄化将有助于我国提升创新能力和技术水平，延伸出口产品的价值链，提高产品在国际市场上的竞争力，推动进出口结构的优化升级。蔡兴（2016）利用中国的省级面板数据证实了中国人口老龄化对技术升级的倒逼机制。

因此，人口老龄化对我国进出口结构的影响较为复杂，短期内会造成劳动力供给减少，削弱我国进出口产品的比较优势，但长期则可通过倒逼机制提高技术水平，进而促进我国的进出口结构升级。

第二节 我国与不同国家进出口产品结构分析

第四章理论模型分析了两个国家的大国开放经济模型，理论上，受资本和劳动力禀赋变化的影响，较年老的国家将向年轻国家出口资本密集型产品并进口劳动密集型产品。为此，本部分将分析我国与比我国年老国家的进出口结构以及比我国年轻国家的进出口结构，以验证理论模型的正确性。

一、我国与年老国家的进出口产品结构分析

2017 年我国人口老龄化程度较高，比我国更为年老的国家多为发达国家，OECD 的 32 个成员国中只有墨西哥和土耳其人口老龄化程度低于我国，其余均高于我国。为验证我国与年老国家的进出口结构，本书选择美国、日本等 8 个国家，分别分析我国对这些国家的出口结构与进口结构

（见表 7-1）。

表 7-1　中国对部分年老国家进出口结构

年份	美国		英国		日本		韩国	
	出口	进口	出口	进口	出口	进口	出口	进口
1992	0.54	9.11	0.65	9.76	0.37	7.61	0.96	2.10
1993	0.69	9.35	0.99	12.42	0.55	7.06	0.70	1.48
1994	0.88	6.38	1.15	9.42	0.57	6.01	0.70	1.15
1995	1.07	4.39	1.64	9.42	0.82	4.53	1.35	1.02
1996	1.17	4.93	1.75	9.82	0.79	4.09	1.51	1.06
1997	1.27	5.09	1.91	11.83	0.94	3.84	1.71	1.06
1998	1.55	7.74	2.26	18.59	0.99	4.29	1.73	1.22
1999	1.68	8.77	2.27	16.18	0.91	4.74	1.76	1.63
2000	1.85	8.78	2.59	18.36	0.95	5.15	1.88	1.98
2001	1.93	9.32	2.58	19.12	1.03	5.56	1.75	2.14
2002	2.34	9.09	2.44	15.95	1.31	6.76	1.72	3.08
2003	2.82	6.95	2.60	17.09	1.60	8.18	2.20	4.53
2004	3.38	5.49	3.19	18.78	1.85	8.78	3.29	5.54
2005	3.01	5.73	2.61	16.57	2.05	8.68	4.07	6.26
2006	3.29	5.71	2.62	19.13	2.08	9.14	4.22	6.71
2007	3.34	5.75	2.85	22.68	2.26	9.35	5.17	7.09
2008	3.47	5.91	2.36	21.26	2.40	9.70	7.50	7.21
2009	3.02	6.24	2.15	16.87	1.91	9.12	6.86	6.89
2010	3.03	5.88	2.19	16.68	2.39	9.51	6.54	7.53
2011	3.01	5.68	1.99	14.86	2.41	9.52	6.38	7.90
2012	3.05	5.76	1.88	14.70	2.40	9.13	7.30	8.47
2013	2.98	7.58	1.82	15.87	2.40	8.85	6.60	8.87
2014	3.09	8.44	1.69	15.91	2.65	9.24	5.90	9.04
2015	2.93	9.01	1.56	16.43	2.70	9.32	5.31	10.23
2016	3.05	9.33	1.52	16.89	2.70	9.74	5.74	10.13
2017	3.38	8.91	1.74	17.40	2.85	10.25	5.82	10.57

续表

年份	德国		法国		意大利		加拿大	
	出口	进口	出口	进口	出口	进口	出口	进口
1992	0.69	38.92	0.50	196.52	0.20	7.97	0.32	11.94
1993	0.91	32.21	0.90	91.57	0.36	10.93	0.51	7.45
1994	1.11	31.94	1.03	77.21	0.43	8.44	0.66	13.08
1995	1.46	28.87	1.27	72.18	0.42	6.99	0.85	11.41
1996	1.61	25.85	1.30	58.87	0.46	6.32	1.13	8.38
1997	1.74	21.16	1.46	55.55	0.41	4.89	0.95	5.87
1998	2.22	26.31	1.67	49.65	0.56	5.18	0.88	7.83
1999	2.57	24.54	1.61	43.38	0.60	5.39	1.13	7.31
2000	2.96	20.83	1.97	36.19	0.63	3.67	1.22	7.11
2001	3.37	20.82	1.88	34.53	0.66	4.40	1.16	8.38
2002	3.57	22.38	1.87	40.25	0.60	4.67	1.26	8.29
2003	4.27	22.32	3.34	38.05	0.67	5.62	1.58	8.15
2004	4.98	20.14	3.74	36.33	0.66	5.54	2.15	8.99
2005	4.14	16.85	2.51	35.80	0.54	5.07	2.13	9.30
2006	4.44	18.00	2.50	33.82	0.61	4.99	2.00	8.75
2007	4.21	17.39	3.25	32.05	0.64	4.80	1.72	9.70
2008	3.92	18.19	2.63	30.35	0.69	4.96	2.35	8.54
2009	3.29	17.95	2.41	28.22	0.72	5.25	2.03	8.48
2010	3.44	17.65	2.44	26.90	0.75	4.71	2.09	9.43
2011	2.74	19.46	2.22	21.68	1.00	4.57	2.08	9.55
2012	2.91	18.95	2.06	20.97	1.00	4.09	2.30	8.42
2013	2.60	18.86	1.75	22.21	0.93	4.40	2.14	8.01
2014	2.65	19.15	1.71	21.18	0.99	4.53	2.30	7.49
2015	2.95	19.03	1.88	19.57	1.07	4.04	2.18	9.23
2016	3.23	18.44	1.94	18.45	1.10	4.36	2.18	9.83
2017	3.56	18.13	2.22	19.65	1.04	4.64	2.29	12.18

资料来源：联合国贸易数据库。

采用第六章对产品出口结构的设置方法，中国某年对某国产品的出口结构为该年中国对该国出口的资本密集型产品与劳动密集型产品的比，资本密集型产品包括高技术产品与中等技术产品，劳动密集型产品为低技术产品；进口产品结构为进口资本密集型产品与劳动密集型产品的比。由表 7-1可以看出，中国对美国、日本、韩国等国的进口产品结构均高于出口，即进口产品中资本密集型与劳动密集型产品的比高于出口产品中二者的比值，中国从以上国家进口了更多的资本密集型产品，由于本书选择的 8 个国家人口老龄化程度均高于中国，所以中国从人口老龄化程度高的国家进口了更多的资本密集型产品。

二、我国与年轻国家的进出口产品结构分析

在老龄化程度比中国低的国家中，本书选择了越南、印度、土耳其和马来西亚四国，分析其与中国进出口产品的结构特征。2018 年，以上四国 65 岁及以上人口占总人口的比重分别为 6.92%、6.17%、8.48% 和 6.67%，均低于中国。由表 7-2 可以看出，除极少部分年份数据稍有出入外，其余年份中国对以上四国的出口结构均优于进口结构，说明中国向年轻国家更多地出口了资本密集型产品而进口了劳动密集型产品。

表 7-2　中国对部分年轻国家进出口结构

年份	越南		印度		土耳其		马来西亚	
	出口	进口	出口	进口	出口	进口	出口	进口
1995	4.25	0.39	3.53	1.10	0.51	2.82	3.66	0.91
1996	4.24	0.42	3.67	0.93	1.37	1.49	4.20	0.68
1997	1.36	0.71	4.78	0.48	1.41	1.27	3.92	0.68
1998	1.43	0.47	3.13	0.60	2.33	0.95	4.26	0.77
1999	2.14	0.47	3.13	0.87	2.66	1.76	3.14	1.41
2000	6.10	0.47	2.85	1.06	2.73	2.33	3.63	1.39
2001	7.34	0.55	3.20	0.91	2.39	2.90	5.19	1.02
2002	2.91	0.47	3.20	1.62	2.35	5.07	4.53	1.64
2003	2.24	0.43	2.90	3.15	2.49	4.68	3.30	2.18
2004	2.95	0.57	3.37	2.06	2.65	3.63	3.43	1.83

续表

年份	越南		印度		土耳其		马来西亚	
	出口	进口	出口	进口	出口	进口	出口	进口
2005	2.72	0.67	3.59	2.66	2.75	2.45	3.97	1.31
2006	3.08	0.53	5.81	1.38	1.54	1.38	4.05	0.72
2007	3.69	0.90	6.88	1.76	1.67	1.32	3.80	0.78
2008	3.31	1.28	8.00	1.30	3.82	1.47	3.15	1.68
2009	2.52	1.28	8.14	2.35	3.78	1.77	2.51	2.21
2010	2.17	1.46	6.98	1.11	3.04	1.40	3.02	1.47
2011	1.90	1.84	7.07	1.12	2.78	1.30	2.59	1.58
2012	1.70	2.89	6.66	0.98	3.23	1.27	1.99	2.26
2013	1.74	2.74	5.27	0.90	3.16	1.12	1.89	2.27
2014	1.94	2.56	5.23	1.24	3.15	1.18	2.11	2.05
2015	2.07	2.66	5.67	1.45	4.02	1.12	1.96	2.61
2016	2.28	2.62	5.81	1.71	4.29	1.03	2.34	2.28
2017	3.11	3.57	6.20	2.62	4.18	1.42	2.99	1.87
2018	3.11	4.31	6.76	2.13	3.80	1.43	3.59	1.45

资料来源：联合国贸易数据库。

第三节 人口老龄化背景下我国出口结构变化及影响因素分析

上一节使用大国模型对中国的贸易结构做了数据分析，基本符合理论模型的结论。但为了简化分析，理论模型只突出了人口老龄化对贸易结构的影响，而把其他影响因素排除在外（假设两个国家除人口增长不同外其他全部相同），在对我国的贸易结构进行分析时就需要改变模型的假设把其他影响因素考虑在内。本章的目的是把模型扩展到更广泛的经济因素对我国贸易结构的影响，全面了解和分析中国整体贸易形势及进出口结构，以为人口老龄化背景下如何优化中国进出口产品结构提出相应的政策建议。本节及下节将分别分析中国对全球的进出口产品结构及影响因素。

一、我国出口结构变化

2000 年中国 65 岁及以上人口占总人口的比例达到 6.91%，进入老龄化社会以来，老年人口占比迅速增加，与此同时，中国出口产品结构中各类型产品占比也发生了显著变化，资本密集型产品所包含的高技术产品和中等技术产品出口占比呈上升趋势，而低技术产品出口占比呈下降趋势。具体而言，2003 年前，一直是低技术产品出口占比居于最高位，2003 年中等技术产品出口占比超过低技术产品占比，2007 年高技术产品出口占比超过低技术产品出口占比。此后，低技术产品出口占比一直居于最低位，中等技术产品出口占比最高，而高技术产品出口占比位于二者之间。最近几年高技术产品出口占比上升速度较快，而中等技术产品出口占比呈略微下降趋势（见图 7-7），说明 1992 年以来，中国出口产品结构呈逐步优化趋势，出口产品技术含量逐步提高。

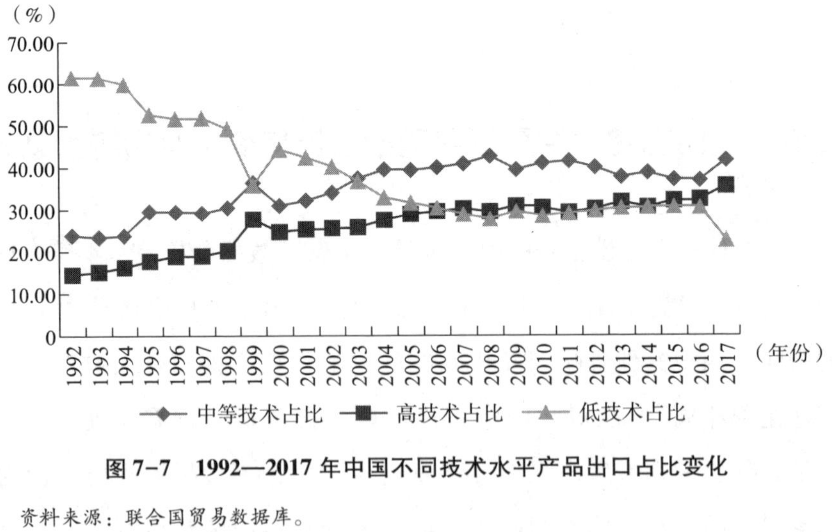

图 7-7　1992—2017 年中国不同技术水平产品出口占比变化

资料来源：联合国贸易数据库。

对比中国出口产品结构与人口结构的变化，可以看出随着中国人口老龄化程度的逐步提高，产品出口结构也逐步提升，资本密集型产品出口占比有所增加，二者呈现较强的正相关关系（见图 7-8），初步断定中国人口老龄化将有利于资本密集型产品的出口。但是除人口结构变化外，还有哪些因素可能影响中国出口结构的变化？下文将对此问题作出分析。

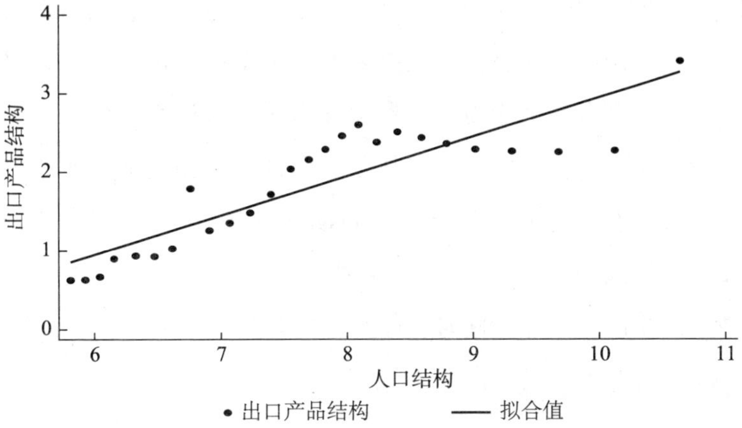

图 7-8　中国人口老龄化与出口产品结构

注：出口产品结构为资本密集型产品出口额与劳动密集型产品出口额的比。
资料来源：《中国统计年鉴》，联合国贸易数据。

二、影响我国出口结构的因素分析

前文基于 OECD 国家数据的实证分析证实了人口老龄化程度的提高将更有利于一国或地区出口资本密集型产品，那么该结论在中国是否合适？除人口老龄化因素外，其他因素对中国出口结构的影响是否显著？本部分内容欲对此问题进行探讨。第六章采用 OECD 国家数据验证人口老龄化对出口结构的影响时，除了解释变量人口老龄化程度外，还加入了一些控制变量，本节分析可能影响中国出口结构的因素时，可借鉴第六章的控制变量，同时结合中国实际，引入新的变量。

（一）人口老龄化程度

根据前文理论模型及 OECD 国家的实证结论，人口老龄化程度提高将改变一国的要素禀赋，从而影响其比较优势，进而带动出口结构的变化。

（二）研发支出（rd）

科技是经济的核心驱动力，而技术创新是经济发展的原动力。产业组织理论认为，企业研发是实现产品差异化的主要途径，企业的发展离不开研发创新。对于制造业而言，研发投入增强了企业的创新水平，提高了企业竞争力，对于高科技企业而言，重视技术研发，提高研发费用，无疑至关重要。研发能力是一国提高生产技术、实现科技创新的重要渠道，而研发支出是衡量研发能力的重要指标。Bhagwat（2011）以美国制药业为例，发现研发投入每提高1%，经济绩效可提高25%，因此研发支出的提高在带动高技术产品产量增加的同时，亦对出口有促进作用。

（三）人力资本（edu）

卢福财（2010）认为一国整体人力资本水平的提升能有效改善企业的技术吸收和自主开发能力，提升本国在全球价值链中的分工地位。由此可见，人力资本水平的提升也会对出口结构产生重要的促进作用。

（四）人均资本存量（pk）

根据要素禀赋理论，一国人均资本存量越高，则越有利于该国资本密集型产品的生产与出口。

（五）外商直接投资（fdi）

外资企业是中国出口贸易的主体，据商务部的数据，2017年外商投资企业进出口总额为18391亿美元，占全部进出口总额的44.81%，接近半壁江山。而外商在中国的投资多以高新技术为主，所以预计外商投资额的增加将带动高技术产品的出口。

（六）专利数量（patent）

专利数量可用于衡量该地区科技研发能力，专利数量越多，研发能力越强，越有利于高技术产品的生产和出口。

（七）基础设施（infr）

王永进等（2010）认为高技术产品往往更容易受到外部风险和不确定

性因素的影响，而完善的基础设施能通过节约库存进而降低企业的调整成本，从而更有利于高复杂度产品的出口，由此可见，基础设施的不断完善能有效促进出口结构的优化升级。

以上各个因素会对中国出口结构产生何种影响以及哪些是主要影响因素，下文将通过实证进行检验。

三、对我国出口结构的实证检验

本书将采用中国各省份的面板数据，检验影响中国出口结构的因素。不同于OECD的国与国之间，中国各省份之间的联系较为紧密，一省政策的实施将会对其他省份产生较大影响，各省份之间的经济并非相互独立，而是彼此之间有着广泛的联系，而且往往距离越近的省份，联系越密切。人口老龄化和技术水平等不仅影响本地区的产品出口结构，而且还存在溢出效应，对其他地区的出口结构有一定影响，而普通OLS及一般动态面板模型假设各省份之间的变量相互独立，忽略了地区之间的联系。因此考虑到各省份之间的互动，要从区域间经济联系的角度科学描述人口老龄化、技术水平等对出口结构的影响，为此，本节使用基于面板数据的空间计量模型进行实证检验。

（一）空间矩阵设定

进行空间计量分析的前提是设置权重矩阵来识别邻近的省份，这是空间计量经济学的核心。但目前在空间矩阵选择方面并未形成统一共识，最常用的是三种：空间邻接权重矩阵、地理距离权重矩阵和经济距离矩阵。空间邻接权重矩阵的设定规则是：两个省份 i 和 j 如果在地理上相邻则为1，不相邻则为0，值得注意的是，空间邻接权重矩阵的对角线元素均为0。即：

$$w1_{ij}=\begin{cases}1,\ 若\ i\neq j,\ 且\ i\ 与\ j\ 相邻\\0,\ 若\ i\neq j,\ 且\ i\ 与\ j\ 不相邻\\0,\ 若\ i=j\end{cases}$$

地理距离权重矩阵则用两个省省会之间距离（d_{ij}）的倒数来衡量地区之间空间联系的强度。即：

$$w2_{ij}=\begin{cases}\dfrac{1}{d_{ij}}，若 i\neq j\\0，若 i=j\end{cases}$$

经济距离矩阵用两个省份人均 GDP 的差的绝对值的倒数表示，由于各省份每年人均 GDP 不同，本书采用 2000—2016 年人均 GDP 的平均值，即：

$$w3_{ij}=\begin{cases}\dfrac{1}{|GDP_i-GDP_j|}，若 i\neq j\\0，若 i=j\end{cases}$$

其中 GDP_i 为 i 省 2000—2016 年人均 GDP 的平均值。

对于经济距离，多数文献还参照省份之间的实际物理距离，以反映区域单元地理信息基础上的经济联系。考虑物理距离的经济距离矩阵定义为：

$$w4=w3\cdot w2$$

本书将使用空间邻接权重矩阵进行被解释变量的空间自相关检验，并进行计量模型的实证检验，使用包含实际物理距离的经济距离矩阵进行稳健性检验。在检验之前，三个空间矩阵均进行了标准化处理。

（二）计量模型设定

空间计量模型有四种形式：空间自回归模型（SAR）、空间杜宾模型（SDM）、空间误差模型（SEM）及广义空间模型（SAC）。空间自回归模型（SAR）假定相邻地区的被解释变量可能相互依赖，比如，不同地区的政府出于相互竞争或博弈的考虑，制定政策时会考虑周边地区的对策，并最终形成一个均衡的结果。空间杜宾模型（SDM）假定某一地区的被解释变量依赖于其邻居的自变量。空间误差模型（SEM）假定各省份之间的相互作用通过误差项实现，空间依赖性是随机冲击造成的。广义空间模型

（SAC）则同时包含误差项和因变量的一个空间滞后项，是对空间自回归模型（SAR）和空间误差模型（SEM）空间关系的综合。考虑到数据的显著性，本书主要使用空间自回归模型（SAR）和空间误差模型（SEM）。

计量模型分别为：

SAR：

$$y_{it}=\alpha 0+\rho w'_i y_t+x'_{it}\beta+u_i+\gamma_t+\varepsilon_{it}$$

SEM：

$$y_{it}=\alpha 0+\beta x_{it}+u_i+\gamma_t+\varepsilon_{it}, \quad \varepsilon_{it}=\lambda m'_i\varepsilon_t+v_{it}$$

其中，y_{it}为 i 省份在 t 年的出口结构，y_{it}越大，说明该省份出口结构越优化。出口结构可用多种指标进行衡量，包括前文按 HS 编码分类统计的中高技术产品出口额与低技术产品出口额的比重（Lall，2000；方慧，2016）、高新技术产品出口额占总出口额的比重（蔡兴，2016）、按行业统计的出口交货值（高越，2017；王有鑫，2016）、出口技术复杂度等（王永进，2010），考虑到各省份数据的可得性，本书借鉴蔡兴（2016）的做法，采用高新技术产品出口额占总出口额的比率表示出口结构。由于高新技术产品均为资本密集型产品，所以高新技术产品出口占比与资本密集型产品出口占比同向变化。

x_{it}为可能影响中国出口结构的变量，包括人口老龄化程度及教育、研发状况等。$\alpha 0$ 为常数项，u_i 为区域 i 的个体效应，γ_t 为时间效应，ε_{it}为扰动项。w_{ij}为空间矩阵 w 的（i，j）元素，$w'_i y_t=\sum_{j=1}^{n} w_{ij} y_{jt}$表示被解释变量的空间滞后项，反映了第 t 年除区域 i 之外其他相邻地区观测值的加权平均值。ρ 为空间滞后系数，衡量了相邻地区高科技产品出口变化对本地区高科技产品出口的影响。m'_i 为扰动项空间权重矩阵 M 的第 i 行，$\lambda m'_i\varepsilon_t$ 为不包含在解释变量及控制变量 x 中，但对被解释变量有影响的遗漏变量。本书采用空间滞后模型进行自回归分析，并利用空间误差模型进行稳健性检验。

（三）指标来源与数据处理

被解释变量 y_{it} 用于考察 t 年 i 省份的出口结构，本书用高新技术产品出口额占总出口额的比重表示。人口老龄化程度（aging）仍采用 65 岁及以上人口占总人口的比重表示。研发支出（rd）为各地区研究与试验发展内部支出，统计时采用指数形式，将 2000 年设为基期，各省份 2000 年的研发支出设定为 100，其他年份研发支出的计算方法为：

$$rd_t = \frac{t\text{ 年研发支出费用}}{2000\text{ 年研发支出费用}} \times 100$$

各地区的整体人力资本水平采用平均受教育年限来度量，平均受教育年限的计算依据通常的处理方法，即该地区 6 岁以上人口的总受教育年限除以 6 岁以上总人口数，其中，小学、初中、高中和大专及以上人口的受教育年限分别设定为 6 年、9 年、12 年和 16 年。

FDI 为该地区当年实际利用外资金额，单位为百亿美元。专利数量为该地区高技术产业内实际获得的专利数量，单位为百个。

人均资本存量等于该省份总资本存量除以总人口，单位为万元。总资本存量使用单豪杰（2008）的方法计算，将 2000 年设为基期，资本折旧率为 10. 96%。总资本存量计算公式为：

t 年资本存量 = 名义固定资本形成额 ÷ 平减指数 +（1-0. 1096）× 上一期资本存量

基础设施借鉴刘生龙和胡鞍钢（2012）的做法，使用交通基础设施禀赋（地区公路里程与土地面积的比值）来衡量地区基础设施发展水平。

高科技产品出口额 2009—2016 年数据来自《中国科技统计年鉴》，2000—2008 年数据来自《中国高技术产业统计年鉴》，研发支出来自《中国科技统计年鉴》，专利数量来自《中国高技术产业统计年鉴》，各省份 65 岁及以上人口占比及总人口来自《中国人口和就业统计年鉴》，其他数据来自《中国统计年鉴》，高科技产品出口额 2008 年前后统计单位有变，分别按当年美元兑人民币平均汇率折算成人民币，统一单位后再计算。西藏、新疆、海南、宁夏等省份部分数据缺失，统计时予以剔除，最后使用中国内地 27 个省份 2000—2016 年的平衡面板数据。数据特征值见表 7-3。

表 7-3 样本数据特征

变量名	符号表示	观测值	均值	方差	最小值	最大值
高技术产品出口占比	stru	459	17. 298	15. 724	1	87
65 岁及以上人口占比	aging	459	9. 11	1. 91	4. 47	16. 38
人力资本	edu	459	8. 50	1. 133	5. 44	13. 34
外商直接投资	fdi	459	0. 62187	0. 68895	0. 003166	3. 57596
研发支出	rd	459	123. 24	16. 808	98. 9	160. 27
基础设施	infr	459	7. 1316	4. 727	0. 12	21. 1
专利数量	patent	459	26. 758	118. 953	0. 01	1643. 38
人均资本	pk	459	5. 453	4. 844	0. 417	28. 104

注：高技术产品出口占比与 65 岁及以上人口占比为百分数。

（四）变量空间相关性检验

在进行空间计量之前，要进行被解释变量的空间自相关检验，以判断利用空间计量是否合适。空间相关指位置相近的区域有相似的变量取值，如果高值与高值聚集在一起，低值与低值聚集在一起，则称为“正空间自相关”；反之，如果高值与低值相邻，则为“负空间自相关”。空间相关性检验又包括全局空间相关性检验和局部空间相关性检验两种。

1. 全局空间相关性检验

全局空间相关性检验常采用“全局莫兰指数 I”，它考察的是整个空间序列的空间集聚情况，其计算公式为：

$$I = \frac{\sum_{i=1}^{n}\sum_{j=1}^{n} w_{ij}(x_i - \bar{x})(x_j - \bar{x})}{S^2 \sum_{i=1}^{n}\sum_{j=1}^{n} w_{ij}}$$

其中，x_i 为第 i 个地区的出口结构，$S^2 = \frac{\sum_{i=1}^{n}(x_i - \bar{x})^2}{n}$ 为样本方差，w_{ij}

为空间权重矩阵的（i，j）元素，本书使用邻接矩阵进行检验，$\sum_{i=1}^{n}\sum_{j=1}^{n}w_{ij}$为所有空间权重之和。莫兰指数 I 的取值一般介于-1 与 1 之间，大于 0 表示正自相关，小于 0 表示负自相关，如果莫兰指数趋于 0，则表示空间分布是随机的，不存在空间自相关。由表 7-4 可知，除 2001 年和 2002 年外，2000—2016 年中国 27 个省份出口结构均通过 10%的显著性检验，且绝大部分通过 5%的显著性检验，这表明各省份出口结构存在较强的空间正相关性。

表 7-4　2000—2016 年中国 27 个省份出口产品结构

年份	Moran's I	p-value	显著性	年份	Moran's I	p-value	显著性
2000	0. 169	0. 03	* *	2009	0. 207	0. 046	* *
2001	0. 089	0. 191		2010	0. 171	0. 097	*
2002	0. 108	0. 136		2011	0. 181	0. 025	* *
2003	0. 193	0. 016	* *	2012	0. 111	0. 095	*
2004	0. 259	0. 002	* * *	2013	0. 192	0. 066	*
2005	0. 237	0. 005	* * *	2014	0. 147	0. 074	*
2006	0. 270	0. 002	* * *	2015	0. 161	0. 052	*
2007	0. 237	0. 005	* * *	2016	0. 228	0. 032	* *
2008	0. 221	0. 008	* * *				

注：***、**、*分别表示 1%、5%、10%的显著性水平。

2. 局部空间相关性检验

局部空间相关性检验用于考察某区域 i 附近的空间集聚情况，本书绘制了出口产品结构的局部 Moran's I 散点图（限于篇幅，只绘制了 2008 年和 2016 年的局部 Moran's I 散点图）。从图 7-9 和图 7-10 中可以看出，大部分变量分布在第一和第三象限，说明变量之间呈现“高高—低低”聚合，即出口产品结构较优的省份趋于集聚，而较差的省份趋于集聚，这也说明了出口产品结构存在较高的空间相关性。

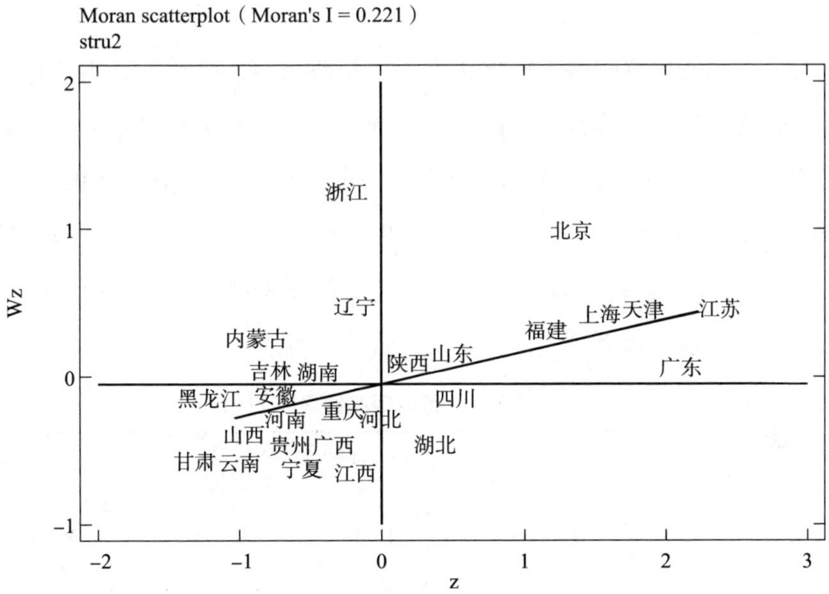

图 7-9　2008 年出口产品结构

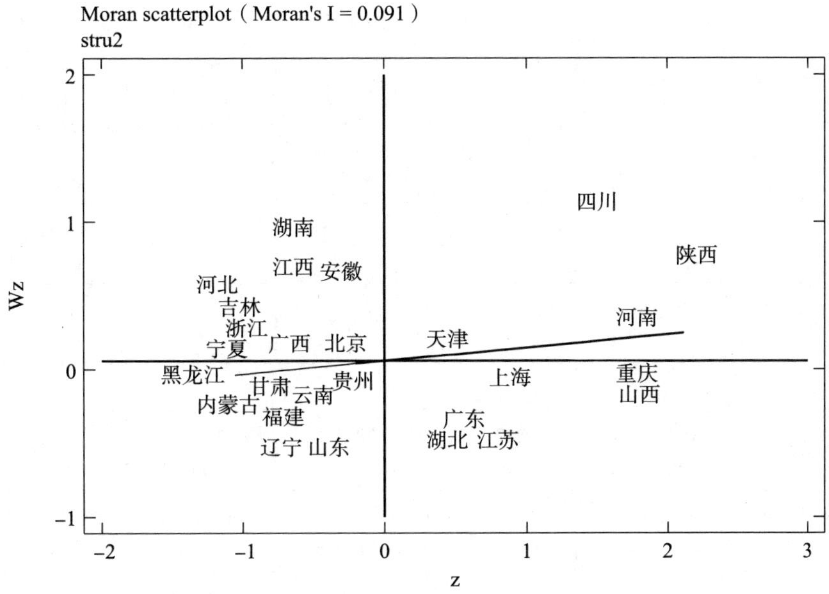

图 7-10　2016 年出口产品结构

（五）结果分析

本书首先使用空间邻接矩阵作为权重矩阵进行实证检验，再使用经济距离矩阵进行稳健性检验。实证检验之前，首先进行豪斯曼检验，以确定采用固定效应还是随机效应，检验的统计值为 15.49，p 值为 0.00085，所以应拒绝随机效应，建立固定效应模型。本书首先使用空间自回归模型（SAR）进行实证检验，为考察各变量对高新技术产品出口比率影响的稳定性，采用将变量逐个代入的方式，计量结果见表 7-5。

表 7-5 整体回归结果

	(1) stru	(2) stru	(3) stru	(4) stru	(5) stru
aging	2.848*** (0.385)	1.966*** (0.387)	1.748*** (0.396)	0.993*** (0.376)	0.747* (0.386)
edu		4.933*** (0.715)	5.621*** (0.770)	4.346*** (0.726)	3.593*** (0.827)
rd			0.289** (0.125)	0.372*** (0.116)	0.310*** (0.117)
fdi				8.555*** (0.979)	5.626*** (1.208)
pk					-0.320 (0.201)
infr					0.896*** (0.204)
patent					0.0110* (0.00502)
Spatial					
rho	0.279*** (0.0652)	0.287*** (0.0636)	0.282*** (0.0636)	0.326*** (0.0604)	0.239*** (0.0655)
Variance sigma2_ e	185.9*** (12.40)	168.2*** (11.22)	166.4*** (11.09)	141.8*** (9.471)	136.5*** (9.080)
N	459	459	459	459	459
R^2	0.173	0.240	0.195	0.222	0.287

注：括号内为标准误，***、**、* 分别表示 1%、5%、10%的显著性水平。

由表 7-5 可以看出，随着各个变量的逐渐加入，人口老龄化系数保持为正，且显著性水平全部在 10%以上。说明社会中老年人口占比增加确实能提升出口产品中高技术产品占比，由于《中国高技术产业统计年鉴》中的高新技术产业主要包括的计算机技术、电子技术、生命科学、航空航天等产业均属于资本密集型产业，所以中国出口结构的检验结果与基于 OECD 国家数据的检验结果类似，即中国的人口老龄化亦能促进出口产品结构的提升，也验证了本书理论模型的结论。

人力资本系数为正且全部通过 1%的显著性检验。通过人力资本投资，劳动力工作时所需要的知识、技能、智力、体力等得到提升，在人口老龄化带来劳动力“量”的短缺时，从“智”的角度提升劳动力效率。人力资本提升可提高企业的创新能力和研发水平，减少企业的研发成本，从而对提升出口结构有正的促进作用。

研发支出在 5%显著性水平上为正。保持较高的研发能力是高新技术产业的生命力，企业应不断地进行产品研发获得相应的研究成果，并转化为企业的自主知识产权。因此高的研发支出，将提升企业研发能力，提高企业的国际竞争力，并在国际市场上提高其份额，从而提升中国高新技术产品的出口能力。

外商直接投资系数为正且在 1%的水平上显著。改革开放后，我国通过吸收外资，引进较为先进的管理经验和生产技术，并通过技术扩散和技术竞争提高我国的管理能力和研发水平，从而促进我国高技术产品的出口。

基础设施系数为正，并全部通过了 1%的显著性检验。这也验证了王永进（2010）等的研究结果即基础设施水平的提高通过减少企业库存成本和运输成本，促进出口产品结构的优化升级。

专利数量系数为正。专利数量是衡量一地区创新能力和研发水平的重要标志，因此，一地区专利数量越多，说明该地区研发能力越强，越有利于高新技术产品的生产与出口。

人均资本系数不显著，说明人均资本不是影响中国出口结构的关键因素。

（六）稳健性检验

为验证上述实证结论的稳定性，本书使用不同的计量模型和邻接矩阵重新检验。上文采用空间自回归模型，权重矩阵使用空间邻接矩阵，为做对比，将上文结论列示在表7-6第（1）列。然后分别采用不包含距离信息和包含距离信息的经济距离矩阵，计量模型仍采用SAR模型进行回归，结果见表7-6第（2）列和第（3）列。表7-6第（4）列至第（6）列分别为采用邻接矩阵、两种经济距离矩阵的SEM模型的结果，以关注误差项的空间相关性的实证结果。

表7-6　稳健性检验结果

	SAR			SEM		
	(1) 邻接矩阵 stru	(2) 经济距离1 stru	(3) 经济距离2 stru	(4) 邻接矩阵 stru	(5) 经济距离1 stru	(6) 经济距离2 stru
aging	0.747* (0.386)	0.688* (0.393)	0.699* (0.388)	1.176*** (0.405)	1.395*** (0.387)	1.390*** (0.381)
edu	3.593*** (0.827)	2.933*** (0.841)	3.032*** (0.828)	5.406*** (0.831)	4.961*** (0.792)	4.935*** (0.789)
rd	0.310*** (0.117)	0.273* (0.120)	0.265* (0.118)	0.164 (0.124)	0.253* (0.126)	0.185 (0.124)
fdi	5.626*** (1.208)	4.597*** (1.193)	4.837*** (1.184)	9.535*** (1.142)	8.794*** (1.142)	9.578*** (1.163)
pk	-0.320 (0.201)	-0.334 (0.203)	-0.356* (0.202)	-0.327* (0.196)	-0.368* (0.207)	-0.357* (0.201)
patent	0.0110* (0.0050)	0.0115* (0.0051)	0.0111* (0.0050)	0.0064 (0.0049)	0.0097* (0.0052)	0.0077 (0.0051)
Spatial						
rho	0.236*** (0.0654)	0.203*** (0.0752)	0.246*** (0.0702)			

续表

	SAR			SEM		
	(1) 邻接矩阵 stru	(2) 经济距离 1 stru	(3) 经济距离 2 stru	(4) 邻接矩阵 stru	(5) 经济距离 1 stru	(6) 经济距离 2 stru
lambda				0. 386*** (0. 0640)	0. 232*** (0. 0793)	0. 350*** (0. 0708)
Variance sigma2_ e	135. 2*** (8. 987)	137. 6*** (9. 123)	135. 6*** (8. 999)	136. 3*** (9. 188)	147. 3*** (9. 769)	141. 3*** (9. 433)
N	459	459	459	459	459	459
R^2	0. 289	0. 301	0. 295	0. 324	0. 311	0. 324

注：括号内为标准误，***、*分别表示1%、10%的显著性水平。

由表7-6可以看出，在使用不同的计量方法和邻接矩阵时，各变量回归结果系数和显著性较为一致，说明本书研究结论具有较高的可靠性和稳定性。另外，空间滞后项（rho）的系数均通过1%的显著性检验，因此，高新技术产品出口占比存在空间溢出效应。使用空间邻接矩阵时，其系数显著为正，说明各个省份因变量受相邻省份因变量平均值的影响，相邻地区高新技术产品出口占比越高，对本地区提升高新技术产品出口占比越有利。使用经济距离矩阵时，其系数显著为正，说明两省份经济水平差距越小，其矩阵值越大，两省份之间的相互促进作用越大，其空间溢出效果越明显。误差项（lambda）的空间自回归系数也在1%的水平上显著，说明未包含在模型中的遗漏变量也存在空间相关性，或者不可观测的随机冲击存在空间相关性。

第四节 我国人口老龄化对进口结构的影响

上节对我国出口结构的变化及影响我国出口结构的因素做了实证检验，结果发现人口老龄化、人力资本、研发支出及基础设施是影响我国出口结构的主要因素，本节将分析我国进口结构的变化及其原因。

一、我国进口结构分析

1992年以来，我国各类产品进口额呈逐年上升趋势，其中资本密集型产品进口额由1992年的504亿美元上升至2017年的10920亿美元，劳动密集型产品进口额由176亿美元上升至1377亿美元（见图7-11）。进口产品中资本密集型与劳动密集型产品的比呈逐渐上升趋势，资本密集型产品占比增加，劳动密集型产品占比减少。对中国各类产品进口变化进行细分，发现近年来中等技术产品和低技术产品进口占比呈下降趋势，中等技术产品进口占比由1993年的60%下降到2017年的40%，低技术产品进口占比由1992年的26%下降到2017年的11%，而涵盖芯片、航空航天以及车辆技术等的高技术产品进口占比迅速提高，由1992年的20%上升至2017年的47.4%（见图7-12）。具体而言，在我国进口的各类产品中，增幅最快的为化妆品，其次为药品，而按进口额统计，进口额占比最高的是HS编码为85的商品，其中包含机电设备、芯片等产品。

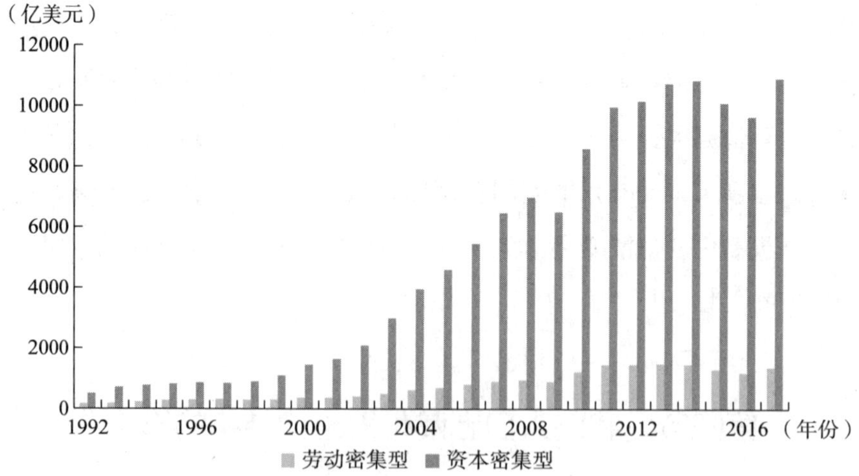

图7-11　1992—2017年中国资本密集型产品与劳动密集型产品进口额变化

资料来源：联合国贸易数据库。

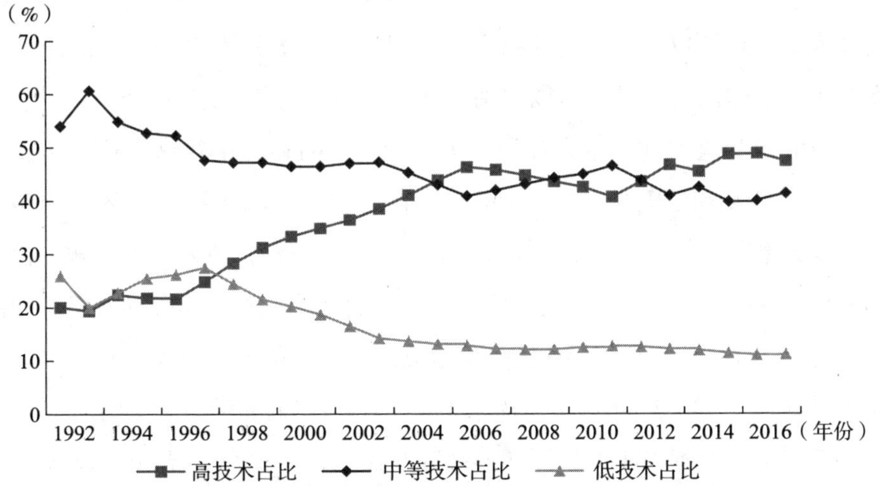

图 7-12 1992—2016 年中国各类产品进口占比变化

资料来源：联合国贸易数据库。

二、对我国进口产品结构变化的原因分析

由图 7-12 可以看出，近年来，我国进口产品中高技术产品占比上升，低技术产品占比下降，以下根据本书理论模型的扩展部分和具体事实来解释这一变化的原因。

（一）资本密集型产品占比上升的原因

对于资本密集型产品占比上升的原因，将从供给和需求角度予以解释。

1. 供给角度的解释

由于我国是发展中国家，科技水平在总体上还劣于发达国家，由扩展模型（一）和命题 8 得到，技术 A 的不同使得劳动密集型产品的相对价格不同。A 越小，劳动密集型产品相对价格越低，资本密集型产品相对价格越高，较高的价格将吸引更多的国家向中国出口资本密集型产品，因此资本密集型产品进口增多，这是通过本书理论模型所做的供给方面的解释。

2. 需求角度的解释

随着我国人口老龄化的推进，需求发生了显著改变，大幅增加了对药品和医疗器械的需求，如抗癌药等；另外，由于我国正处于经济转型期，国家重视对高科技产品的研发和生产，但是我国的技术水平短期内还不能全面达到发达国家水平，所以中间品和原材料还要依赖进口。

（1）人口老龄化程度提高提升了我国对药品和医疗器械的进口需求

由第四章扩展模型（二）可知，老年人与年轻人的消费需求不同，年轻人身体普遍更为健康，但需要较多的学习和教育投资，而老年人患病的概率较大，所以老年人在医疗保健方面的消费支出更大。乔云霞等（2019）的研究表明老年抚养比增加将导致医疗保健支出增加，随着人口老龄化程度的提高，中国老年人口增多引致的消费需求将影响进口商品种类的变化。

近年来，中国老年人口预期寿命逐渐提高，由 1990 年的 69. 29 岁增至 2017 年的 76. 41 岁。预期寿命的提高使得老年人患慢性疾病的人数也随之增多，对老年人而言，多种慢性病共存较为常见，其中高血压、脑血管疾病及糖尿病等为主要病种（见图 7-13）。

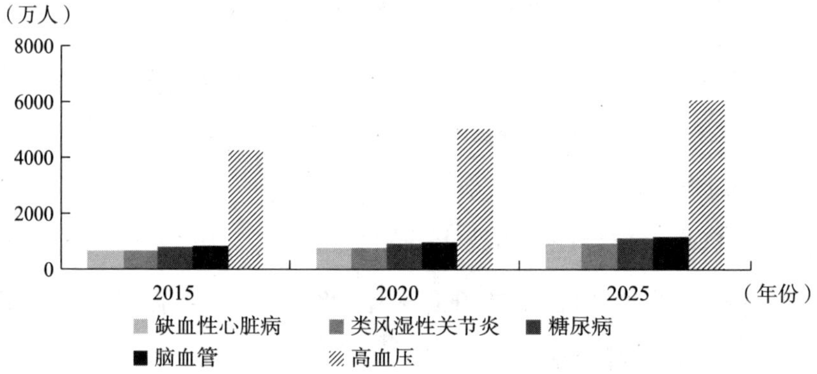

图 7-13　中国老年人主要慢性病患病人数

注：2020 年和 2025 年为估算数据。

资料来源：搜狐网。

老年患病人数的增加直接引致对药品需求的增加，1992—2017 年在按 HS 编码分类的将近 100 类商品中，中国药品进口的增长幅度仅次于化妆品类，居第 2 位（见图 7-14）。1992 年中国的药品进口额仅为 3. 19 亿元，2017 年增至 254 亿元，增长了近 80 倍。药品研发具有高投入、高成本、高风险、长周期、高收益的特点，中小企业难以支撑巨额的研发费用，某些特效药以及高端医疗器械仍需从国外进口。因此，老年人预期寿命提高带动了我国药品的进口额，且因药品研发周期较长，短期内我国仍将保持较高的进口规模。

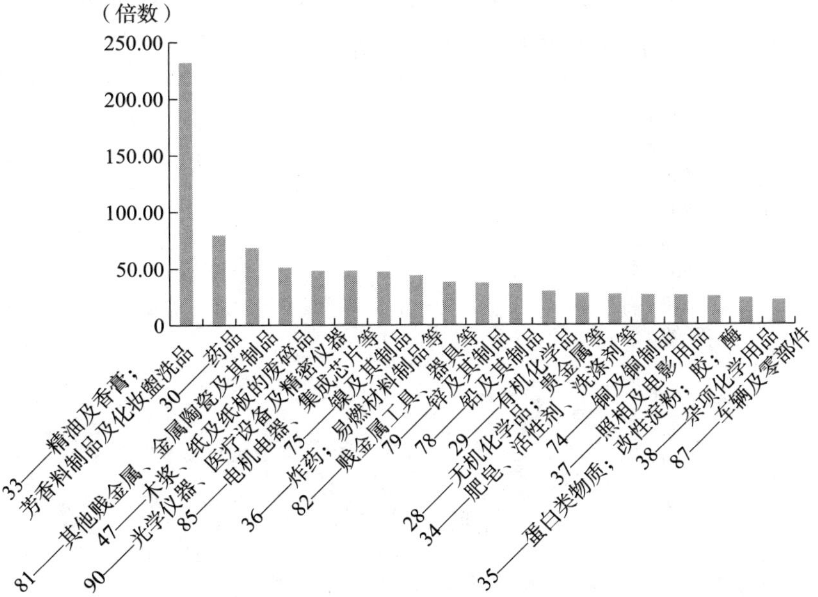

图 7-14　1992—2017 年中国工业制成品进口额增速前 20 类商品

资料来源：联合国贸易数据库。

（2）我国对高端芯片的需求提升了资本密集型产品进口占比

随着经济的发展，我国大幅增加了科技研发投入，中国的研发和技术创新能力得以快速提升。近年来，我国高技术产品及应用快速发展，如智能手机、电子商务、移动支付等，高技术产品的制造与高新技术的应用需要大量基础零部件的支持，但目前与欧美、日韩等发达经济体相比，中国在某些方面的生产技术和研发能力还有一定差距，国内生产技术和能力暂时还无法满足我国对高新技术基础产品的需求，只能依靠进口。图 7-15 为 2017 年我国进口额在百亿美元以上的商品，共有 13 类，进口额较大的商品为电机电器、集成芯片，核反应堆，光学仪器，车辆及零部件，航空航天等。这些产品均属于高技术产品，对技术水平及研发能力要求极高，目前我国对此类产品的需求量较大，但国内生产能力无法满足需求，只能依赖进口。其中，HS 编码为 85 的产品类别进口额最高，此类商品包含电机、电气设备及其零件、录音机及放声机、电视图像、声音的录制和重放设备及其零件等，集成芯片也属于此类，2017 年，该类商品进口额为 4579.22 亿美元，接近当年进口总额的一半。

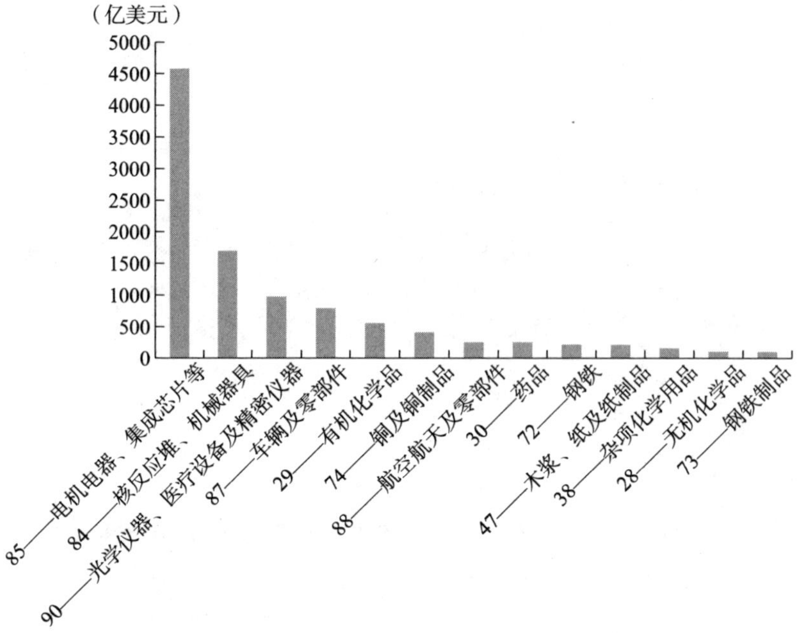

图 7-15　2017 年我国进口额超过百亿美元的产品

资料来源：联合国贸易数据库。

在 HS 编码为 85 的商品中，占比最大的为芯片。据海关统计，2018 年我国芯片进口量为 4175.7 件，进口额为 3120 亿美元，其进口额高于石油，是中国进口额最高的产品。而 2018 年全球芯片生产规模约为 5000 亿美元，中国芯片进口额占据全球生产规模的 2/3。同年中国芯片出口额为 846.36 亿美元，不到进口额的 1/3。集成芯片是信息技术的核心和主要推动力，近年来我国智能手机、电子商务、大数据、云计算及人工智能等快速发展，直接带动了对芯片的需求。经过多年发展，我国芯片领域虽然已取得较大进步，某些领域甚至实现了重大突破，但该领域是一个周期长、投资大的产业，目前我国与发达国家在生产技术和生产能力方面还有一定差距，国内芯片95%仍需进口支持。因此，我国对芯片的进口需求直接带动了资本密集型产品进口额的增加。

（3）我国加工贸易及外商直接投资的发展带动了高技术产品进口额的增加

在以分工和交易为背景的现代经济活动中，全球经济单元之间的联系更为紧密，企业本部通常只从事研发和产品设计等核心业务，而将生产、组装等环节通过对外直接投资等方式转移至世界各地。改革开放之初，从承接香港加工业订单开始，中国加工贸易的发展带动了经济转型，加工贸易规模快速增长。1981年，中国加工贸易进出口总值为26.4亿美元，占我国进出口贸易总值的6.0%，2018年，加工贸易进出口总值达83773亿元，占进出口贸易总值的27.46%。随着中国经济转型，加工贸易不再集中在服装、玩具等低技术产品，而是向信息技术、车辆等中高技术产品转移，从事加工贸易意味着首先从国外进口一定技术含量的中间品，因此，加工贸易规模的扩大，带动了中国高技术产品中间品的进口规模。

中国吸引的外商直接投资也带动了高技术产品进口额的增加。改革开放后，外商在我国的直接投资在扩大就业、提升管理水平、扩大对外开放等方面发挥了重要作用，我国的外商直接投资额也稳步提升，从1983年的9.16亿美元增至2017年的1310亿美元。随着我国人口老龄化程度的提升，劳动力成本提高，外商投资领域由最初的以劳动密集型产业为主转向多元化发展，尤其是高科技行业。外商在中国投资高科技领域在带动高技术产品出口的同时也将增加对高技术产品零部件的进口，从而提升高技术产品进口额。

（二）劳动密集型产品占比未大幅上升的原因

从供给角度看，一方面，由于我国整体技术水平尚低于发达国家，由扩展模型（一）与命题 8 得：$\frac{dp}{dA}>0$，所以我国劳动密集型产品价格要低于发达国家，因而不会像发达国家那样有大量劳动密集型产品流入。

另外，从我国实际出发，目前我国劳动密集型产业尚未完全失去竞争力。虽然近年来我国人口老龄化程度发展较快，劳动力供给减少引起劳动力成本上涨，但目前我国人口老龄化程度仍低于日韩等人口老龄化程度较高的国家，劳动力供给相对于日韩等国家较为充裕，因此劳动力工资成本仍低于日韩等发达国家。

另一方面，根据第四章理论模型，厂商利润最大化时，生产函数对 l_{1t} 求导得：

$$w_t=(1-\alpha)\ k_{1t}^{\alpha}l_{1t}^{-\alpha}=(1-\alpha)\ (\frac{k_{1t}}{l_{1t}})^{\alpha}$$

上式对 k_{1t} 求导得：$\frac{\partial w_t}{\partial k_{1t}}=(1-\alpha)\ \alpha\ (\frac{k_{1t}}{l_{1t}})^{\alpha-1}\frac{1}{l_{1t}}>0$，因此，某地区某个时期的人均工资与该时期人均资本成正比，人均资本较高的地区其工资率较高，而人均资本较低的地区其工资率也较低。世界银行数据库显示，按现价美元计算，2017 年，中国人均资本为 3884 美元，低于美国、英国、日本、韩国等 OECD 国家，高于亚洲的越南、印度等国家（见图 7-16）。当一国人均资本较高时，该地区将更多地发展资本密集型产业，同时该产业将吸引较多劳动力，劳动密集型产业劳动力供给减少，从而引致劳动力成本上升。因此，在当前中国较低的人均资本背景下，人均工资虽然随人口老龄化程度提高而有所提高，相较于与中国相邻的印度等人均资本较低、人口结构较年轻的国家，中国人均工资较高，但与世界上大多数国家相比仍处于较低水平。我国劳动密集型产品仍未完全失去比较优势，人口老龄化引致的劳动供给不足问题还未到十分突出的地步，劳动密集型产业尚未完全失去竞争力。因此，劳动密集型产品的进口并未大幅增加，反而是资本密集型产品的进口大幅增加。

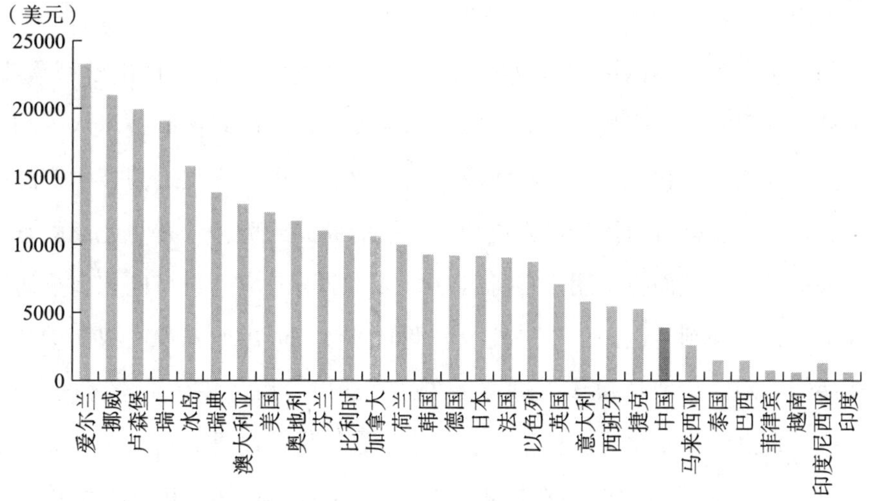

图 7-16 中国与其他国家人均资本形成总额对比

资料来源：世界银行数据库。

三、我国高技术产品进口结构分析

我国近年来高技术产品进口额及占比有所增加，但其进口都来自哪里？进口来源国是否发生了变化？本部分内容将对此作出分析。按 Lall（2000）的分类，将 HS 编码 37（照相及电影用品）、85（电机、电气设备及其零件、录音机及放声机、电视图像、声音的录制和重放设备及其零件）、88（航空器、航天器及其零件）、90（光学、照相、电影、计量、检验、医疗或外科用仪器及设备、精密仪器及设备）的产品归为高技术产品，以下统计数据均来自联合国贸易数据库（见表 7-7）。1992 年，我国高技术产品进口来自世界 95 个国家和地区，最大来源地是中国香港，其次是日本和美国，三者进口总额超过了总进口额的 67%，其中进口额占比超过 1%的国家和地区有 13 个，其进口额总和占总进口额的 95.52%，此时的进口来源地比较集中。到 2017 年进口来源地达 186 个国家和地区，几乎是 1992 年的两倍，进口额占比超过 1%的国家有 10 个。1992—2017 年，我国高科技产品进口的最大来源地由中国香港、俄罗斯等逐渐转向日本、韩国、美国等。日本和美国均是当今世界较发达的国家，其技术水平和老龄化程度均高于中国，所以中国从这些国家进口高技术产品符合理论模型预期。我国从发达国家进口高技术产品，通过技术溢出，提高我国的技术水平和管理能力。并通过转移效应、学习效应和竞争效应，进一步促进高技术产品的出口。转移效应指进口国进口先进技术水平的商品或服务，并将此商品进行简单加工或不加工而直接用于自身出口商品。学习效应即进口国在市场研究的基础上，捕捉到追赶国外先进技术水平的机会，但出于知识产权保护与技术壁垒的限制，采取进口该先进技术产品并加以分解、模仿、学习的方式，进而提升自身的技术水平。竞争效应即单一进口商通过进口高技术产品并通过学习、改造将其蕴含的高新技术应用于自身出口商品，获取超额技术利润，在国内行业形成初始的技术性刺激。为获取超额利润，国内企业将进行竞争性技术研发，加大对经济系统空间中的知识存量的使用，提升一国在该领域的整体技术，使得出口技术结构优化成为可能。

表 7-7　不同年份我国高技术产品进口占比 1%以上的国家和地区

年份：1992

来源地	进口额（亿美元）	占比（%）
中国香港	44.13	32.29
日本	25.64	18.76
美国	23.35	17.08
俄罗斯	7.69	5.62
亚洲其他国家	6.66	4.87
德国	5.84	4.27
法国	4.31	3.15
加拿大	2.34	1.71
韩国	2.30	1.69
瑞典	2.22	1.63
英国	2.11	1.55
意大利	2.08	1.52
荷兰	1.89	1.38
总计	130.56	95.52

年份：2000

来源地	进口额（亿美元）	占比（%）
美国	78.30	12.89
亚洲其他国家	69.60	11.46
韩国	53.50	8.82
中国香港	37.10	6.11
德国	28.20	4.65
马来西亚	21.70	3.57
瑞典	18.30	3.02
芬兰	16.90	2.78
法国	16.10	2.65
新加坡	16.00	2.64
英国	13.80	2.28
泰国	8.84	1.46
菲律宾	8.83	1.45
总计	539.51	88.86

年份：2010

来源地	进口额（亿美元）	占比（%）
韩国	718.32	17.16
亚洲其他国家	713.22	17.04
日本	601.61	14.37
马来西亚	294.17	7.03
美国	284.61	6.80
德国	175.43	4.19
新加坡	92.62	2.21
菲律宾	91.18	2.18
泰国	81.03	1.94
法国	67.11	1.60
总计	3119.30	74.53

年份：2017

来源地	进口额（亿美元）	占比（%）
亚洲其他国家	1128.37	19.35
韩国	1026.25	17.60
日本	581.32	9.97
美国	431.90	7.40
马来西亚	320.67	5.50
德国	256.74	4.40
越南	247.06	4.24
泰国	116.07	1.99
新加坡	112.20	1.92
菲律宾	110.79	1.90
法国	86.94	1.49
总计	4418.31	75.75

资料来源：联合国贸易数据库。

第八章

主要结论与政策建议

人口老龄化不仅是当今世界人口变化的主要议题，而且将成为今后若干年经济社会发展的大背景。从某种程度上说，人口老龄化既是社会发展的必然产物，也是社会进步的结果，但其影响却是多方面的，尤其对中国这种“未富先老”的国家而言，其影响更是不容忽视。因此，如何应对人口老龄化已成为社会各界普遍关注的问题。随着人口老龄化程度的不断加深，一国的劳动力供给、投资、消费及储蓄等都会发生变化，这些因素共同作用于一国的资源禀赋和要素价格进而影响经济增长、技术创新及产业结构等，对一国的进出口贸易会产生更大更深远的影响。本书通过理论分析、数值模拟以及实证检验总结和归纳了人口老龄化对进出口贸易结构影响的机理，并通过 OECD 国家的数据进行验证。在此基础上，得到一些有价值的结论并据此为处于人口快速老龄化的中国提供制定政策的依据。

第一节　主要结论

本书在对现有文献进行归纳和总结的基础上，从理论模型、数值模拟、实证检验等方面分析了人口老龄化对进出口贸易结构的影响。首先，文章对世界及中国的人口老龄化的发展现状、特征、成因及未来发展趋势进行了阐述，从而为论文的理论与实证分析奠定了现实基础。其次，在现有的两期 OLG 模型的基础上，将老年时期分为老年期和超老年期，构建三期 OLG 模型，旨在更全面考察人口老龄化对进出口贸易结构的影响。在理论模型的基础上，通过为变量赋值，模拟劳动力价格、人均资本、资本价格、生产函数等变量随人口出生率和预期寿命的变化，并通过图形展示理论模型的收敛性。再次，在上述理论模型和数值模拟的基础上，利用OECD 国家的数据进行实证检验。OECD 国家大都属于老龄化程度较高的发达国家，具有较强的代表性，对其进行检验有典型意义。最后，分析了人口老龄化背景下中国进出口结构的变化，对于出口结构，利用空间计量模型采用基于中国各省份的面板数据进行检验，探讨人口老龄化与中国出口结构的关系以及其他影响中国出口结构的因素，对于进口结构，分析了近年来高技术产品进口增加的原因。具体而言，本书得出了如下主要结论：

第一，人口老龄化是世界各国面临的共同问题，中国的人口老龄化有其自身的显著特征。

随着预期寿命的延长和人口出生率的下降，世界各国普遍面临人口老龄化加剧的问题。从目前情况看，高收入国家的人口老龄化程度要高于中低收入国家。2017 年，世界各国 65 岁及以上人口占总人口的比重为8.69%，而高收入国家这一比例高达 17.43%，最为严重的日本则高达27.04%。造成这一现象的原因不外乎人口出生率的下降和平均预期寿命的延长，一方面，随着经济社会的发展，社会保障体系逐步完善，“养儿防老”的观念逐渐过时，而物价及房价的节节攀升大幅增加了养育孩子的成本，因此，人们普遍倾向于少生孩子甚至不生孩子，近年来年轻人结婚率的下滑更加重了这一问题，在此背景下，人口出生率的下降不可避免。另一方面，医疗条件的改善以及生活条件的提高使得平均预期寿命不断延长，高龄和超高龄老人的数量逐年增加。在上述两种因素的共同作用下，世界各国普遍出现了人口老龄化现象。

中国的人口结构变化在遵循世界人口结构变动规律的基础上表现出自身的显著特征。首先，造成中国人口老龄化的原因除经济社会发展及人们观念变化外，政府政策起了重要作用，30 多年严格的计划生育政策的实施人为加速了中国人口老龄化进程。其次，中国人口老龄化速度明显快于世界平均水平。再次，人口老龄化进程快于经济发展速度，“未富先老”特征明显。最后，人口老龄化的地区差异显著。具体而言，2017 年，中国 65 岁及以上人口占总人口的比重达 10.64%，已高于中高等收入国家的平均水平，未来中国的人口老龄化问题更为严重，根据联合国人口司发布的《世界人口展望（2019）》，到 2050 年，中国的人口老龄化程度将达 26.1%，即每四个人中就有一位老年人。因此，中国必须重视人口老龄化引致的一系列问题，提早作出预案。

第二，人口老龄化程度高的国家倾向于出口资本密集型产品和进口劳动密集型产品，而人口老龄化程度低的国家倾向于出口劳动密集型产品和进口资本密集型产品。

本书通过构建包括两种商品的三期 OLG 模型，从理论上证明并通过数值模拟利用图形展示了人口老龄化程度高的国家在资本密集型产品的生产和出口方面更具有优势，而人口老龄化程度低的国家在劳动密集型产品的生产和出口方面具有优势。因此，前者倾向于出口资本密集型产品和进口劳动密集型产品，后者则倾向于出口劳动密集型产品和进口资本密集型产品。

人口老龄化对进出口贸易结构影响的微观机制在于：人口老龄化→要素相对丰裕度→要素相对价格→产品生产结构→进出口结构。具体而言，人口老龄化通过影响资本和劳动的相对丰裕度进而影响进出口贸易结构。在理论中，我们通过引入人口出生率和预期寿命证明了上述机制。人口老龄化程度的提高意味着人口出生率的下降和预期寿命的延长，预期寿命的延长意味着人们在年轻时需要更多储蓄以应对老年时期的生活，从而使得一国的人均资本提高，资本更为丰裕导致资本价格下降，有利于资本密集型产品的生产和出口。从对劳动的影响看，人口出生率下降意味着劳动力供给减少，预期寿命的提高意味着老年人口在总人口中的比重上升，但老年人无法提供有效劳动供给，劳动要素变得相对稀缺，劳动力价格上升，从而不利于劳动密集型产品的生产和出口。

因此，人口老龄化程度高的国家倾向于出口资本密集型产品和进口劳动密集型产品，而人口老龄化程度低的国家倾向于出口劳动密集型产品和进口资本密集型产品。

第三，对 OECD 国家的实证研究发现，人口老龄化程度与出口产品中资本密集型产品与劳动密集型产品的比呈正相关关系，而与进口产品中资本密集型与劳动密集型产品的比呈负相关关系，但二者的关系在人口老龄化程度不同的国家表现略有不同。

OECD 国家人口老龄化程度高，经济发展水平高，数据较为翔实，因此，实证研究结果具有一定的代表性。

首先，人口老龄化对出口贸易结构的影响方面，研究发现：

一是人口老龄化与资本密集型产品出口显著正相关，说明人口老龄化有助于资本积累，进而降低资本价格从而带动资本密集型产品的生产和出口，同时由于适龄劳动力减少而提高了劳动力成本，不利于劳动密集型产品的生产和出口。

二是按人口老龄化程度分组回归，结果显示随着人口老龄化程度的增加，其对产品出口结构的影响减弱，年轻国家相较于年老国家，穷国相较于富国的产品出口结构受人口老龄化的影响更大。

三是人口老龄化程度的提高对不同技术含量的产品影响不同。研究发现人口老龄化程度的提高同时提升了高技术产品和中等技术产品的出口占比，降低了低技术产品的出口占比，但对高技术产品出口占比的影响更大。

四是高等教育入学率提高、外资流入、通货膨胀率降低、本币升值等对资本密集型产品的出口有利，但研发支出提高对当期资本密集型产品出口不利。

其次，人口老龄化对 OECD 国家进口产品结构的影响方面，研究发现：

一是人口老龄化程度的提高有利于劳动密集型产品的进口而不利于资

本密集型产品的进口，而且进口具有明显的延迟性。

二是进口结构与研发支出、人力资本、外商直接投资以及人均资本显著正相关，说明上述变量的增加有利于资本密集型产品的进口。

三是进口贸易结构与人均 GDP 负相关，说明经济越发达，该国将较多进口劳动密集型产品。

第四，一国人口老龄化程度过高反而不利于资本密集型产品的出口。

第三章、第四章、第五章的理论与实证研究均证明了随着一国人口老龄化程度的提高，将有利于资本密集型产品的出口和劳动密集型产品的进口，从而优化贸易结构。但对日本的实证研究发现当一国的人口老龄化超过一定限度时，人口老龄化继续提升将导致出口产品中资本密集型产品与劳动密集型产品的比率不升反降。具体而言，随着人口老龄化程度的增加，高技术产品出口额占比先显著上升，但上升幅度越来越小，当人口老龄化达到一定限度后继续上升时，高技术产品出口额占比开始下降，其原因在于高技术产品的生产和出口不仅需要投入大量的资本，更需要大量的技术创新，当人口老龄化程度不太严重时，人口老龄化的提升对技术创新没有显著影响，但却明显有利于资本积累，因此有利于高技术产品的生产和出口。但当人口老龄化达到一定程度后，老年人口在总人口中的占比过高意味着一国年轻人较少，这会严重影响该国的创新能力，导致该国缺乏创造性和创新能力，从而抵消资本积累增加对资本密集型产品出口的正面影响。

第五，对中国出口结构的实证检验发现，人口老龄化有利于资本密集型产品的出口。

第七章利用中国省级面板数据验证了中国进出口贸易结构与人口老龄化的关系，因各省份之间的关系不同于国家之间的关系，人口老龄化和高技术产品出口占比存在空间相关性，故使用空间计量模型并使用邻接矩阵和经济距离矩阵作为权重矩阵。实证研究发现人口老龄化使资本变得更为充裕，有利于资本密集型产品的出口并带动出口贸易结构的优化升级。这一结论与理论模型、数值模拟及OECD国家的实证结果一致。另外，人力资本的提升、研发支出的增加、外商直接投资、专利数量以及基础设施的完善均有助于资本密集型产品的出口和提升出口结构，但人均资本因素作用不显著，不是影响中国出口贸易结构的关键因素。

第六，中国进口产品中高技术产品占比提高，而中等技术产品和低技术产品占比下降。

高技术产品进口占比上升的原因可以从供给和需求两个角度解释。从供给角度看，由第四章扩展模型（一）可知，技术水平越低，资本密集型产品相对价格越高，从而使得境外其他国家向中国出口更多的高技术产品。从需求角度看，老年人数增多带动了对进口药品的需求，我国对高端芯片的需求以及外商直接投资和加工贸易的发展提升了资本密集型产品进口。劳动密集型产品进口占比下降也可从供给和需求角度予以解释。

第二节　政策建议

目前，中国正处于人口老龄化快速发展时期，随着中国综合国力的增强以及人口老龄化趋势的发展，过去依赖廉价劳动力大力发展劳动密集型产品的出口导向型战略已难以为继，进出口贸易结构亟须转型升级。在中国推进供给侧结构性改革的大背景下，人口老龄化不仅给贸易结构调整带来了挑战，同时也提供了难得的机遇。在人口结构迅速变化的时期，中国既要推进经济改革及结构调整，又要兼顾经济增长和就业，如何在二者之间找到平衡点是需要认真研究的问题。从对外贸易的角度出发，我们既要保持外贸规模的稳步增长，又要转变贸易模式，调整贸易结构，实现贸易的转型升级。在出口方面，完成以低附加值的劳动密集型产品为主转向技术含量较高、附加值较高的资本密集型产品为主；在进口方面，充分发挥进口在拉动经济增长方面的作用，优化进口结构，增加能促使产业转型升级的高技术产品的进口，同时加大研发投入，尽快完成产业及经济结构的转型升级。具体而言，可从以下几个方面入手。

一、加快推进进出口贸易结构调整和模式转换

进出口贸易结构调整和模式转换是经济社会发展的必然要求和结果。随着人口老龄化程度的提高，中国以往依靠廉价劳动力大量生产和出口劳动密集型产品的贸易结构和贸易模式已难以为继。而随着中国国力的增强以及人民生活水平的提高，进口规模的扩大和结构的变化也是必然的。表 7-5的实证结果及图 7-7 表明，随着中国人口老龄化程度的提高，资本密集型产品的出口占比增加，同时资本密集型产品的进口占比也在增加。这说明中国的劳动密集型产品的国际竞争优势在下降，同时又未完全丧失，当然这也是中国目前尚未进入深度老龄化社会的结果。这给中国提供了一个缓冲期，在进入深度老龄化社会前，必须完成贸易结构的调整和模式的转换，否则就会同时面临贸易规模下降、国际收支逆差和贸易结构恶化的不利局面。

在出口方面，一是通过继续挖掘劳动力供给潜力、提高劳动参与率的方式防止出现劳动密集型产品的出口在短期内大幅下降，从而带来贸易规模的下降和国际收支的恶化，以此为国内技术升级和创新争取时间；二是通过加大研发投入，尽快实现技术升级，为贸易结构调整提供支撑。在进口方面，采取积极措施引导进口结构转型，避免出现进口大幅增加导致国际收支逆差以及国内产业空心化，具体可从大力鼓励先进技术和设备进口、优化公共服务、下调部分产品关税、加强进口贸易平台建设、促进跨境电子商务发展等方面展开。

二、加大研发投入力度，提高自主研发能力，摆脱对廉价劳动力的依赖

表 7-5 的实证结果表明，研发投入与中国资本密集型产品出口占比正

相关，因此，我国应加大研发投入力度，促进出口结构转型升级。改革开放以来，中国实施的出口导向型战略取得了骄人的业绩，但这种业绩却是建立在无限供给的廉价劳动力基础之上的，随着“刘易斯拐点”的出现，该模式受到了挑战。经过十几年的努力，我国出口结构中资本密集型产品占比有了质的飞跃，但总体上看，中国出口产品的低价格、低端化特征并没有得到根本改变，而随着人口老龄化程度的提高，中国的进口产品结构中资本密集型产品占比大幅提升，因此，我国面临着进口和出口的双重压力，转变贸易模式迫在眉睫。

但目前中国自主研发能力偏弱，事实证明，单靠技术引进，以市场换技术是不行的，真正的高新技术是换不来、引不进的，最后的结果可能是技术引不来，市场却拱手让人，近年来的中兴、华为事件就是最好的例证，因此，唯有依靠自主创新实现技术升级方能解围。首先，加大研发投入力度，技术创新需要大量资金并且风险较大，充足的资金支持是技术创新的前提条件。其次，改革科研管理体制，提高高校、科研院所以及企业的科技创新的积极性和资金使用效率。最后，加强知识产权保护，技术创新是创新者花费巨大的精力和资金投入获得的，应保护其合法权益，严厉打击盗用者。通过加大研发投入力度带动自主创新能力的提升，使中国进出口贸易发展模式从主要依靠大量廉价劳动力生产和出口劳动密集型产品的发展阶段，转向依靠自主创新提升产品质量、出口资本密集型产品尤其是中高技术产品的发展阶段。

随着技术的飞速进步，以自动化和人工智能为代表的新技术使得以资本和技术替代劳动成为可能，在制造业和服务业的某些生产环节使用人工智能替代劳动力是可以实现的，而且劳动生产率更高，成本更低，又可以弥补劳动力供给不足的缺陷。相应地，应进一步加大对自动化和人工智能技术的研发力度，在技术成熟后通过规模化的量产降低成本，使企业能以较低成本利用这种技术。但要实现这一目标并非易事，一方面政府部门需要为人工智能提供良好的发展环境，另一方面需要事先防范人工智能可能引发的失业和收入分配失衡等问题，确保经济与社会的平稳运行。

三、提高教育水平，通过人力资本的提升抵消人口老龄化的不利影响

人口老龄化虽然有利于资本密集型产品的出口，进而促进进出口贸易结构的优化，但对贸易规模及贸易收支均有不利影响。随着人口老龄化程度的提高，劳动力供给减少，造成劳动力紧张，企业开工不足，出口贸易规模随之下降，导致贸易收支恶化，出现贸易赤字。但同时从表 7-5 及表 7-6的实证结果可以看出，人力资本提升能显著促进资本密集型产品的出口，因此可通过提高劳动者的受教育水平，提高劳动效率，减弱人口老龄化对劳动力供给的冲击，抵消其不利影响。具体可从如下两方面采取措施：首先，提高教育质量。可考虑进一步延长义务教育年限，在目前九年义务教育的基础上把义务教育阶段延长至高中，即 12 年义务教育；着力提高教育质量，通过提高教师待遇、在全社会营造尊师重教的氛围等措施实现；推进教育资源和教育机会均等化，教育投入重点向中西部地区和农村地区倾斜。其次，加强职业培训。政府可通过购买服务等方式开设免费的职业培训课程，同时鼓励各类企业提供培训，对参加培训的劳动者给予相应补贴，对提供培训的企业也可考虑给予相应补贴或税费减免等。通过提高劳动者受教育水平和职业培训可提升劳动效率，增加有效劳动供给，从而抵消人口老龄化对劳动供给的不利影响。

四、挖掘劳动力供给潜力，提高劳动参与率

由第四章扩展模型（二）可知，当劳动参与率不为 1 时，提高劳动参与率能促进出口产品结构的优化，因此，可通过提高劳动参与率，提高劳动供给，减弱人口老龄化引起的劳动力供给减少对劳动力市场的影响。

（1）进一步推进户籍制度改革，转移农业剩余劳动力

经过历次体制与政策调整，农业剩余劳动力已经得到充分释放，尤其

是农村青壮年劳动力进城打工已成为常态，从而形成所谓的“半工半耕”状态。但客观地讲，农业剩余劳动力转移仍有潜力可挖，第一，农民工的“半工半耕”状态有其积极的一面，有利于降低中国制造业成本，但其对制造业劳动生产率提高的影响也是巨大的。如果农民工结束“半工半耕”，定居城市生活，可极大提高劳动参与率，也能提高劳动技能从而提高劳动生产率。第二，我国农业属超小规模经营，目前户均经营规模 10 亩以下的比例仍达 80%以上，这也造成农业竞争力低下，如果进一步扩大农业经营规模的话，则农业剩余劳动力的转移仍有巨大潜力。

目前，制约农业劳动力转移的主要是体制方面的原因：第一，户籍制度仍无法满足劳动力自由流动的需求。中国的户籍制度历经多次改革，目前对人口流动的限制已经大为弱化，但与户籍捆绑在一起的基本公共服务如子女入学、医疗保险、社会保障等依然严重阻碍人口的自由流动。下一步户籍改革的重点应是完全打破城乡分割的二元户籍制度，剥离依附在户籍制度上的经济社会不平等，真正做到城乡居民公平公正和农民市民化，才能实现劳动力的自由流动。在市场力量的作用下，农业剩余劳动力流向人口老龄化程度高的地区和经济欠发达地区，提高劳动密集型产业的竞争力，维持竞争优势。第二，土地制度是阻碍农民工流动的另一重要因素。在社会保障制度不完善的条件下，农民工通常不会轻易放弃土地，从而成为劳动力转移的羁绊。所以，应进一步推进土地制度改革，按照三权分置的原则推进耕地、宅基地和集体建设用地制度改革，实现农业经营规模扩大的同时释放农业劳动力，从而缓解人口老龄化引致的劳动力参与不足的问题。

（2）适当延长退休时间

随着经济社会的发展以及医疗卫生条件的改善，人们的生活水平得到了极大提高。到了退休年龄，多数人的身体状况较好且有意愿继续工作，但以往退休年龄红线限制了人们继续工作的机会，这为延长退休年龄提供了基础。因此，政府可以依据经济社会发展状况，逐步延长退休年龄，考虑到地区差异，该政策的实施可有地区差别。退休年龄延长可提高劳动参与率，缓解由于人口老龄化带来的劳动力不足的问题。

通过户籍制度改革和适当延长退休时间可在劳动力规模不变的条件下挖掘现有潜力，以及通过人口流动满足经济发达地区和人口老龄化程度较高地区的劳动力需求，从而在一定程度上降低人口老龄化带来的冲击，在一定时期内维持我国贸易的竞争优势。

五、稳步推进新型城镇化进程，切实降低年轻人在城市的生活成本

以日本为案例的实证结果（见表6-12）告诉我们，如果一个社会中老年人口占比过高，该社会就会缺乏活力和创新能力，即使资金十分充裕，也很难实现产业结构和贸易结构的升级。年轻人占比高低对经济发展及贸易结构的改善具有重要作用，相比老年人，年轻人的劳动效率较高且创新意识较强，如果一个行业中年轻人占比较高，会有利于提高该行业的劳动生产率和技术创新能力，进而有利于促进该行业的转型升级。

人口再生产有其自身的规律，短期内期望通过提高人口出生率增加年轻人是不现实的。在现有的劳动力存量中通过吸引农村劳动力，提高城市中年轻人占比是仅有的可行路径。然而在调研中发现，制约年轻人向城市转移的重要因素除上述的户籍制度和土地制度外，城市生活成本过高也是重要的制约因素，尤为突出的是房价。以房价为核心的城市生活成本上涨速度超过了工资上涨速度，让年轻人无力承担，也就无法长期在城市生活，往往在城市工作几年选择回农村老家安家落户，而这对行业劳动生产率的提高是极为不利的，大批熟练劳动力的缺乏使出口产品竞争力无法有效提高。

为此，可考虑从如下途径入手：第一，设法降低年轻人在城市的生活成本，一是稳定房价，将房价收入比控制在一个合理的范围内；二是政府可推出廉价的公租房，使农村年轻人获得在城市居住的支付能力，成为城

市稳定的劳动力来源。第二，提高工资，通过收入分配制度改革，提高一线工人的工资水平，使其有能力负担日渐提高的城市生活成本。这样，在某种程度可抵消人口老龄化的冲击，为中国的贸易结构转型升级争取时间，在维持既有贸易规模的基础上，实现贸易结构的升级和贸易模式的转换。

六、加大高技术产品及化妆品、药品等的研发投入，实现进口替代，优化进口结构

长期以来，在中国对外贸易发展过程中，我们更为重视出口，无论是贸易规模还是贸易结构，出口都要大于和优于进口。当然，不可否认的是，自改革开放后中国确立的出口导向型战略的确获得了巨大成功，在拉动经济增长过程中发挥了重要作用。但出口和进口是紧密相关的，从理论上讲，出口是利用本国资源生产出产品和服务供应别国使用，而进口则是利用别国资源为自身服务。从实践方面看，近年来，国际上贸易保护主义抬头，中国作为世界第二大经济体，综合实力大为增强，国内又面临着供给侧结构性改革。在此背景下，中国应更加重视进口结构，依据进口产品结构及种类的变化，探索消费者需求动向，制定合适的国内政策，合理生产，优化进口结构。目前，中国的进口贸易结构中中高技术产品占比最大，随着人口老龄化程度的提高，资本密集型产品的进口没有下降，反而进一步提升。

由图 7-15 可知，2017 年，我国进口额较高的品类集中在电机电器、集成芯片、车辆、生物医药、航空航天等高端技术领域。目前，我国这类产品的生产能力和技术还不能完全满足国内需求，因此，我国应继续加强高技术产品的研发能力，提高高技术产品的生产技术和产品质量，以进口带动发展，提高我国高技术产品的国际竞争力。

此外，从图 7-14 我国进口商品增速的变化可以看出，1992—2017 年，我国进口增速最快的为化妆品，其次为药品、金属制品及纸制品等对技术

要求并不十分高端的领域。近年来，随着我国人民生活水平的提高、消费结构的升级以及跨境电商的发展，中国人民对日常生活用品的要求不断提高，高端化妆品及奢侈品等进口额增速较快。因此，我国除加大对高技术产品的研发外，还应重视进口增速较快的化妆品及药品等的研发及生产，借鉴国外相关产品的研发和生产经验，结合我国消费特征及用户习惯，增加对化妆品、药品及其他奢侈品的研发投入，加快技术转化步伐，尽快投入生产，打造国内高端品牌，实现进口替代，从而优化进口贸易结构。

七、落实全面二孩政策，探索全面放开生育的政策限制，切实降低育儿成本，实现人口的可持续发展

改善人口老龄化最根本的途径是提高人口出生率，但由于中国长期实施严格的计划生育政策，加之随着经济社会的发展、社会保障体系的完善、育儿成本的提高以及生育观念的转变，居民的生育意愿大幅降低，人口出生率不断下降。国家统计局最新公布的数据显示，2018 年中国人口出生率为 10.949‰，创 3 年新低，而近年来中国的总和生育率一直保持在 1.6，低于正常的 2.1 的人口更迭水平，也低于多数发达国家的水平。受此影响，自 2012 年起，中国 15~64 岁的劳动年龄人口连续七年下降，2018 年降为 8.97 亿，七年间减少 2600 万人，这将给中国以往的进出口贸易发展模式带来巨大冲击，意味着以大量劳动密集型产品出口为主的贸易发展模式再也难以为继。

为延缓人口老龄化的消极影响，2015 年 10 月，党的十八届五中全会决定放开二孩政策，宣告实施了 30 多年的独生子女政策至此终结。从近几年政策的实施效果看，在最初两年，的确拉动了人口出生率的短暂回升，但长期积累起来的生育意愿得到释放后，人口出生率又继续下降。这说明目前主导人们生育意愿的并非政策限制，而是经济社会发展带来的生育观念的根本转变，此外，育儿成本上升、配套设施不完善以及职场的激烈竞争也是人口出生率下降的重要原因。

为切实提高人口出生率，可从如下方面入手：首先，认真落实全面二孩政策，探索全面放开生育的政策限制。虽然全面二孩政策对提高人口出生率效果有限，但毕竟还是有帮助的，因此，现阶段应全面落实二孩政策，政府应全面清除以往严格限制生育的政策并在实践中贯彻。如上所述，导致目前中国人口出生率低的主要原因并非政策限制，即使没有任何政策限制，中国的人口出生率也不会大幅上升。因此，在全面贯彻二孩政策的基础上，选择若干地区探索全面放开生育限制的政策，把生育权彻底还给人民。其次，降低育儿成本。可以从延长妇女产假，给予男方带薪陪护假，新增和扩建托幼机构等方面入手实施相应政策。最后，鼓励有条件的地区出台人口生育奖励政策。在人口老龄化程度比较严重且财力许可的条件下，鼓励各级地方政府出台鼓励人口生育的政策，对新出生人口可给予相应的奖励，这也是许多发达国家常用的政策。通过上述政策的实施，希望能把中国的总和生育率稳定在一个合理水平，实现人口的可持续发展，最终实现人口与经济之间的均衡发展。

综上所述，在人口老龄化程度不断提高的背景下，中国要适应这种变化并积极调整产业政策和贸易政策，探索出适合自身资源禀赋与人口结构的贸易发展模式，实现人口结构与进出口贸易结构之间的良性互动与均衡发展。

参考文献

[1] Anderson G F, Hussey P S. Population Aging: A Comparison among Industrialized Countries [J]. Aging Male, 2000, 19 (3): 191-201.

[2] Anderson J E, Wincoop E V. Gravity with Gravitas: A Solution to the Border Puzzle [J]. Boston College Working Papers in Economics, 2000, 93 (1): 170-192.

[3] Ando A, Modigliani F. The "Life Cycle" Hypothesis of Saving: Aggregate Implications and Tests [J]. American Economic Review, 1963, 53 (1): 55-84.

[4] Auer R, Chaney T. Exchange Rate Pass-Through in a Competitive Model of Pricing-to-Market [J]. Journal of Money, Credit and Banking, 2009, 41 (1): 151-175.

[5] Bhagwat Y, Debruine M. R&D and Advertising Efficiencies in the Pharmaceutical Industry [J]. International Journal of Applied Economics, 2013, 8 (1): 55-65.

[6] Björn A. Scandinavian Evidence on Growth and Age Structure [J]. Regional Studies, 2001, 5 (5): 377-390.

[7] Blanchard O J. Debt, Deficits, and Finite Horizons [J]. Journal of Political Economy, 1985, 93 (2): 223-247.

[8] Bloom D E, Canning D, Fink G. Implications of Population Aging for Economic Growth [J]. Nber Working Papers, 2011, 26 (4): 583-612.

［9］Bloom D E, Canning D, Lubet A. Global Population Aging: Facts, Challenges, Solutions & Perspectives ［J］. Daedalus, 2015, 144 (2): 80-92.

［10］Bloom D E, Canning D, Graham B. Longevity and Life-cycle Savings ［J］. Scandinavian Journal of Economics, 2003 (105).

［11］Bloom D E, Canning D, Malaney P N. Demographic Change and Economic Growth in Asia ［J］. Asian Economic Policy Review, 2009, 4 (1): 45-64.

［12］Bloom D E, Canning D, Mansfield R K. Demographic Change, Social Security Systems and Savings ［J］. Journal of Monetary Economics, 2007, 54 (1): 92-114.

［13］Bloom D E, Williamson J G. Demographic Transitions and Economic Miracles in Emerging Asia ［J］. Cambridge, Massachusetts, National Bureau of Economic Research ［NBER］, 1997, 12 (3): 419-455.

［14］Boersch-Supan A H, Winter J K. Population Aging, Savings Behavior and Capital Markets ［R］. Nber Working Papers, 2001.

［15］Bolin K, Lindgren B, Lundborg P. Your Next of Kin or Your Own Career? Caring and Working Among the 50+ of Europe ［J］. Journal of Health Economics, 2008, 27 (3): 718-738.

［16］Bosworth B, Chodorow-Reich G. Saving and Demographic Change: The Global Dimension ［R］. Working Papers, Center for Retirement Research at Boston College, 2007.

［17］Bussolo M, Schotte S, Matytsin M. Population Aging and Households? Saving in the Russian Federation ［R］. World Bank Working Paper, 2015, WPS 7443.

［18］Cave L A , Blomquist G C. Environmental Policy in the European Union: Fostering the Development of Pollution Havens? ［J］. Ecological Economics, 2008, 65 (2): 253-261.

[19] Chun Y J. Population Aging, Fiscal Policies, and National Saving: Predictions for Korean Economy [J]. Nber Working Papers, 2007, 48 (2): 339-372.

[20] Elhorst J P. Matlab Software for Spatial Panels [J]. International Regional Science Review, 2014, 37 (3): 389-405.

[21] Ferrero A. Demographic Trends, Fiscal Policy and Trade Deficits [R]. Meeting Paper, Society for Economic Dyamics, 2005.

[22] Fougère M, Mérette M. Population Ageing and Economic Growth in Seven OECD Countries [J]. Economic Modelling, 1999, 16 (3): 411-427.

[23] Gertler M. Government Debt and Social Security in a Life-cycle Economy [C]. Carnegie-rochester Conference Series on Public Policy. RePEc, 1997: 61-110.

[24] Gruber J, David A and Bütler M. Social Security Programs and Retirement around the World: Fiscal Implications of Reform [M]. The University of Chicago Press, 2007.

[25] Hall R E, Jones C I. Why Do Some Countries Produce So Much More Output Per Worker Than Others? [J]. Nber Working Papers, 1999, 114 (1): 83-116.

[26] Hausmann R, Hwang J, Rodrik D. What YouExport Matters [J]. Journal of Economic Growth, 2007, 12 (1): 1-25.

[27] Horioka C Y . Aging and Sabing in Asia [J]. Pacific Economic Review, 2010, 15 (1): 46-55.

[28] Horioka C Y , Terada-Hagiwara A . The Determinants and Long-term Projections of Saving Rates in Developing Asia [J]. Japan and the World Economy, 2012, 24 (2): 128-137.

[29] Hurd M D. et al. Subjective Survival Curves and Life Cycle Behavire

[M]. University of Chicago Press.

[30] Jie Z, Zhang J, Lee R. Rising Longevity, Education, Savings, and Growth [J]. Journal of Development Economics, 2003, 70 (1): 83-101.

[31] Jones B F. Age and Great Invention [J]. Review of Economics & Statistics, 2010, 92 (1): 1-14.

[32] Jones R W. A Three-Factor Model in Theory, Trade and History [J]. Trade, Balance of Paymenti and Growth (North-Holland), 1971: 3-21.

[33] Kalache A, Veras R P, Ramos L R. The Aging of the World Population, A New Challenge [J]. Rev Saude Publica, 1987, 21 (3): 200-210.

[34] Kelley A C, Schmidt R M. Saving, Dependency and Development [J]. Journal of Population Economics, 1996, 9 (4): 365-386.

[35] Kemp M C, Wong K Y. Gains from Trade with Overlapping Generations [J]. Economic Theory, 1995, 6 (2): 283-303.

[36] Keyfitz N, Flieger W. World Population Growth and Aging: Demographic Trends in the Late Twentieth Century [J]. Chicago Illinois University of Chicago Press, 1990, 20 (6): 904-918.

[37] Kim Y J, Schoen R. Population Momentum Expresses Population Aging [J]. Demography, 1997, 34 (3): 421-427.

[38] Kinugasa T, Mason A. Why Nations Become Wealthy: The Effects of Adult Longevity on Saving [J]. World Development, 2007, 35 (1): 1-23.

[39] Lall S, Weiss J, Jinkang Z. The "Sophistication" of Exports: A New Trade Measure [J]. World Development, 2006, 34 (2): 222-237.

[40] Lall S. The Technological Structure and Performance of Developing Country Manufactured Exports, 1985-1998 [J]. Oxford Development Studies, 2000, 28 (3): 337-369.

[41] Leff N H. Dependency Rates and Savings Rates [J]. American Economic Review, 1980, 59 (5): 886-896.

[42] Lee R, Mason A. What is the Demographic Dividend? [J]. Finance & Development, 2006, 43 (3): 16-27.

[43] Lee R, Mason A, Miller T. Life Cycle Saving and the Demographic Transition: The Case of Taiwan [J]. Population & Development Review, 2000, 26 suppl (1): 194-219.

[44] Mackellar L et al. The Economic Impacts of Population Ageing in Japan [M]. Edward Elgar Pub, 2004.

[45] Maggi G, Grossman G. Diversity and Trade [J]. American Economic Review, 2000, 90 (5): 1255-1275.

[46] Mccallum J. National Borders Matter: Canada-U. S. Regional Trade Patterns [J]. American Economic Review, 1995, 85 (3): 615-623.

[47] Naito T, Zhao L. Aging, Transitional Dynamics, and Gains from Trade [J]. Journal of Economic Dynamics & Control, 2009, 33 (8): 1531-1542.

[48] Nelson R, Phelps M. Investments in Humans, Technological Diffusion and Economic Growth [J]. American Economic Review, 1966, 65 (1): 69-75.

[49] Odigliani F, Brumberg R E. Utility Analysis and the Consumption Function: An Interpretation of Cross-Section Data [J]. Journal of Post Keynesian Economics, 1954 (1): 91-109.

[50] Peterson P G. Gray D: How the Coming Age Wave Will Transform America-and the World. [J]. New York Times Books, 1999, 78 (2): 142.

[51] Pieroni L, Aristei D. Regional Differences in Growth Rates: A Microdata Approach [P]. the 46th Congress of the European Regional Science Association, Southern Europe and the Mediterranean, 2006.

[52] Roeger W. Aging and Fiscal Sustainability in Europe [J]. Fiscal Sustainability Conference, 2000 (2): 225-286.

[53] Rouvinen P. Characteristics of Product and Process Innovators: Some

Evidence from the Finnish Innovation Survey [J]. Applied Economics Letters, 2002, 9 (9): 575-580.

[54] Samuelson P A . Ohlin Was Right [J]. The Swedish Journal of Economics, 1971, 73 (4): 365-384.

[55] Sayan S. Heckscher - Ohlin Revisited: Implications of Differential Population Dynamics for Trade within an Overlapping Generations Framework [J]. Journal of Economic Dynamics & Control, 2005, 29 (9): 1471-1493.

[56] Schott P K. Across-Product Versus Within-Product Specialization in International Trade [J]. Quarterly Journal of Economics, 2004, 119 (2): 647-678.

[57] Shi X. Study on the Effect of Population Aging on Saving Rates [J]. South China Journal of Economics, 2013 (7): 56-63.

[58] Solow R M. A Contribution to the Theory of Economic Growth [J]. The Quarterly Journal of Economics, 1956 (2): 65-94.

[59] Sophie D W, Luc S. Interrelationships between Human Capital, HRM and Innovation in Belgian Start-ups Aiming at an Innovation Strategy [J]. The International Journal of Human Resource Management, 2010, 21 (11): 1863-1883.

[60] Swan T W . Economics Growth and Capital Accumulation [J]. Economic Record, 1956, 32 (2): 334-361.

[61] Wang W. Demographic Change and Chinese Trade Surplus: Theoretical and Empirical Analysis [J]. Journal of Finance & Economics, 2012, 38 (8): 26-37.

[62] Yakita A. Different Demographic Changes and Patterns of Trade in a Heckscher- Ohlin setting [J]. Journal of Population Economics, 2012, 25 (3): 853-870.

[63] Yasin G J. Demographic Structure and Private Savings in Selected

Countries of the Oceania Region [J]. Savings and Development, 2010, 34 (2): 253-267.

[64] Teng Z, Ouyang P. Is RMB Appreciation a Nightmare for the Chinese Firms? An Analysis on Firm Profitability and Exchange Rate [J]. International Review of Economics & Finance, 2018, 54 (S1): 59-73.

[65] Yaari M E. Uncertain Lifetime, Life Insurance, and the Theory of the Consumer [J]. Review of Economic Studies, 1965, 32 (2): 137-150.

[66] Zhang J, Zhang J S, Lee R. Rising Longevity, Education, Savings and Growth [J]. Jonrnal of Public Economics, 2003 , 70 (1): 83-101.

[67] 安礼伟. 中国出口产品技术结构变迁及其成因：基于国际比较的研究 [J]. 产业经济研究, 2014 (2): 83-92.

[68] 保罗·舒尔茨. 人口结构和储蓄：亚洲的经验证据及其对中国的意义 [J]. 经济学（季刊）, 2005 (3): 991-1018.

[69] 蔡昉. 人口转变、人口红利与刘易斯转折点 [J]. 经济研究, 2010, 45 (4): 4-13.

[70] 蔡昉. 刘易斯转折点——中国经济发展新阶段 [M]. 北京：社会科学文献出版社, 2008.

[71] 蔡昉. 中国经济改革效应分析——劳动力重新配置的视角 [J]. 经济研究, 2017, 52 (7): 4-17.

[72] 蔡昉. 农业劳动力转移潜力耗尽了吗？ [J]. 中国农村经济, 2018, 405 (9): 4-15.

[73] 蔡昉. 中国如何通过经济改革兑现人口红利 [J]. 经济学动态, 2018 (6): 6-16.

[74] 蔡昉, 都阳. 积极应对我国制造业单位劳动力成本过快上升问题 [J]. 前线, 2016 (5): 24-25.

[75] 蔡昉, 王德文. 中国经济增长可持续性与劳动贡献 [J]. 经济研究, 1999 (10): 62-68.

[76] 蔡昉. 全球化、趋同与中国经济发展 [J]. 世界经济与政治, 2019 (3): 4-18.

[77] 蔡兴. 人口老龄化倒逼了中国出口结构的优化升级吗 [J]. 当代经济研究, 2016 (8): 81-91.

[78] 曾铮, 张亚斌. 人民币实际汇率升值与中国出口商品结构调整 [J]. 世界经济, 2007 (5): 16-24.

[79] 陈和平, 祁春节. 制度质量对国际贸易的影响: 一个文献综述 [J]. 经济问题探索, 2016 (8): 170-176.

[80] 陈能军, 王娟. 制度质量与出口结构优化的关系测度——基于2003—2016年中国与"一带一路"沿线58个国家的经验数据 [J]. 江汉论坛, 2019 (4): 16-21.

[81] 陈晶. 中国人口老龄化的经济效应分析 [D]. 沈阳: 辽宁大学, 2013.

[82] 陈立启. 人口老龄化问题对我国国际收支的影响 [D]. 上海: 上海财经大学, 2011.

[83] 陈明华, 郝国彩. 中国人口老龄化地区差异分解及影响因素研究 [J]. 中国人口·资源与环境, 2014 (4): 136-141.

[84] 陈松, 刘海云. 人口红利、城镇化与我国出口贸易的发展 [J]. 国际贸易问题, 2013 (6): 57-66.

[85] 陈彦斌, 郭豫媚, 姚一旻. 人口老龄化对中国高储蓄的影响 [J]. 金融研究, 2014 (1): 71-84.

[86] 陈彦斌, 林晨, 陈小亮. 人工智能、老龄化与经济增长 [J]. 经济研究, 2019, 54 (7): 47-63.

[87] 成艳萍, 陈海英. 中国产业结构与外贸结构的关系研究——基于出口国内附加值视角的实证研究 [J]. 山东财经大学学报, 2018 (5): 17-26.

[88] 崔凡, 崔凌云. 人口老龄化对中国进口贸易的影响分析——基于

静态与动态空间面板模型的实证研究［J］. 国际经贸探索，2016（12）：37-48.

［89］邓明. 人口年龄结构与中国省际技术进步方向［J］. 经济研究，2014，49（3）：130-143.

［90］杜鹏. 中国人口老龄化现状与变化［J］. 中国社会保障，2013（11）：13-15.

［91］杜修立，王维国. 中国出口贸易的技术结构及其变迁：1980—2003［J］. 经济研究，2007（7）：137-151.

［92］樊纲，关志雄，姚枝仲. 国际贸易结构分析：贸易品的技术分布［J］. 经济研究，2006（8）：70-80.

［93］方慧，韩云双. 我国人口年龄结构变化对出口商品结构的影响研究［J］. 经济与管理评论，2016（1）：5-13.

［94］方丰，张海彦，徐冬. 重庆人口老龄化现状及对经济发展的影响研究［J］. 中国人口·资源与环境，2015（s1）：426-429.

［95］高宏. 人口结构变化与居民储蓄率［J］. 金融发展研究，2019，445（1）：12-20.

［96］高冉，蔡雯霞，张冲. 人口老龄化、出生率与储蓄率的关系研究——兼论对中国"二孩政策"的启示［J］. 武汉金融，2018（1）：27-32.

［97］高越. 人口老龄化影响了科技创新吗？——基于中国省级面板数据的实证研究［J］. 科技进步与对策，2017，34（17）：46-51.

［98］高越，李荣林. 人口老龄化如何影响出口技术复杂度［J］. 当代财经，2018（6）：92-101.

［99］郭瑜. 人口老龄化对中国劳动力供给的影响［J］. 经济理论与经济管理，2013（11）：49-58.

［100］郭玉贵. 老龄化问题的应对之策（上篇）老龄化：全球共同面对的危机与挑战［J］. 社会治理，2017（1）：53-62.

［101］韩振秋．老龄化问题应对研究［D］．北京：中共中央党校，2018.

［102］何翠云．研发费用率决定科创企业原动力［N］．中华工商时报，2019-06-11（003）.

［103］贺丹，刘厚莲．中国人口老龄化发展态势、影响及应对策略［J］．中共中央党校（国家行政学院）学报，2019，23（4）：84-90.

［104］胡鞍钢，刘生龙，马振国．人口老龄化、人口增长与经济增长——来自中国省际面板数据的实证证据［J］．人口研究，2012（3）：14-26.

［105］胡翠，许召元．人口老龄化对储蓄率影响的实证研究——来自中国家庭的数据［J］．经济学（季刊），2014（4）：1345-1364.

［106］胡湛，彭希哲．应对中国人口老龄化的治理选择［J］．中国社会科学，2018（12）：134-155，202.

［107］黄润龙．人口老龄化与储蓄的关系探索［J］．现代经济探讨，2012（6）：30-34.

［108］黄毅，佟晓光．中国人口老龄化现状分析［J］．中国老年学，2012（21）：4853-4855.

［109］呼倩．中国人口老龄化的劳动供给效应——基于省级面板数据的分析［J］．广东财经大学学报，2019，34（4）：33-48.

［110］姜磊，周海峰，柏玲．基于空间计量模型的中国城市化发展与城市空气质量关系［J］．热带地理，2019，39（3）：461-471.

［111］姜向群，邬沧萍．老年学概论［M］．北京：中国人民大学出版社，2006.

［112］江小涓．中国的外资经济——对增长、结构升级和竞争力的贡献［J］．社会科学文摘，2003（1）：4-14.

［113］金刚，张秋秋．预期寿命与国民储蓄率：基于可变增长率系数总储蓄方程的分析［J］．当代经济科学，2016，38（6）：64-72.

［114］金度完，郑真真．韩国人口老龄化过程及其启示［J］．人口学刊，2007（5）：44-49.

［115］李超，罗润东．老龄化、预防动机与家庭储蓄率——对中国第二次人口红利的实证研究［J］．人口与经济，2018（2）：104-113.

［116］李凯风，潘婷．我国人口结构对居民储蓄率的影响研究［J］．武汉金融，2019（7）：80-86.

［117］李晴．人口老龄化对贸易收支的影响［D］．厦门：厦门大学，2009.

［118］李小兰．经济新常态下我国人口老龄化问题再审视［J］．科学经济社会，2018，36（2）：52-60.

［119］李颖慧．金融发展促进商品出口结构优化的创新机制研究——基于金融机构优化视角［J］．中国物价，2018（4）：40-42.

［120］李豫新，程谢君．中国"后人口转变"时代老龄化对居民储蓄率的影响［J］．南方金融，2017（8）：3-10.

［121］李玥．吉林省人口老龄化现状及其人口学因素分析［D］．长春：吉林大学，2011.

［122］廖祖君，王理，杨伟．经济集聚与区域城乡融合发展——基于空间计量模型的实证分析［J］．软科学，2019（5）：1-16.

［123］刘若雨．知识产权保护对我国出口贸易的影响分析［D］．合肥：安徽财经大学，2018.

［124］刘生龙，胡鞍钢，郎晓娟．预期寿命与中国家庭储蓄［J］．经济研究，2012，47（8）：107-117.

［125］刘生龙，胡鞍钢．交通基础设施与经济增长：中国区域差距的视角［J］．中国工业经济，2010（4）：14-23.

［126］刘颜．土地财政对中国城市空间扩张的影响——基于动态空间计量模型的实证检验［J］．财经理论与实践，2019，40（3）：9-14.

［127］林左鸣，刘晴晴．互联网对产品出口结构影响的国际考察［J］.

统计与决策，2018，34（5）：112-115.

［128］刘华军，等．中国人口老龄化的空间非均衡及分布动态演进：1989—2011［J］．人口研究，2014，38（2）：71-82.

［129］刘那日苏，张璞．中国人口老龄化的地区差异分析［J］．西北人口，2016，37（3）：105-110.

［130］刘仁平．技术创新对国际贸易的影响研究［J］．商业经济与管理，2006（6）：63-68.

［131］刘生龙，胡鞍钢，郎晓娟．预期寿命与中国家庭储蓄［J］．经济研究，2012（8）：107-117.

［132］刘树林，王义源，王征．金融发展与出口结构优化——基于金融效率的实证分析［J］．国际贸易问题，2017（7）：142-151.

［133］刘永贤，牛占文．中国进口贸易模式演变：1978—2017［J］．经济体制改革，2018（6）：5-10.

［134］刘渝琳，刘铠豪．人口结构与经常项目收支——来自中国省级面板数据的证据［J］．山西财经大学学报，2015，37（3）：22-33.

［135］刘铮．人口学辞典［M］．北京：人民出版社，1986.

［136］刘志恒，王林辉．中国进口贸易结构的技术偏向与优化调整［J］．学习与实践，2016（2）：23-33.

［137］刘治山．国际贸易中的知识产权保护分析［J］．中国外资，2013（9）：74-76.

［138］梁珺．人口年龄结构对我国贸易差额的影响研究［D］．长沙：湖南大学，2010.

［139］卢福财，罗瑞荣．全球价值链分工条件下产业高度与人力资源的关系——以中国第二产业为例［J］．中国工业经济，2010（8）：76-86.

［140］罗伯特·J. 巴罗，夏威尔·萨拉—伊—马丁．经济增长［M］．上海：格致出版社，2019.

［141］马忠东，等．劳动参与率与劳动力增长：1982—2050 年［J］．

中国人口科学，2010（1）：11-27，111.

［142］孟令国，等．“全面二孩”政策下人口年龄结构、养老保险制度对居民储蓄率的影响研究［J］．当代经济科学，2019，41（1）：67-75.

［143］穆光宗．有关人口老年高龄化若干问题的辨析［J］．人口学刊，1997（1）：3-8.

［144］潘家栋．人民币汇率变动对我国出口结构的影响研究［D］．杭州：浙江大学，2017.

［145］裴长洪．进口贸易结构与经济增长：规律与启示［J］．经济研究，2013（7）：4-19.

［146］彭希哲．人口模式变化下的中国老龄化［N］．企业家日报，2018-05-28（A02）.

［147］齐传钧．人口老龄化对经济增长的影响分析［J］．中国人口科学，2010（S1）：54-65.

［148］齐军领．时间对国际贸易的影响研究［D］．济南：山东大学，2012.

［149］齐明珠．我国2010—2050年劳动力供给与需求预测［J］．人口研究，2010，34（5）：76-87.

［150］乔云霞，武俊鲜．人口特征变动对居民消费结构的影响［J］．中国流通经济，2019（6）：87-97.

［151］秦聪．人口老龄化对出口产品技术结构的影响［D］．南京：南京大学，2017.

［152］г. Л. 萨法洛娃，张广翔，钟建平．俄罗斯的人口老龄化［J］．人口学刊，2011（5）：58-65.

［153］单豪杰．中国资本存量K的再估算：1952—2006年［J］．数量经济技术经济研究，2008（10）：17-31.

［154］邵汉华，汪元盛．人口结构与技术创新［J］．科学学研究，2019，37（4）：739-749.

[155] 宋国豪，徐洁香．人口老龄化对出口技术复杂度的影响——基于跨国面板的分析［J］．山东工商学院学报，2018，32（6）：74-81.

[156] 孙传忠，安万福．我国居民储蓄率的宏观模型及其影响因素分析［J］．数学的实践与认识，1990（2）：9-15.

[157] 唐凤安．广西人口老龄化现状及对策研究［D］．南宁：广西大学，2016.

[158] 唐诗，包群．高新技术产业开发区提升了出口技术复杂度吗?［J］．首都经济贸易大学学报，2017，19（6）：45-54.

[159] 陶天海．人口老龄化会影响个人储蓄吗?［J］．上海综合经济，1999（9）：45-46.

[160] 田巍，姚洋，余淼杰．人口结构与国际贸易［J］．经济研究，2013（11）：87-99.

[161] 童玉芬，等．我国城镇化进程中的城乡人口老龄化趋势及政策启示［J］．人口与经济，2014（6）：12-21.

[162] 王德文，蔡昉，张学辉．人口转变的储蓄效应和增长效应——论中国增长可持续性的人口因素［J］．人口研究，2004（5）：2-11.

[163] 王锋，秦豫徽，李紧想．人口结构对居民储蓄率的影响——基于中国内地省域的空间计量模型［J］．南方金融，2016（8）：22-32.

[164] 王立军，马文秀．人口老龄化与中国劳动力供给变迁［J］．中国人口科学，2012（6）：21-33.

[165] 王鹏．中国人口老龄化地区差异及影响因素分析［J］．当代经济，2016（24）：126-128.

[166] 王秋红，王聪，张婵娟．我国人口年龄结构与出口商品结构变动的灰色关联分析［J］．西北人口，2014（4）：69-74.

[167] 王树，吕昭河．预期寿命、人口红利与居民储蓄［J］．南京审计大学学报，2019，16（2）：80-89.

[168] 王艳涛，崔成．人力资本结构与技术创新模式关系研究［J］.

技术经济与管理研究，2019（6）：30-35.

［169］王永进，等．基础设施如何提升了出口技术复杂度？［J］．经济研究，2010（7）：103-115.

［170］王有鑫．人口老龄化对出口的影响：理论和实证的分析［D］．天津：南开大学，2014.

［171］王有鑫，赵雅婧．人口年龄结构与出口比较优势——理论框架和实证经验［J］．世界经济研究，2016（4）：78-93.

［172］王宇雯．人民币实际有效汇率及其波动对我国出口结构的影响——基于 ARDL-ECM 模型的实证研究［J］．数量经济技术经济研究，2009（6）：53-63.

［173］汪伟．经济增长、人口结构变化与中国高储蓄［J］．经济学（季刊），2010，9（1）：29-52.

［174］汪伟．人口老龄化、养老保险制度变革与中国经济增长——理论分析与数值模拟［J］．金融研究，2012（10）：29-45.

［175］汪伟．人口结构变化与中国贸易顺差：理论与实证研究［J］．财经研究，2012（8）：26-37.

［176］汪伟，艾春荣．人口老龄化与中国储蓄率的动态演化［J］．管理世界，2015（6）：47-62.

［177］王颖，邓博文．老龄化国家人口转变与人口红利再生——基于 18 个老龄化国家的经验证据［J］．财经科学，2017（8）：67-77.

［178］王志宝，孙铁山，李国平．近 20 年来中国人口老龄化的区域差异及其演化［J］．人口研究，2013，37（1）：66-77.

［179］李建伟．老年旅游市场现状及发展方向［J］．经济论坛，2009（12）：52-56.

［180］魏浩，赵春明，李晓庆．中国进口商品结构变化的估算：2000—2014 年［J］．世界经济，2016（4）：70-94.

［181］魏浩，等．中国进出口技术结构及其国际比较研究［J］．国际

商务——对外经济贸易大学学报，2015（4）：5-16.

［182］魏浩，李晓庆．中国进口贸易的技术结构及其影响因素研究［J］．世界经济，2015（8）：56-79.

［183］邬沧萍，徐勤．对中国人口老龄化趋势和特点的新认识及对战略对策的新思考［J］．中国人口科学，1990（2）：12-17.

［184］吴飞飞，邱斌．制度对贸易影响的研究综述——兼论“一带一路”实施中的制度红利［J］．华东经济管理，2016，30（2）：52-55.

［185］吴昊．中国金融发展与出口结构优化研究［D］．重庆：重庆大学，2011.

［186］肖绽芳．人口因素对我国贸易差额的影响机制与实证研究［D］．杭州：浙江工商大学，2012.

［187］谢建国，张炳男．人口结构变化与经常项目收支调整：基于跨国面板数据的研究［J］．世界经济，2013（9）：3-24.

［188］熊超．人口老龄化对中国居民储蓄率的影响研究［D］．广州：暨南大学，2017.

［189］熊永莲，谢建国，文淑惠．人口年龄结构与出口技术复杂度——基于跨国面板的实证分析［J］．国际贸易问题，2018（12）：39-52.

［190］徐辉，韦吉飞．人口红利、人口年龄结构与中国人口老龄化［J］．生态经济，2014，30（3）：16-20.

［191］薛蒌．上海人口老龄化现状下的老龄事业发展研究［D］．长春：吉林大学，2014.

［192］晏月平，吕昭河．“金砖五国”人口转变与人口效率的比较分析［J］．人口研究，2013，37（6）：91-103.

［193］杨拔翠．人力资本价值提升促进企业自主创新能力的机制研究［J］．经营与管理，2019（8）：53-56.

［194］杨继军．人口因素如何挑起外贸失衡：现象描述、理论模型与

数值模拟 [J]. 国际贸易问题，2010 (11)：3-12.

[195] 杨继军，张二震. 人口年龄结构、养老保险制度转轨对居民储蓄率的影响 [J]. 中国社会科学，2013 (8)：47-66.

[196] 杨雪，侯力. 我国人口老龄化对经济社会的宏观和微观影响研究 [J]. 人口学刊，2011 (4)：46-53.

[197] 姚东旻，李三希，林思思. 老龄化会影响科技创新吗——基于年龄结构与创新能力的文献分析 [J]. 管理评论，2015，27 (8)：56-67.

[198] 姚东旻，宁静，韦诗言. 老龄化如何影响科技创新 [J]. 世界经济，2017，40 (4)：105-128.

[199] 姚洋，余淼杰. 劳动力、人口和中国出口导向的增长模式 [J]. 金融研究，2009 (9)：1-13.

[200] 易卫华，叶信岳，王哲野. 广东省人口老龄化的时空演化及成因分析 [J]. 人口与经济，2015 (3)：33-42.

[201] 印梅，昭锋. 人口年龄结构、人力资本与出口技术复杂度 [J]. 当代经济管理，2016，38 (12)：40-45.

[202] 于学军. 中国人口老化与储蓄 [J]. 人口与经济，1996 (3)：10-17.

[203] 于学军. 中国计划生育政策三十年的回顾与评论 [J]. China Population Today，2008 (5)：1-7.

[204] 袁志刚，宋铮. 人口年龄结构、养老保险制度与最优储蓄率 [J]. 经济研究，2000 (11)：24-32，79.

[205] 余长林. 知识产权保护对国际贸易的影响研究述评 [J]. 经济评论，2013 (1)：137-144.

[206] 张丽虹. 技术标准对国际贸易影响的理论与实证研究 [D]. 上海：上海社会科学院，2015.

[207] 张婷. 中国人口老龄化对经常项目的影响研究 [D]. 南京：南京财经大学，2013.

［208］郑辛迎，聂辉华．制度质量对国际贸易的影响——新制度经济学的视角［J］．政治经济学评论，2013，4（3）：129-143.

［209］郑伟，林山君，陈凯．中国人口老龄化的特征趋势及对经济增长的潜在影响［J］．数量经济技术经济研究，2014（8）：3-20，38.

［210］中国人口与发展研究中心课题组，马力，桂江丰．中国人口老龄化战略研究［J］．经济研究参考，2011（34）：2-23.

［211］中国人民银行课题组．中国国民储蓄和居民储蓄的影响因素［J］．经济研究，1999（5）：5-12.

［212］钟水映，李魁．劳动力抚养负担对居民储蓄率的影响研究［J］．中国人口科学，2009（1）：42-51.

［213］钟水映，余远．人口老化对中国不同要素密集型产品出口的影响［J］．商业研究，2016（9）：25-31.

［214］周文静．我国人口老龄化的现状与积极应对［J］．经营与管理，2014（2）：14-16.

［215］周祝平，刘海斌．人口老龄化对劳动力参与率的影响［J］．人口研究，2016，40（3）：58-70.

［216］朱树林．知识产权保护对我国出口商品结构的影响研究［J］．湖南大学学报（社会科学版），2013，27（2）：61-67.